Batundu
Babunda
Bakukua
Bubua
Kilonga
Longas
Lager
19.1.1891
Aus Bonn
Balulu
18.1.1891
16.1.1891
Stanleys
Kisten
Afrika
Große
Karte
Die Expedition
Banana
Léopoldville
Sansibar

Belgisch Kongo

Die vollständigen Aufzeichnungen
des Ministerialrats
Dr.Schüttauf

Ein afrikanischer Reiseroman
von

C.S.MERTEN

mit
Illustrationen
von

ACHIM GRESER

Edition
Kunst
der
Comics

Impressum

C.S.Merten, Belgisch Kongo

Edition Kunst der Comics
Ilse Achatz, Achim Schnurrer, Hörb Schröppel
Adenauerstr.12, D-8551 Thurn

Text: C.S. Merten
Bilder: Achim Greser
Coverornament: nach S.von Hedin,
c/o F.A.Brockhaus, Leipzig

Dank an Heinz Schimmelpfennig,
Volker Sponholz und Stephan Wald
für ihre freundliche Unterstützung.

ISBN 3-923102-59-3

INHALT

VORWORT

Nicht ohne Zögern übergebe ich die nachfolgenden Blätter der Öffentlichkeit, behandeln sie doch eine der außergewöhnlichsten Nächte der deutschen Nachkriegsgeschichte.

Man hat seinerzeit, als der Krieg am Persischen Golf tobte, viel gemutmaßt über den Verbleib des Bundeskanzlers und der drei an der Reise beteiligten Minister.

Indes, die Umstände unseres plötzlichen Aufbruchs waren genauso befremdlich wie der Verlauf unseres gesamten afrikanischen Aufenthalts, und ich kann niemanden schelten, der damals, in der dritten Januarwoche des Jahres 1991, die Frage aufwarf, ob denn die Regierung überhaupt noch im Amt sei - so spärlich waren die Nachrichten aus Kanzleramt und Ministerium.

Die aufsehenerregenden Personalentscheidungen, die in diesen Tagen getroffen werden, sind freilich ohne eine intime Kenntnis jener Vorgänge nicht zu verstehen, und ich denke, ich bin es der Öffentlichkeit wie den Beteiligten schuldig, meine afrikanischen Aufzeichnungen vorzulegen, damit uns in einer Zeit, da allenthalben nach Erneuerung, nach Verjüngung gerufen wird, Gerechtigkeit widerfahren kann vor der Geschichte.

Im übrigen mag für diese Blätter ein Wort des großen Goethe gelten, das er an Eckermann getan: "Die Hauptsache ist, daß es geschrieben steht; mag nun die Welt damit gebaren, so gut sie kann, und es benutzen, so weit sie es fähig ist."

Bonn, im Herbst 1991 — Robert Schüttauf, Ministerialrat a.D.

UNTERM STELZENBAUM

ie und nimmer, Herr Bundeskanzler! Wenn's morgen an die Knappschaft gehen soll, gell, dann brennt übermorgen des ganze Ruhrgebiet! Am besten wird's sein, ich erklär's Ihnen jetzt noch einmal! Also - -"

Nein, ich glaube, keiner der Herren wollte damals ein zweites Mal aus dem Munde von Minister Blüm hören, warum die Knappschaftsversicherung nicht in die allgemeine Rentenversicherung einbezogen werden durfte, es wäre denn um den Preis, daß sich an Rhein und Ruhr unausbleiblich ein Weltenbrand entzünde - nicht Helmut Kohl, nicht Hans-Dietrich Genscher, nicht Gerhard Stoltenberg, mit dem ich, der Ministerialrat Robert Schüttauf, an jenem späten Nachmittag des 16. Januar 1991 in das Arbeitszimmer des Kanzlers gekommen war.

Ich brauche nicht daran zu erinnern, in welcher Lage man sich damals befand - zu gewärtig sind der Welt auch heute noch jene entsetzlichen Stunden der Ungewißheit und des Zweifels, als die Lunte glimmte am Persischen Golf. Zudem begann sich seit dem Jahreswechsel in den Bonner Ministerien überraschend die Meinung zu bilden, die Aufbauarbeiten im Beitrittsgebiet könnten sich womöglich doch noch bis in den Frühsommer 1991 hineinziehen.

Und so sah man nicht wenig verstimmt auf den Arbeits- und Sozialminister, der erregt aufgesprungen war und sich lauthals in Betrachtungen erging, wie sein Haus "dem Waigel" heute früh schon zweimal vorgerechnet habe, daß sich die soziale Symmetrie des Blümschen Weltentwurfs weder über die Abschaffung der Vermögens- und Gewerbekapitalsteuer noch über die degressive Abschreibung für Wirtschaftsgebäude erreichen ließe, sondern das Heil vielmehr in einem äußerst komplizierten Verfahren zu suchen sei, welches der Minister in etwa so darstellte:

"Kollege Waigel, sag ich, stocken Sie stattdessen des Kindergeld an Rhein und Ruhr auf, heben Sie die Freibeträge um 11 Prozent an und dehnen Sie dann den Erziehungsurlaub um genau des Jahr aus, für des in der nächsten Legislaturperiode die Einkommens- und Körperschaftssteuer drüben im Osten vorgezogen wird, bloß, sag ich, lassen Sie um Himmels willen die Pfoten von der Knappschaftsversicherung, Kollege Waigel!"

Nach den anstrengenden Koalitionsverhandlungen der letzten Tage wollte man, wie mir der Minister eben im Wagen noch gesagt hatte, "in ausgewähltem Kreis" letzte Hand an die Regierungserklärung legen, die der Kanzler morgen im Anschluß an seine Wahl dem Bundestag abzugeben gedachte. Daß sich Norbert Blüm an jenem Abend ebenfalls Zugang zum Kanzleramt verschafft hatte, überraschte mich, gleichwohl vermochte ich besser als mein Minister den erstaunten Ausruf unterdrücken, der einem Beamten ohnehin nicht angestanden hätte.

Freilich, auch ich nahm es mit Erleichterung auf, als der Kanzler Dr.Blüm kurzerhand zur Tür hinausschob, wo es diesem jedoch gelang, sich dem Griff zu entwinden. Er drehte sich nach uns um, pochte dreimal mit dem Knöchel auf das Türblatt und rief als letzten Gruß ein wenig kleinlaut: "Also! Macht's gut! Bis morgen dann im Plenum!"

Helmut Kohl, ungehalten über Auftritt wie Abgang seines Ministers, wandte sich, nachdem er den heftigen Lärm, der im Anschluß aus dem Vorzimmer drang, ebenfalls noch abgewartet hatte, endlich uns zu, um die leidige, die arabische Frage zu berühren: Wenn morgen - ausgerechnet morgen! - das schreckliche Ultimatum "ganz und gar" abgelaufen sein würde, stände, so der Kanzler, zu befürchten, daß - falls es denn zu einem Waffengang käme - die Völkergemeinschaft in der einen oder anderen Form auch einen deutschen Beitrag erwarte.

"Ausgeschlossen", versetzte sofort Dr.Stoltenberg, "zu hohe Unkosten!"

Der Minister, in dessem Innersten sich noch immer eine Vorliebe für das Finanzressort regte - was ihn übrigens seinerzeit bewogen hatte, mich aus eben diesem Ministerium zu den Soldaten auf die Hardthöhe zu nehmen, wies auf mich und fügte an, hier säße mit Ministerialrat Dr. Schüttauf im übrigen der Fachmann für derlei Fragen.

Ich zeigte eine dicke Aktenmappe, die ich eigens zu diesem Zwecke im Referat hatte zusammenstellen lassen und welche eine recht überschlägige Aufstellung aller Kriegskosten enthielt, und reichte sie dem Kanzler. Helmut Kohl nahm sie auf, hielt das Konvolut eine Zeitlang wägend in der Hand, und gab es dann ungeöffnet an den Freund und Au-ßenminister weiter, der, nachdem auch dieser sich beeindruckt gezeigt hatte von Umfang und Gewicht, es mit einem anerkennenden Nicken wieder vor mir auf den Tisch legte.

Außerdem, so war Gerhard Stoltenberg inzwischen kaltblütig fortgefahren, ergäben sich aus der ungünstigen Lage des Krisengebietes "sozusagen Anlieferschwierigkeiten für Heer, Luftwaffe und Marine!"

"Anlieferungschwierigkeiten? So?"

Es schien mir ganz, als ob der interessante Aspekt dem Kanzler neu und bedenkenswert sei. Er beabsichtige keinesfalls, so fügte er entschlossen an, wegen einiger strittiger Fässer Öls sein Steuerversprechen zu brechen und einen Krieg zu finanzieren, der ihm unnötig dünke und wenig nützlich - doch Hans-Dietrich Genscher hob die Augenbrauen und versetzte, wie teuer es widrigenfalls auch käme, so müsse doch in allen Feldern klarer Kurs gehalten werden. Ansonsten sei er wie üblich für Verantwortungspolitik anstelle von Machtpolitik.

Es entstand eine bedeutsame Pause. Helmut Kohl erhob sich von seinem Schreibtisch und eilte mit ernster Miene auf und ab. Mir tritt, da ich diese Zeilen niederschreibe, wieder in Erinnerung, wie glücklich ich mich damals schätzte, gleich beim ersten Besuch im Kanzleramt meine Dienste in so schwerer Stunde anbieten zu können. Man wußte von Helmut Kohl, daß er diejenigen, die sich im Peripheren bewährten, gerne bei seinen oft überraschenden Personalentscheidungen bevorzugte. Ja, ich sah mich schon in die frohe Soziabilität des Kanzleramtes aufgenommen und dort in der "Täglichen Lage" einen schönen Posten bekleiden, mit Eduard Ackermann, dem legendären Dr. Carbonara, vertrauten Umgang pflegen oder den jungen Dachsen Hanz, Mertes, Müller beim Redenschreiben über die Schulter blicken. *Vanitas vanitatum, et omnia vanitas!* Was blieb von jenen Träumereien? Nichts als die Bezüge eines vorzeitig in den Ruhestand Gesetzten ...

Ein wenig zögerlich nahm dann der Außenminister erneut das Wort. Weitaus dringlicher

Eben noch für mich allein verantwortlich, hatte ich nun Sorge für einen Menschen zu tragen, der nicht allein als Vorgesetzter im Dienste, sondern auch als Mensch meine Bewunderung gefunden hatte.

mengeschoben hatte, war von einem höllischen Rot illuminiert. Noch warfen die mächtigen Bäume lange Schatten über den Rasen, ihre Konturen waren indes durch das weiche Licht längst unscharf und diffus geworden.

Auf der hölzernen Drehscheibe gab es einen Vogel Strauß, ein dreibeiniges Dromedar und einen Elefanten mit einem halben Rüssel. Dem riesigen Tier war als Führer ein kleiner Chinese beigegeben, der oben zwischen dessen Ohren hockte. Außerdem waren da noch einige andere sehr verwitterte Figuren, die ich in dem rötlichen Zwielicht nicht recht zu bestimmen vermochte.

"Einzug der Gladiatoren!" Laut dröhnte der abgeschmackte Marsch aus dem bunten Orgelkasten neben der Kasse. Ich sah mich ängstlich nach den kleinen Puppen um, die unter den silbernen Pfeifenröhren im Takte der Musik auf und niederschossen - es waren schwarze Männer und Frauen, mit nacktem Oberkörper und grünem Blätterschmuck im Haar, welche von einem Gorilla dirigiert wurden. War diese Musik womöglich schon das Zeichen zur Abfahrt?

Irgendjemand hatte mich auf den Vogel Strauß gehoben. Zwischen seinen Flügeln war ein Sitz eingefügt, und dort saß ich und klammerte mich verzweifelt an das dünne Geländer.

Meinem Strauße ging ein Mohr voran, der sich zur Hälfte nach mir umgewandt hatte. In der einen Hand hielt er des Vogels Zaum, in der anderen den blinkenden Säbel. Es war ein riesenhafter Kerl mit grausamem Gesicht und dichtem Bart. Die eine Augenhöhle war leer, in der anderen schimmerte ein gelbes Auge, und so sehr ich mich auch drehen und wenden mochte, es blieb auf mich gerichtet. Der schwarze Mann trug auf dem Kopf das vielfach geschlungene Tuch des Arabers und um den Leib ein wallendes Gewand, das mit einer roten Schärpe gegürtet war. Obwohl ich mich vor diesem einäugigen Kerl sehr fürchtete, so mußte ich doch bewundern, wie sorgfältig man den Faltenwurf des weißen Stoffes nachgebildet hatte.

Vor Mohr und Strauß schritt das Dromedar trotz seines fehlenden Beines tüchtig aus, und es dauerte eine Weile, bis ich in dem schwachen Licht erkennen konnte, wer dort oben im Sattel hockte. Es war niemand anderes als Hans-Dietrich Genscher. Seine Füße steckten in den viel zu kurzen Steigbügeln, er hielt eine Gerte in der Hand, mit der er immer wieder auf das hölzerne Tier einschlug und "Vorwärts zum Hamburger Parteitag von 1974!" ausrief, was mir recht unsinnig vorkam, weil sich das Karussell doch noch gar nicht fortbewegt hatte.

Die Musik brauste unaufhörlich weiter, die kleinen schwarzen Figuren sprangen im Orgelkasten wie toll auf und nieder, und ich wandte mich nach dem Kassenhaus in der wilden Hoffnung, daß die Hindernisse unüberwindbar wären und so die Fahrt für immer aufhielten.

Und tatsächlich - hinter der Glasscheibe war alles leer und verlassen. Schon atmete ich auf und wollte von meinem Vogel steigen, doch der hölzerne Mohr drückte mich mit Gewalt zurück in den Sitz und wies mit seinem Schwert nach vorne. Ich sah in die angegebene Richtung und fand den Karussellbesitzer bei seinem Hauptstück, dem Elefanten, wo er ein ums andere Mal versuchte, einen riesigen Knaben auf den Sitz hinter dem Chinesen zu drücken - ein Unternehmen, das einfach nicht gelingen wollte, und es war mir, als mischte sich das Ächzen der geleimten Fugen in das Tosen der törichten Musik.

Hinter mir erklang nun ein schriller Pfiff. Ich fuhr entsetzt herum und entdeckte auf einem Tiger Dr.Blüm. Er zog ein verdrossenes Gesicht und schlug protestierend auf die speckigen Beine seiner Lederhose. Und fehlte seinem Tiger auch der ganze Unterkiefer, war auch die eiserne Stange, mit der das Tier auf dem Boden eingelassen war, krumm und verbogen, es schien doch so, als wolle der Minister nicht eine Sekunde länger mit der Fahrt warten.

Von der anderen Seite des Karussells rief jetzt eine Knabenstimme herrisch: "Anfangen, anfangen!"

Sie klang wie die von Gerhard Stoltenberg. Ich eilte mich, ihm ein Zeichen meiner Anwesenheit zu geben und winkte dem Minister zu, aber es war nur ein hochaufgeschossener blonder Junge in einem Matrosenanzug, der, soweit das in dem Gewirr aus Tierköpfen und Haltestangen überhaupt zu sehen war, einen hölzernen Affen auf der Schulter trug.

Plötzlich trat die Sonne ein letztes Mal zwischen den Wolken hervor und beleuchtete die Szene mit bengalischem Feuer, und so entdeckte ich zu meinem Schrecken, daß es dem Karussellbesitzer gelungen war, den schweren Knaben auf den Rücken des Tieres zu heben. "Am Ende der Werktage steht der Feiertag!" brüllte der Dicke triumphierend und verwandelte sich dann mit einem lauten Knall in den Bundeskanzler. Dem Elefanten wuchs darauf der abgebrochene Rüssel nach - ja, er streckte diesen hoch in die Luft und stieß einen schauerlichen Ton aus.

Und als ob dies Trompeten das Kommando gewesen, setzte sich die Drehscheibe mit einem Ruck in Gang. Aber - - sie lief rückwärts. Der Außenminister kreischte laut auf und klammerte sich an den Hals des Dromedars, der blonde Junge rief von drüben "Entpörend, entpörend!", Dr.Blüm pfiff wieder und wieder auf den Fingern, der Elefant stieß einen Laut des Entsetzens aus und barst sodann splitternd, daß der Kanzler dumpf auf die Bretter schlug und seinerseits zerplatzte wie ein Bovist.

Das Karussell aber drehte sich schneller und schneller und immer weiter rückwärts, die Federn und Zahnräder hüpften und kollerten bereits aus dem Orgelkasten, der Karussellbesitzer hatte sich mit einem geschickten Satz in Sicherheit gebracht und schlug nun vom sicheren Grund ein höhnisches Gelächter an - freilich nur für eine einzige Runde, denn der Mohr hielt plötzlich sein tückisches Schwert weit hinaus, daß dem Manne der Kopf vom Rumpfe flog, und auch ich fiel vor lauter Entsetzen vornüber, lag gelähmt unter all den Tieren und Stangen und starrte in den grünen Tuchhimmel, der sich über armdicken hölzernen Streben wölbte, und ahnte wohl, daß mir fürs erste nicht mehr zu helfen war.

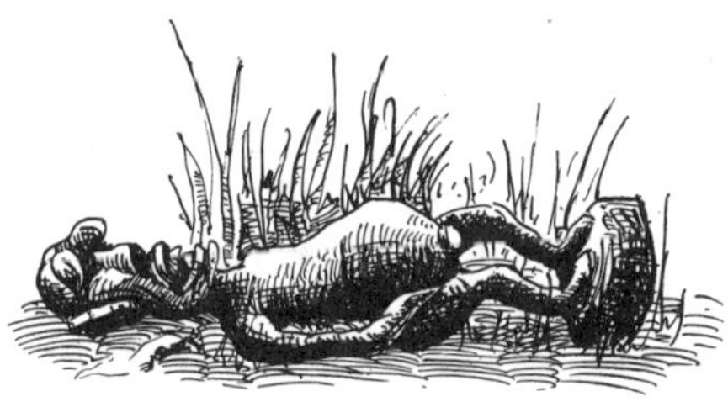

Nun, ich war wohl eingeschlafen. Es dauerte eine Weile, bis sich meine Augen an das eigentümliche Zwielicht gewöhnt hatten. Mild und braun war das Licht - wie auf einer alten Farbfotographie, die zu lange an sonniger Stelle ausgehangen hat.

Ich selbst fand mich auf dem Rücken liegend und würde vermutlich immer weiter in jenes dichte Gefüge aus hölzernen Bögen geblickt haben - so weich, so warm war der Boden, auf dem ich ruhte - hätte ich nicht plötzlich irgendetwas über meinen Hals kriechen gefühlt!

Ich fuhr erschrocken auf, griff nach der Stelle und hielt gottlob bloß einen Tausendfüßler in der Hand. Freilich, was für ein sonderbares Exemplar! Gelb in der Färbung der borstige Leib, die Kerbungen schwarz, die Beinpaare von kräftigem Rot, aber was das Schlimmste war: Er war groß und schwer - beunruhigend groß, beunruhigend schwer - und würde, zog man ihn, der sich auf meiner Handfläche sogleich zu einer Spirale zusammengerollt hatte, erst einmal auseinander, gut über eine Spanne messen.

Da mir am Entomologischen augenblicklich wenig gelegen war, warf ich das Tier mit Abscheu beiseite und schaute mich stattdessen erstaunt um: Wo war ich hier bloß hingeraten?

Ich saß in einem tiefen, feuchten Erdloch, welches sich am Fuße eines gewaltigen Baumes befinden mußte, sah ich doch weit über mir den glatten Stamm wie einen mächtigen Pfeiler aufragen und in vielen Metern Höhe - und dabei immer noch von bedeutendem Umfang - in undurchdringlichem Blätterdach verschwinden, ohne die eigene Krone gezeigt zu haben!

Was ich übrigens in jenem eigenartigen Traum für die Streben eines Karussells gehalten hatte, war nichts anderes als das ausgedehnte Wurzelwerk jenes Riesen, der auf zahlreichen eigenartigen Stelzen ruhte. Diese reichten mir nun, da ich mich erhoben, fast bis zum Kopf, und es kostete nicht wenig Mühe, bis ich mich aus dem hölzernen Gewirr befreien konnte, um endlich einen Blick über den Rand des Lochs zu tun.

Noch heute ist mir das scheue Entsetzen gegenwärtig, welches mich befiel, da ich die Lichtung und den Wald zum ersten Male sah. Und gleichfalls weiß ich noch, wie ich mich an jene böse Stunde meiner Kindheit erinnert fand, als der Großvater, um dem Enkel eine Vorstellung von der Zahl zu geben, ihn sich ein hohes Zimmer voller grüner Erbsen vorstellen hieß - und wie dieser schreiend weglief, weil ihn die ungeheuere Anzahl in den gräßlichsten Schwindel versetzte. Und legte sich auch in späteren Jahren mein Abscheu vor der Mathematik, so ist mir doch bis auf den heutigen Tag der Schrekken vor der großen Zahl geblieben.

Man wird sich also denken können, mit welchen Gefühlen ich in den bräunlichen Dunst starrte, der, lediglich da und dort von bernsteingelben Strahlen durchbrochen, über einer Landschaft lag, wie ich sie nie zuvor geschaut hatte!

Ich sah, ich sagte es bereits, in eine Waldlichtung, aber - was für ein Wald, was für eine Lichtung! Die Bäume waren sämtlich von betäubender Größe - ja, die meisten dieser Stämme hätte selbst ein Dutzend Männer nur mit Mühe umfassen können.

Was nun die Lichtung anging, so war mir auf keinem meiner Spaziergänge jemals ein derartiges Durcheinander begegnet. Gäbe man den Inhalt von einem Dutzend Streichholzschachteln in einen Hut, schüttelte die Hölzchen kräftig durcheinander, kippte sie mit einem Male aus und schlüge mehrfach mit der Faust darauf - kein tollerer Wirrwarr wäre wohl entstanden als hier in diesem Rund. Nun waren's keine dünnen Zündhölzchen, sondern gewaltige Bäume, und die Stämme, auch wenn sie auf dem Boden lagen, blieben für mich so unüberwindbar wie eine Herde gestrandeter Pottwale. Da stützte sich, um nur ein Beispiel zu geben, ein Baum mit stahlgrauer Rinde auf einen zweiten, der, von rotbraunem, rissigem Aussehen und nicht minder groß, ebenfalls umgesunken war. Beide aber hatten unter sich einen dritten begraben, aus dessen fahlem, ausgebleichtem Stamm schon wieder eine Kette schlanker Gewächse emporsproß.

Zwar hatten sich einige dieser Baumriesen in der Mitte der Lichtung aufrecht halten können, aber nur, weil sie der Krone, welche gänzlich abgebrannt war, entbehrten. Diese Säulen von dreißig, vierzig Metern Höhe konnte kein irdisches Feuer entzündet haben, so hoch über allem Menschlichen ragten die verkohlten Baumstümpfe in den Himmel.

Unten aber waren die Stämme voller Leben und trieben kräftig frisches Grün aus - wie überhaupt alles in dieser Lichtung zu sterben und zu werden schien.

Ich wollte, noch immer nicht recht bei Sinnen, eben aus dem Loche klettern, als ich dicht über mir ein Rauschen und Flattern hörte, was mich instinktiv veranlaßte, den Kopf wieder einzuziehen und mich in meine Grube zurückfallen zu lassen. Es war jedoch nur ein Vogel, welcher auf einem der Wurzelbögen niedergegangen war. Er war von Rabengröße, zeigte ein blauschwarzes Federkleid und einen langen, breiten Schwanz. Was ihn aber von der heimischen Krähe schied, war der gräßliche Kopf mit dem roten Schnabel und dem gewaltigen hornähnlichen Aufsatz. Der Vogel legte das mißgestaltete Haupt schief, besah mich lange mit dem einen Auge, klapperte dann mit seinem Schnabel und strich, nachdem er etwas ausgeschieden, ab.

Ich folgte seinem kreisenden Fluge und mußte zu meinem Schrecken entdecken, daß sich oben, im dichten Blätterdach, unzählige dieser Vögel befanden, die sich bislang völlig ruhig und unbeweglich gehalten hatten. Als diese aber den knarrenden Ruf ihres Artgenossen vernahmen, erwachten sie aus ihrer Starre und gaben vielstimmig Antwort, schlugen sämtlich mit den Flügeln, hackten nach einander mit ihren abscheulichen Schnäbeln, sonderten grünlichen Kot in großen Mengen aus und wollten sich für eine geraume Weile überhaupt nicht mehr beruhigen, bis sie mit einem Male aufflogen und allesamt verschwunden waren. Welche Laune der Natur! (Aber *welcher* Natur bloß dankte man solche Schnäbel?)

Ich schüttelte mich und suchte erneut meiner Betäubung Herr zu werden, indem ich nun einen weiteren Anlauf unternahm, das Loch zu verlassen. Es gelang mir schließlich auch, und so kletterte ich auf allen vieren durch das Unterholz und machte mich durch Rufen bemerkbar - allein, es meldete sich niemand außer einer Maus, die über meinen Weg huschte. Zudem ward weiterem Vordringen alsbald ein Ziel durch eine schlammige Senke gesteckt, aus der ich mich nur mit Hilfe einiger riesenwüchsiger Farne zu befreien vermochte.

Ermattet und beschmutzt ließ ich mich auf einen kleinen Baumstumpf sinken und hob in meiner Verlegenheit die Augen zum Himmel, doch ließ sich dieser für ein Stoßgebet in dem Gewirr aus dichtbelaubtem Geäst und geborstenem Holz an zu wenigen Stellen sehen.

In die schwüle Hitze, die mich bislang umfangen hatte, trug ein aufkommender Wind kühle, neblige Strömungen, wie sie gewöhnlich von großen Wassern ausgehen, und mir war, als hörte ich weit in der Ferne einen Fluß rauschen. Ich sog die frische Luft begierig ein, denn der faulende Stumpf unter mir drohte mich mit einem Leichengeruch, der, süß und modrig, stechend und pilzig, nichts als Verfall und Tod verhieß, derart zu betäuben, daß ich mich schon in ein Schicksal fügen wollte, von dem ich nicht im geringsten wußte, wie es aussehen würde.

Wir alle kennen jene eigentümliche Gewißheit, die uns in manchem Traum die Stärke gibt, dem bedrohlichsten Angriff auf Leib und Leben mit Gleichmut zu ertragen. Sie rührt wohl daher, daß wir, wenn wir's nur wollten, unfehlbar in der nächsten Sekunde die Augen aufzuschlagen vermöchten - doch hier, auf diesem Baumstumpf, hatte sich jenes vertraute Gefühl nicht einstellen wollen. Wenn dies aber kein Traum war, was hatte ich, der Ministerialrat und Doctor iuris utrumque Robert Schüttauf, dann in einer Gegend wie dieser zu schaffen? Hier war es heiß und feucht, in Bonn indes kalt und trokken. Darauf besann ich mich wohl, hatte ich doch meinen Wintermantel im Vorzimmer des Kanzlers gelassen. Freilich, auch von diesem war so wenig etwas zu sehen wie von irgendeiner anderen vertrauten Einrichtung des Regierungssitzes. Verwirrt sah ich nach meiner Uhr. Das verläßliche Chronometer zeigte jedoch bloß an, was zu erwarten stand: 16. Januar 1991, wenige Minuten nach achtzehn Uhr.

Mir fielen die bekannten Verse Dantes ein, dessen "Göttliche Komödie" ich als junger Mensch einmal gelesen hatte:

"Wie ich zum Wald kam, kann ich nicht bekunden,
So tief war ich zuvor vom Schlaf benommen,
Als meinem Blick der rechte Weg entschwunden."

Nun, vielleicht gab es ja auch hier einen rechten Weg, dem ich nur zu folgen hatte. Aber wo um alles in der Welt zweigte er ab? Die Lichtung wirkte, als sei sie ganz umschlossen und verdanke ihren Ursprung allein dem Blitz, der in die Wipfel gefahren, sowie dem Sturm, der alle Stämme umgeworfen.

Während ich über diese Merkwürdigkeiten nachsann, spürte ich, wie schwere Tropfen auf mein Haupt fielen. Das Wetter schlug um! Es wurde immer dunkler, und der Wind war mit einem Male ganz verschwunden. Kein Lufthauch wollte sich mehr regen. Die Fliegen summten nervös und bewegten sich im wirren Zickzack auf engstem Raum. Dann waren sie plötzlich verschwunden und das Unwetter brach los.

So schwarz das Firmament sich auch gefärbt hatte - für einen Augenblick entflammte es doch ein Blitz. Der gleißende Strahl brach durch das dichte Blätterwerk und setzte die gesamte Lichtung in grellste Beleuchtung. Dann wurde es wieder dunkel, der Donner hallte gewaltig, und als der Himmel seine Schleusen öffnete, machte ich mich schleunigst auf, das Erdloch zu gewinnen, denn hier draußen, an dem tückischen Sumpf, wollte ich den Regen auf keinen Fall abwarten.

Im Laufen riß ich drei, vier riesige Blätter eines gummibaumähnlichen Gewächses ab und breitete diese, kaum daß ich am Stelzenbaume angelangt war, sogleich über dessen Wurzeln, so daß ich fürs erste wenigstens über einen geschützten Unterstand verfügte.

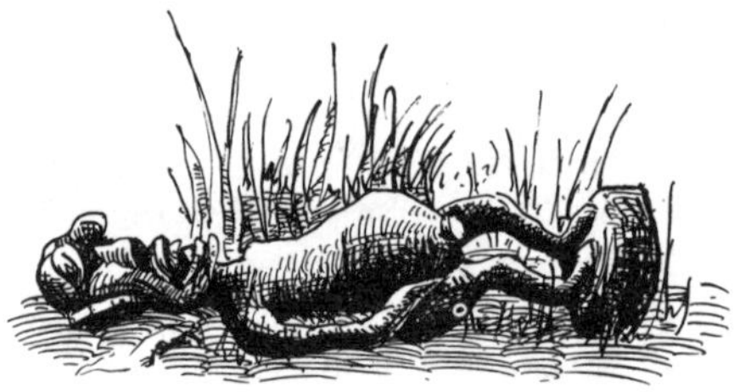

Dem Unwetter folgte eine kurze Dämmerung, und dann brach die Nacht an. Noch wollte ich nicht recht wahrhaben, daß ich vielleicht gezwungen sein würde, diese ganz allein in jener Grube zu verbringen. Zwar deuteten alle Anzeichen darauf hin, daß etwas ganz Außergewöhnliches eingetreten war, aber es sträubte sich der Verstand, an eine derartig einschneidende Änderung in meinen Lebensverhältnissen zu glauben.

Ja, in meiner heillosen Verwirrung wollte ausgerechnet ich, der nicht einmal den Großen Bären vom Kreuz des Südens zu unterscheiden wußte, bei den Sternen Bestätigung finden, daß ich mich gar nicht weit von zu Hause entfernt befinden konnte! Wolken und Laub verbargen den Himmel jedoch, und auch der Regen strömte immer weiter, so daß wenigstens dieses unsinnige Unterfangen verhindert ward.

Es umgab mich recht bald eine biblische Finsternis, welche lediglich da und dort von einem phosphorizierenden Glimmen unterbrochen wurde. Bevor ich mich mit der Lesefrucht aus den Abenteuerbüchern meiner Jugend, daß dies gewiß faulendes Holz sei, beruhigen konnte, mußte ich bemerken, wie einige dieser Lichtpunkte den Ort beständig wechselten, was mich für meine Sicherheit äußerst besorgt werden ließ. Ich hielt es deshalb für besser, mich der Lichtung und ihren unheimlichen Augen zu entziehen, und so tastete ich mich vorsichtig unter dem Wurzelwerk hindurch, um hinten, auf der anderen Seite des Stammes, ein sichereres Versteck zu gewinnen.

Ich hatte erst wenige Schritte getan, als ich zu meinem Entsetzen mit dem Kopf gegen etwas stieß. Es hing von oben herab und war ein Bein - jawohl, ein menschliches Bein! Und zwar mit allem, was dazugehörte! Sehen konnte ich es jedoch nicht, aber was ich fühlte, das war ein Herrenhalbschuh, ein Strumpf, der schmale Streifen einer nackten Wade, und ich meinte weiter oben auch eine Bügelfalte bemerken zu können. Das Bein ließ ein gräßliches Kichern vernehmen, und dann war mit einem Male ein zweites Bein da, worauf eine sich überschlagende Stimme "Guten Morgen, Soldaten!" schrie und etwas Schweres auf mich herabfiel, um mich vollständig unter sich zu begraben.

Menschen, mit denen wir seit langem Umgang pflegen, sind uns meist in ihrer gesamten Erscheinung so vertraut, daß eine ihrer Eigenarten genügt, um die ganze Person vorzustellen. Ein leises Räuspern, ein verhaltenes Lachen, und wir wissen, ehe der Betreffende noch vom Flur in unser Zimmer getreten ist, wer uns gleich seine Aufwartung machen wird.

Das Auge vermittelt uns die Erscheinung der Welt bis in die ungemessensten Fernen des Alls, das Ohr gibt uns auch von Dingen Kunde, die wir nicht sehen können, und was sich nach Maßgabe der Umstände weder hören noch schauen läßt, erschließt sich uns, wenn wir daran riechen. Als ich also begraben lag, war es der Geruchssinn, auf den ich mich zu verlassen hatte und dessen Gebrauch mich freudig auffahren, mich über das schlaffe Bündel beugen, an diesem ziehen und zerren sowie ein übers andere Mal ausrufen ließ: "Herr Minister! Herr Minister! Aber so wachen Sie doch bitte auf, Herr Minister !"

Vergebens! Gerhard Stoltenberg - denn um diesen handelte es sich zweifellos - war nicht zu erwecken. Ich legte mein Ohr auf seine Brust. Gottlob! Der Atem ging regelmäßig, Herz und Puls schlugen verläßlich.

Mit dem Regen und der Nacht war auch ein starker Wind aufgekommen. Er riß an den Kronen der Bäume, warf Äste und Zweige herab und trieb die Blätter immer wieder von meinem Lager, bis es mir schließlich gelang, diese mit Stöcken und Steinen so zu beschweren, daß aus dem Provisorium ein richtiges Dach geworden war.

Eben noch für mich allein verantwortlich, hatte ich nun Sorge für einen Menschen zu tragen, der nicht allein als Vorgesetzter im Dienste, sondern auch als Mensch meine Bewunderung gefunden hatte. Und es muß wohl bei dieser Gelegenheit gewesen sein, da ich mich wieder einigermaßen orientiert fand und mir selbst den Auftrag gab, was auch immer geschehen mochte, jenes kühle Blut zu bewahren, für das der Ministerialrat Schüttauf im gesamten Referat bekannt war. Ich war also gerade dabei, den Kopf des Ministers auf meinem Jackett zu betten, als ich aus der Richtung, in der ich vorhin nach dem Schlammloch vorgestoßen, ein Krachen und Brechen hörte.

Ich befahl den Bewußtlosen unter Hintanstellung aller Bedenklichkeiten fürs erste einer höheren Macht und kroch eilig um den Stamm, nach der Ursache des Lärms zu forschen. Irgendetwas kletterte drüben durchs Gehölz. Nun gut, mit Tausendfüßlern und Hornvögeln hatte ich meine Erfahrungen gemacht - was aber, wenn es jetzt die Tiere wären, welche in solchen Lichtungen doch vorzüglich zu finden sein mußten? Daß man sie zu gewärtigen hatte, bewiesen doch all die Bildbände und Filme. Niemals zeigten sie einen Tausendfüßler in einer Lichtung. Stets waren es Tiger, Büffel, Riesenechsen.

Ich streckte also mit der gebotenen Vorsicht meinen Kopf aus dem Erdloch. Zu sehen war allerdings nichts, doch dann vernahm ich zu meiner Erleichterung Stimmen - menschliche Stimmen!

Jemand schimpfte drüben laut vor sich hin: "Wurzeln und Äste! Überall bloß: Wurzeln und Äste!" Und darauf sagte eine andere, eine heisere, hohe Stimme: "Vielleicht ist ja bloß der Strom ausgefallen, Blüm!"

Es hätte der Namensnennung nicht bedurft, ich hatte auch so die Stimmen erkannt - es waren Norbert Blüm und Hans-Dietrich Genscher.

"Lassen Sie uns ins Haus zurückgehen, Blüm! Dieser Regen ist ja furchtbar!" Der Außenminister klang äußerst besorgt.

"Grad, daß ich die Tür aufmach und nach dem Kuli frag und dann: Wurzeln und Äste! Nix als Wurzeln und Äste - - "

Ich machte mich den beiden Herren durch einen Zuruf bemerkbar, erhielt indes eine Antwort, die mich in Erstaunen setzte.

"Wir haben keinen Strom!" rief klagend der Außenminister. "Sind Sie vom Hausdienst?"

Ich verneinte und rief meinen Namen hinüber.

"Der Schüttauf? Der mit dem Stoltenberg da war?" Norbert Blüm, dem ich, abgesehen von jenem Intermezzo im Kanzleramt, noch nie persönlich begegnet war, hatte Mühe, sich in dem Sturm verständlich zu machen.

"Aber ja, Schüttauf!" Auch der Außenminister schien sich nun auf mich zu besinnen. "Herr Schüttauf, passen Sie auf - es ist ... es muß etwas ganz Furchtbares passiert sein!"

Es war mir, als träfe man nun Anstalten, in meine Richtung vorzustoßen. Bevor ich davor abraten konnte, zeugte ein Geräusch davon, daß es für ein warnendes Wort zu spät war. Ein Klatschen ertönte, dann ein Aufschrei - einer der beiden Herren mußte in den Sumpf gefallen sein. Aber wer? Dann hörte ich, wie Hans-Dietrich Genscher zunächst einen Ast und dann die Hand anbot, und schließlich ließ sich der Arbeitsminister in höchster Erregung vernehmen: "Des gibt's doch gar net: Um ein Haar - und ich wär im Gartenteich ertrunken!"

Ich hätte Dr.Blüm gerne über meine Erfahrungen mit dem Sumpf erzählt, wäre in diesem Augenblick auf der Rückseite des Baumes nicht Minister Stoltenberg erwacht, um den Soldaten erneut den Morgengruß zu entbieten.

"Soldaten?" rief Dr.Blüm verstört. "Ei, was dann bloß für Soldaten?"

"Oh Gott, Blüm, es ist drunten am Golf schon vor Ablauf des Ultimatums losgegangen!" schrie der Außenminister außer sich. "So hören Sie doch, Kollege Stoltenberg ruft bereits nach der Truppe."

"Er klingt aber e bissi merkwürdig, der Dr.Stoltenberg!"

Jawohl, es war offenbar, man mußte erst bei Dunkelheit in der Lichtung eingetroffen sein und hatte wohl noch nicht erkennen können, daß man sich keineswegs im Park des Bundeskanzleramtes befand. Ich eilte mich, die wenigen Erfahrungen, die ich bislang hatte gewinnen können, nach drüben weiterzugeben: "Hallo! Herr Dr.Blüm! Herr Minister Genscher! Können Sie mich hören? Herr Dr.Stoltenberg ist hier bei mir. Es geht ihm gut. Nun ja, den Umständen entsprechend. Allerdings, wir sind in keinem Garten, sondern - -"

"Sondern? Ja, wo dann, Schüttauf? Ei, so reden Sie doch!"

Ich war verstummt. Was hätte ich auch sagen sollen? Ich wußte es selbst nicht.

In diesem Augenblick ließ sich hoch über uns abermals ein merkwürdiger Laut hören. Ich hatte ihn zunächst einem starken Ast zugeschrieben, welchem der Wind seinen Willen aufzwingen will, sollte mich jedoch anderweitig belehrt finden, denn das, was da oben in höchster Bedrängnis seufzte, war eine menschliche Kreatur: "Ich komm dann jetzt runter, meine Herren!"

Unverwechselbar, die Stimme des Kanzlers! Er mußte irgendwo in den Zweigen sitzen. Ich bedeutete ihm entsetzt, er möge sich um Gottes willen festhalten und seinen Platz nicht verlassen.

"Ja, wieso dann?" Die Stimme des Kanzlers klang rauh und ungehalten.

"Sie ... Sie sitzen auf einem Baum!" Ich wußte mir nicht anders zu helfen. Was hätte ich auch antworten können?

Helmut Kohl nahm das insgesamt Ungenügende meiner Auskunft sofort auf und versetzte: "- - Baum? Ja, es gibt doch für den Bundeskanzler augenblicklich gar keinen Anlaß, auf einem Baum zu sitzen!"

"Helmut ", rief es von drüben, "eine Katastrophe!"

"Genau! Hätt werklich net viel dran gefehlt und wär ich in Ihrem Teich ertrunken, Herr Bundeskanzler!"

Jemandem, der wie ich das letzte Jahr des Weltkrieges als blutjunger Kradmelder mitmachen und dreizehn lange Monate in Gefangenschaft hatte verbringen müssen, der dann, in der Nachkriegszeit, oft genug morgens nicht wußte, wo abends das müde Haupt zu betten war, der seinerzeit also Hunger, Entbehrung und Wanzen genauso erlebt hat wie zwanzig Jahre später die bittersten Stunden wegen des unverdienten Avancements eines Rivalen im Amt - jemandem, der wie ich 1969, übrigens ohne innere Bindung, plötzlich den Sozialdemokraten beitreten mußte, um dann, zu Beginn der achtziger Jahre, endlich entdecken zu müssen, daß ein erneuter Wechsel unabdingbar werden würde, falls es den Männern um Helmut Schmidt nicht gelänge, die Macht im Staate zu halten - so jemandem wie mir sollte doch auf dieser Weltfahrt wahrhaftig genug Wind um die Nase geweht sein, um sich durch keine noch so unvorhergesehene Wendung seines Lebensschiffchens geniert zu fühlen!

Und dennoch wußte ich in dieser Nacht nicht recht, ob das Segel nun zu setzen oder der Anker zu werfen, ob backbord zu luven oder steuerbord zu fieren war: Zu meinen Füßen der Bundesminister der Verteidigung, noch immer tiefer Bewußtlosigkeit verfallen, nur ab und an erwachend, um in knappster Mitteilung derjenigen zu gedenken, welchen er Schutz und Fürsorge schuldig war, im ungewissen Vis-à-vis zwei weitere Minister, Dr.Blüm und Hans-Dietrich Genscher, augenblicklich gehindert durch einen Tümpel, zu mir, dem Ministerialrat Robert Schüttauf zu stoßen - und hoch über uns allen im Geäst der Herr Bundeskanzler selbst, welcher doch morgen, am 17. Januar 1991, seine Regierungserklärung einer Welt abgeben sollte, die ihrerseits am Rande eines verheerenden Krieges stand.

Hätte ich indes damals unter dem Stelzenbaum auch nur geahnt, was die kommenden Tage bringen sollten - Abenteuer, so gefährlich und bizarr, daß wir mehr als einmal unseren Lebensfaden sicher durchschnitten glaubten, wilde Tiere, von keinem geringeren Wunsch beseelt, als uns zu ihrer Mahlzeit zu machen, Menschen, ihrem ganzen Wesen nach so fremd und unverträglich, daß selbst ein Walter Scheel, der schlußendlich doch für alles zu gewinnen war, nicht mit ihnen zu Tisch hätte sitzen mögen - oh, hätte ich alles dies auch nur geahnt, ich würde jenes feuchte Erdloch unter den Wurzeln um keinen Preis der Welt mehr verlassen haben.

FUIMUS TROES!

Man war meinem Rat gefolgt und hatte den Kanzler die gesamte Nacht über auf dem Baum belassen. Ich denke, man wird mich verstehen - *ultra posse nemo obligatur* - barg doch ein Abstieg im Dunkeln unauslotbare Fährlichkeiten für die Person Dr.Kohls in sich, für die ich die Verantwortung nicht übernehmen konnte, da ich mich ausreichend beschäftigt fand mit Gerhard Stoltenberg, dem sonst so besonnenen Bundesminister der Verteidigung. Die nervöse Krisis hatte angehalten, er war unpaß geblieben, und wohl erinnere ich mich, wie sich erst am Morgen der Schlaf einstellen wollte.

Was nun eigentlich passiert war, wo wir uns befanden und wer vor allem ursächliche Schuld daran trug, daß wir jene Nacht unter den obwaltenden Umständen verbringen mußten - nein, darauf wußten weder Hans-Dietrich Genscher und Norbert Blüm, welche drüben, an der schlammigen Senke vor wenigen Minuten ihr Nachtlager aufgegeben hatten und nun zu mir gestoßen waren, noch ich eine Antwort.

Menschen, die Hilfe hätten bringen können, waren nicht zu bemerken, so daß es eine Weile in Anspruch nahm, bis Helmut Kohl, lediglich von unseren Zurufen und Wünschen begleitet, an jenem Morgen den Weg vom Baum herab zu uns fand.

Auch im Walde ringsum erwachte das Leben. Unten, am Tümpel, stiegen dichte Nebel vom feuchten Boden auf, bis ein kühler Wind die weißen Schleier mit sich forttrug, um sie über die gesamte Lichtung zu verteilen. Bunte Käfer und Libellen umschwirrten uns, rotbraune Ameisen eilten geschäftig des Wegs, ihre Eier sorglich auf dem Rücken, seltene Vögel sangen ihr Morgenlied und putzten das Gefieder, und mir war, als sprängen oben, in den Baumwipfeln, wo sich die Sonne als matte gelbe Scheibe sehen ließ, auch einige Affen.

Wir aber standen unbewegt, sahen uns betroffen an und schwiegen. Helmut Kohl hatte beim Abstieg vom Baum einen ganzen Jackenärmel eingebüßt, die Anzüge von Dr.Blüm und Hans-Dietrich Genscher waren naß und zerissen, die Schuhe mit rötlichem Lehm beschmutzt, das Hemd von Gerhard Stoltenberg ließ, da es alle Knöpfe verloren und nur von der Krawatte zusammengehalten ward, über der Brust die Leibwäsche sehen, und was die Flecken auf meiner hellen Hose betraf - nun, so gaben diese Zeugnis, in welchem Loche ich die Nacht über gewesen!

Was uns allen gemeinsam fehlte, war die Rasur, war namentlich das Frühstück - und so war ich nicht wenig gespannt, wie der Kanzler auf diese ungewöhnliche Herausforderung reagieren würde.

Wer hätte nicht schon über die Angewohnheit des Pfälzers, in Stunden der Erregung ein bedeutendes Augenzwinkern sehen zu lassen, insgeheim gelächelt! Der rasche Lidschlag, der seitwärts gelegte Kopf, die ineinander verflochtenen Hände, das Gaumige, welches in diesen Augenblicken seiner Aussprache vorzüglich eignete - ach, wie froh wären wir gewesen, hier, unter dem Stelzenbaume, wenigstens eines dieser vertrauten Zeichen wahrnehmen zu können!

Stattdessen verharrte Helmut Kohl in verstörender Bewegungslosigkeit. Er hatte die Arme sinken lassen und hielt den Blick unverwandt und gänzlich ohne Blinzeln auf die Lichtung geheftet, wo eben einige Papageien von den Zweigen eines umgestürzten Baumriesen Besitz nahmen und somit in Konkurrenz zu einer Handvoll Affen traten, die jenes Terrain wohl als das ihre betrachteten und infolgedessen mit den Früchten des Waldes nach den graugefiederten Eindringlingen warfen.

Gottlob schien wenigstens Gerhard Stoltenbergs Verwirrung in Auflösung begriffen, und die stumme Mißbilligung, mit der er, nach den Schrecken der Nacht, die befremdlichen Umstände zur Kenntnis genommen hatte, wich angesichts eines geglückten Manövers - er gewann die Sprache wieder, rief anerkennend "Getroffen!" aus und wies dabei nach einer possierlichen Meerkatze und einem Graupapagei, dem der geschickt geworfene Tannenzapfen die Schwanzfeder gekostet hatte. Ja, ich stellte zu meiner Freude fest, daß des Ministers Anteilnahme weiter ging und er mehrfach ein lockendes, schnalzendes Geräusch hervorbrachte, was seitens des Affens günstig aufgenommen wurde. Schritt Dr. Stoltenberg auf diesem Wege fort, rekonvaleszierte er weiter, so würde auch sein Ministerialrat um den vertrauten Ansprechpartner bald nicht mehr verlegen sein.

Der Außenminister war augenblicklich dafür wenig geeignet. Er hatte sich in ein Gebüsch zurückgezogen und machte insgesamt einen nervösen und angespannten Eindruck. Gestern abend hatte er im Kanzleramt sehr geläufig über komplexe Themen wie den Länderfinanzausgleich, die Autobahngebühr gehandelt und uns mit Sätzen wie "Der Standort Ostdeutschland muß durch Senkung der Körperschafts-, Lohn- und Einkommenssteuer sowie durch Erhebung der Substanzsteuer attraktiver gemacht werden, Helmut!" nachdenklich zu machen gewußt. Doch nun?

Nein, ich konnte nicht umhin - die ruckartigen Kopfbewegungen, mit denen er jetzt aus den Zweigen bald in jene, bald in diese Richtung spähte, sie erinnerten mich mehr an ein Huhn, welches den Schlachter und das Messer gewärtigt, als an einen Mann, der als Innenminister nach eigenem Bekunden in den Bundesgrenzschutz verliebt gewesen sowie als Außenminister gewohnt war, sofort und ohne Zögern das nächste Flugzeug zu besteigen.

Und Blüm? Dr.Norbert Blüm? Sonst nie um eine Meinung, eine Pointe verlegen, wollte sich der alte Adam auch in ihm nicht recht entfalten - ja, der Mann aus Rüsselsheim beschränkte sich darauf, in unregelmäßiger Folge ein verstörendes Geräusch zu erzeugen, welches - nun, ich vermag es wirklich nicht anders zu beschreiben - wie "Scylla" oder "Charybdis" klang, indes auch ein Räuspern gewesen sein mochte.

So sehr ich auch, als ich gestern abend in jener unheimlichen Waldlichtung das Bewußtsein wiedererlangte, mir menschliche Gesellschaft gewünscht hatte, so wenig konnte mich jetzt die Tatenlosigkeit der drei Herren befriedigen.

Als ob er meine Gedanken gelesen, trat Hans-Dietrich Genscher mit einem Male aus seinem Busch vor den starren Kanzler, legte die Hand ans Ohr und wies mitten hinein in den grünen Urwald: "Hörst du, Helmut? Das Rauschen, wie von einem Fluß!"

Der Kanzler wandte langsam den Kopf in die angezeigte Richtung, was ihm unendliche Mühe zu bereiten schien. Dann nickte er mehrmals und murmelte dumpf: "Ein Fluß! Dahinten! Einverstanden!"

"Also, auf geht's!" Norbert Blüm nahm die Äußerung seines Parteivorsitzenden zum

Anlaß, erfreut in die Hände zu patschen und plötzlich das Verhalten eines Mannes an den Tag zu legen, der keinen dringlicheren Wunsch kennt, als andere zu Unternehmungen zu ermuntern, die ihm selbst, aus welchen Gründen auch immer, versagt bleiben mußten.

Dimidium facti qui coepit, habet! Ob der Kanzler insgeheim hoffte, hinter dem grünen Blätterwerk auf den Rhein zu stoßen und mit dem Erreichen des vertrauten Stromes auch, wie er ein ums andere Mal hervorstieß, "dem ganzen Spuk" ein Ende setzen zu können - ich weiß es nicht!

Auf alle Fälle hatte der Tatmensch in ihm die Oberhand gewonnen; er war zu unserer Überraschung losgestürmt und hatte so heftig die Gebilde aus Schlingpflanzen und Lianen niedergerissen, daß in der dichten grünen Wand bald ein bedeutendes Loch entstanden war.

Nachdem wir uns wieder gefaßt hatten, beeilten wir uns, diesen unerwarteten Vormarsch nach Kräften zu unterstützen: Dr.Blüm hielt ein kleines Taschenmesser gezückt und hieb damit wie toll auf Zweige und Äste ein, Hans-Dietrich Genscher zerrte, freilich ein wenig behindert durch die Jacke, die er über dem Arm trug, an der einen oder anderen Wurzel, und was Gerhard Stoltenberg betraf, so hatte er sich einen tüchtigen Stock abgebrochen, mit dem er bald auf den Urwald eindrosch, bald im Unterholz nach möglichem Getier forschte, worum ihn vorzüglich der Außenminister gebeten.

Und - - ich?

"Eines schickt sich nicht für alle.
Sehe jeder, wie er's treibe,
Sehe jeder, wo er bleibe,
Und wer steht, daß er nicht falle."

Was konnte ich also tun, als hie und da auszuhelfen, wenn sich mir auch der Sinn dieses energischen Vordringens nicht recht erschließen wollte! Mochte auch der Kanzler an eine rasche Wendung unseres Schicksals glauben - ich hatte nach den Erfahrungen der vergangenen Nacht die Hoffnung aufgegeben, noch vor heute abend mein Büro auf der Hardthöhe wiederzugewinnen.

Von der ungewohnten Anstrengung und der bedeutenden Schwüle waren wir bald in Schweiß geraten, die Arme wurden uns schwer, die Hände rissig von den rauhen Rinden und scharfen Rändern der Blätter. Zudem belästigten uns Mücken und Fliegen, von denen wir während des nächtlichen Unwetters weitgehend verschont geblieben waren.

Nachdem wir uns so vielleicht eine halbe Stunde im Dickicht gemüht hatten, faßte mich der Außenminister plötzlich am Arm: "Sehen Sie bloß, Schüttauf - dahinten ist ja noch immer die verwünschte Lichtung zu sehen!"

Ich wandte mich um. In der Tat, es war nicht viel mehr erreicht worden, als einen schmalen Gang von etwa dreißig Schritt Länge in den grünen Wald zu treiben! Auch die anderen Herren waren ratlos stehengeblieben.

"Es sieht ganz so aus, als wüchs' es hinter uns gleich wieder zu!" seufzte Dr.Blüm und besah sich nachdenklich seinen blutenden Finger. "Naja, was soll's? Gell, Herr Bundeskanzler, Rom is auch nicht an einem Tag erbaut worden. Alsdann - alsfort weiter, ihr Leut!"

Wir setzten unsere Bemühungen also weiter fort. Indes wurde nicht nur der Urwald immer dichter! Wir stießen in zunehmendem Maße auch auf allerlei Reptilien - blaue Eidechsen, erdfarbene Chamäleons, warzige Kröten, die Dr.Stoltenberg zwar mit seinem Stock mannhaft in das Blätterwerk zurückbeförderte. Als diese jedoch in Gestalt zweier grünlich schillernden Schlangen an Substanz gewannen, machte der Kanzler plötzlich kehrt - ein Manöver, dem wir uns alle rasch und gerne anschlossen - und wir eilten auf eben jenem Pfade, welchen wir mit soviel Fleiß gebahnt, zur Lichtung zurück, wo uns zum ersten Male seit der Nacht wieder ein tüchtiger Regenguß empfing.

Minister Stoltenberg und ich waren bereits zwischen den Wurzeln des Stelzenbaumes verschwunden, als uns der entsetzte Aufschrei Norbert Blüms erreichte: "Da! Der Kohl! Es is ihm was!"

Hastig zogen wir uns aus dem Loch und spähten über den Rand.

Wahrhaftig! Des Kanzlers Verhalten gab Anlaß zur tiefer Sorge: Er hatte unter einer Palme Halt gemacht und hielt sich trotz des niederströmenden Regens völlig ruhig. Dann fing er einen Tropfen, der von seiner Stirn perlte, mit der Zungenspitze auf, als wolle er ihn auf den Geschmack prüfen, und versetzte langsam: "Alle Indikatoren deuten daraufhin, daß das Leben weitergeht, meine Herren!"

Oh, wie hätte man unter anderen Umständen dem Kanzler zugestimmt!Aber so verfolgten wir mit begreiflicher Unruhe, wie er zuerst Hans-Dietrich Genscher beiseite stieß, welcher ihn unter den schützenden Baum hatte ziehen wollen. Dann sahen wir zu unserem Entsetzen, wie Helmut Kohl auf die Uhr schaute, heftig nickte und seiner Brusttasche ein umfängliches Manuskript entnahm.

Und dann brachte er mit deutlicher Emphase daraus das zu Gehör, was ihm in dieser Stunde wichtig und sagenswert erschien:

"Wir wollen, meine Damen und Herren, den großen Europäischen Binnenmarkt mit 340 Millionen Menschen bis zum 31. Dezember vollenden ... Wer sich in dieser verbrecherischen Weise daran betätigt, verdient die Ächtung der ganzen Gesellschaft ... Des beschert allerdings Unternehmen in den alten Bundesländern volle Auftragsbücher, den Länderfinanzministern und Stadtkämmerern unerwartet hohe Steuereinnahmen und des alles!"

Die Regierungserklärung!

Augenscheinlich wollte er, falls sich Wald und Regenwetter plötzlich in den Plenarsaal auflösten, nicht gänzlich unvorbereitet an das Rednerpult treten! Gut und schön! Indes, so wie er die Rede eben vorgetragen, würde es keine große Stunde für Helmut Kohl im Parlament werden, das war gewiß. Also wandelt, schoß mir durch den Kopf, doch niemand ungestraft unter Palmen.

"Ein einziges Fiasko, meine Herren!" Dr.Stoltenbergs kurze Diagnose stieß allgemein auf Beifall.

Mit einem Male brach der Kanzler ab, hob den Blick von den durchnäßten Papieren, ließ ihn über die nebligen Wipfel der Bäume schweifen, rief "Das Glück war niemals mit den Hohenstaufen!" sowie, was alle am meisten beunruhigte, "Hans Modrof!" und sank dann wie tot zu Boden.

Hans-Dietrich Genscher schrie entsetzt auf und warf sich über die große Gestalt des Freundes.

"Ach was, Klima!" Dr. Stoltenberg vertrieb meinen Einwand mit einer unwilligen Handbewegung. "Ich persönlich vertrage es ja ganz ausgezeichnet, Schüttauf!" Und dann krochen auch wir aus dem Loch, den Kanzler zu bergen.

Wer jemals ein Kind, das in tiefen Schlaf gesunken, von einem Bett ins andere hat tragen müssen, wird erfahren haben, welches Gewicht dem zierlichsten Rumpf, dem zartesten Gliede innewohnen kann, und das blonde Köpfchen, in dem tagsüber die hellsten Kinderweisen klingen, ist des Nachts, bloß von der Anziehungskraft der Erde beseelt, mit einem Male so schwer geworden wie ein Feldkürbis aus der Soester Börde.

Welche Mühen es uns vieren aber bereitete, des Kanzlers leblose Gestalt im strömenden Regen unter den Stelzenbaum zu schaffen, wo wir ihm mit den verbliebenen Kräften ein sicheres Lager errichteten - nein, keiner der daran Beteiligten wird diese schwere Stunde jemals vergessen können, und noch heute klingt mir in den Ohren, wie Gerhard Stoltenberg in dem Augenblick, als es gar nicht mehr weitergehen wollte und wir Dr.Kohl bereits im Regen verloren gaben, den Takt schlug und jenen Shanty machtvoll anstimmte:

"Blow, boys, blow,
For Californio!
There's plenty of gold
So I'm told
On the banks of Sacramento!"

Und so war es allein der Verdienst des Abgeordneten aus Rendsburg-Eckernförde, daß wir den mächtigen Leib des Kanzlers schlußendlich doch einholen konnten.

Ich habe dies in späteren Tagen, als es um das politische Schicksal von Gerhard Stoltenberg ging, Herrn Dr.Kohl mehrfach brieflich mitgeteilt - freilich, wie man inzwischen weiß, ohne Erfolg.

Wir hatten die Wurzelbögen des Stelzenbaumes mit Ästen und Stöcken eingerüstet, die großen Blätter, die mir in der vergangenen Nacht bereits gute Dienste geleistet hatten, um etliche vermehrt und mit Rindenstücken und Steinen dergestalt beschwert, daß ein ansehnliches Dach entstanden war. Unter diesem hob und senkte sich nun des Kanzlers ärmellose Jacke - den zweiten hatte ihm Hans-Dietrich Genscher beim Tragen abgerissen - alsbald in beruhigendem Regelmaß.

Zum ersten Mal seit unserer Ankunft in dieser Gegend fanden wir nun Zeit, uns über jene ungewöhnlichen Gegebenheiten zu verständigen, welche der Außenminister, nachdem er einige Würmer von bedenklicher Größe, die auf den ruhenden Kanzler zustrebten, mit einem Zweige weggefegt hatte, sorgenvoll auf die Formel brachte: "Wir sind nicht da, wo wir sonst wären!"

"Amazonas, Sumatra, Afrika", merkte Dr.Stoltenberg an, hob mit einem ungewöhnlich gefärbten Blatt einen dieser Würmer auf und unterzog beides einer kühlen Musterung, "Fauna und Flora, meine Herren, sprechen für einen Aufenthalt in einem jener an sich interessanten Gebiete!"

"Mer müßt jetzt bloß wissen - wieso!" Nun, damit hatte der Arbeitsminister den Nagel auf den Kopf getroffen.

Ich nahm das Wort und legte dar, was mir die ganze Zeit schon durch den Sinn gegangen war. Wenn es denn einen Schlüssel für unsere denkwürdige Ortsveränderung gab, so mußte dieser irgendwo in jenen letzten Minuten zu finden sein, welche man gestern im Arbeitszimmer des Kanzlers verbracht hatte!

"Genau!" Hans-Dietrich Genscher richtete sich erregt auf. "Helmut sagte gerade irgendetwas über die Lage in den neuen Bundesländern - bloß was? - aber da ging die Tür auf, nicht wahr, und - - "

Wir sahen Norbert Blüm an.

"Aber doch bloß wegen dem Kuli!" rief jener nervös. "Den hatt ich doch bei euch vergessen!"

"Lamentieren, Blüm", hielt ihm Dr.Stoltenberg vor und drückte ein wenig an dem Wurm, "hilft Ihnen jetzt auch nicht mehr weiter!"

"Aber ihr glaubt doch nicht etwa, daß wir hier mitten im Regenwald sitzen, bloß weil ich den Kopf zur Tür reinhalt'!"

"Kleine Ursache, große Wirkung!" Dr.Stoltenberg warf den entseelten Wurm weg und blickte den Kabinettskollegen streng an. "Also, was nun, Blüm?"

"Meinen Sie denn, Sie schaffen es, lieber Blüm?" frug der Außenminister angelegentlich und legte ihm die Hand auf das Knie, dergestalt an den Gemeinsinn eines Mannes appellierend, der sich seinerzeit in den Sozialausschüssen soviel Verdienst hatte erwerben können.

"Ei, was dann, zum Kuckuck?"

"Na, daß wir wieder zurück nach Bonn kommen!"

"Denken Sie gefälligst nach, Blüm!" Dr.Stoltenberg starrte verdrossen in den Regen hinaus.

"Also, wenn ihr mir jetzt so kommt!" Der Arbeitsminister war rot angelaufen. Er sprang von seinem Platze hoch, was er sich als einziger in jenem Erdloch erlauben konnte, wölbte sich das Blätterdach doch weit über ihm. "Rein theoretisch, Leute, also, ich sag: rein theoretisch - - "

"Nun, was - -? Heraus damit, Kollege Blüm!" fuhr ihn der Verteidigungsminister an, den dieses doppelte *praeliminarium* doppelt ärgern mochte.

"Rein theoretisch kommt mir des Ganze eh so vor, als ob ihr alle bloß in meiner Vorstellung da seid!"

"Pah, ausgerechnet in Ihrer!" Hans-Dietrich Genscher, als Jurist ohnehin mehr den Realien als dem Ideellen verhaftet, schüttelte ein ums andere Mal den Kopf und merkte seufzend an, Blüm könne sich bloß glücklich schätzen, daß der Kanzler im Augenblick nicht präsent sei; Gerhard Stoltenberg aber beugte sich vor und heftete sein Auge derart nachdrücklich auf Blüm, als sei dieser ein besonders seltenes Insekt, so daß dieser, sich dem Blick entziehend und die entstandene Pause nutzend, lauthals rief: "Ei sicher, Solipsismus - so nennt mer des in der Philosophie!"

Wie Dr.Blüm dann recht lebhaft ausführte, sei es doch sehr gut möglich, und dieser Gedanke sei ihm in Bonn in letzter Zeit immer häufiger gekommen, "daß - ich sag's mal so - des subjektive Ich von mir mit seinem ganzen Bewußtseinsinhalt quasi das einzige Seiende uff der ganzen Welt is, gell!"

Die Erörterung der solipsistischen Weltanschauung, zu der ich gerade anmerken wollte, warum er, Blüm, sich uns dann ausgerechnet in Urwald und Regenwetter vorzustellen beliebte, erfuhr jedoch durch Gerhard Stoltenberg eine weitaus pragmatischere Behandlung, insofern er dem Philosophen einen tüchtigen Schlag mit einem Tannenzapfen versetzte und ausrief: "Unfug, Blüm, dann hätten Sie auch nichts gespürt!"

"In der Einbildung schon!" gab der Diogenes von Rüsselsheim unerschütterlich zur Antwort und rieb sich zum Beweis den runden Schädel.

Wer weiß, welchen Fortgang unser Philosophieren über die Welt als Wille oder Vorstellung genommen haben würde, wenn sich in diesem Moment nicht ein beunruhigendes Geräusch zum zweiten Male hätte vernehmen lassen. Zunächst war es noch irgendwo in der Ferne gewesen. Doch nun war es nah - oh, erschreckend nah: Bäume brachen, Holz splitterte, Äste rauschten - etwas bahnte sich da den Weg durch den Urwald, was groß und gewaltig sein mußte. In der Lichtung erstarb jäh das Leben. Die Affen stoben kreischend nach allen Himmelsrichtungen, die Vögel verstummten, und selbst die Mücken und die Bremsen suchten fürs erste ihre Unterstände auf. Dann ein wildes Trompeten und - -

Jawohl, es waren Elefanten! Und gleich eine ganze Herde! Schritt für Schritt traten sie aus dem Dunkel des Waldes, zerdrückten das Unterholz mit ihren mächtigen Füßen, zupften mit den Rüsseln nach zartem Gras und führten es dem spitzen Maule zu. Auf einigen Tieren saßen kleine schwarze Vögel und pickten wohl nach Ungeziefer, zu dessem Vertreib auch der Quastenschwanz und die breiten Gehörlappen in reger Betätigung waren.

Wir hatten uns tief in unser Versteck geduckt, den Körper des immer noch bewußtlosen Kanzlers als zusätzliche Deckung nutzend, und lugten vorsichtig über das auf und nieder gehende Jackett hinaus in die Lichtung.

"Die Ohren!" flüsterte Dr.Stoltenberg, der hinter uns stand. Hans-Dietrich Genscher bückte sich, wohl in der Annahme, ihm die Sicht zu verstellen, tiefer.

"Nein, nicht Sie! Die Elefanten!"

Der Hallenser drehte sich befremdet nach dem Minister um, sich diese unpassende Nekkerei zu verbieten, erbleichte jedoch und stammelte: "Aber - - Sie haben ja ein Tier auf Ihrer Schulter!"

Ein Tier! Was für ein Tier? Man wird verstehen, daß Dr.Blüm und ich die Auskunft des Außenministers als zu allgemein empfanden und deshalb verstört herumfuhren. Waren wir doch während unseres kurzen Aufenthaltes bereits einer erstaunlichen Vielfalt animalischer Existenzen begegnet! Nach den bislang gewonnenen Erkenntnissen bot diese Lichtung nämlich wirbellose Würmer, giftige Reptilien, seltene Vögel, Affen, Mäuse, Elefanten sowie das entbehrliche Volk der stechenden Insekten - von den untersten Tierformen, welche sich durch Selbstteilung, Sprossung oder Knospung vermehrten und dabei dem Auge gottlob unsichtbar blieben, einmal ganz abgesehen.

Zu unserer Erleichterung stellten wir jedoch fest, daß es bloß jene Meerkatze war, über deren Feuerkraft sich Dr.Stoltenberg vorhin so erfreut gezeigt hatte! Das Tierchen zog es offenbar vor, hier bei uns Schutz und Obdach zu suchen und hockte nun auf der Schulter des Ministers.

Dieser wies jedoch ungerührt auf einen grauen Gesellen, der wehrhaft den Rüssel erhoben hatte und dabei einen gellenden Ton ausstieß. "Afrika! Das sind die Ohren afrikanischer Elefanten, meine Herren!"

Der erste, der wieder den Kopf aus unserer hölzernen Festung streckte, nachdem die Herde abgezogen, war der Außenminister. "Afrika", murmelte er betroffen, "also Afrika. Aber wieso?"

"Gell, jetzt merkt ihr's auch, daß ich's net gewesen sein kann!"

Die Einlassung Norbert Blüms, an welcher man allenfalls die Aufrichtigkeit des Vortrags gelten lassen konnte, spendete wenig Licht, ganz abgesehen davon, daß sie sich zu der Theorie, die er eben mit soviel Verve hatte hören lassen, ausgesprochen diametral verhielt.

"Fuimus Troes!" bemerkte Dr.Stoltenberg ernst zu dem Affen, ihm damit bedeutend, daß er uns als Einwohner von Troja sähe - als gewesene Trojaner, denn wie deren Stadt abgebrannt, so war uns Bonn verloren.

Ähnlich schien auch der Außenminister zu empfinden. Er erhob sich und begann, ungeduldig an Dr.Kohl zu rütteln. "Helmut, hörst du - Afrika! Wach auf, wir sind in Afrika!"

"Afrika ... So?" stöhnte jener und schüttelte dann heftig den Kopf. "Aber wo - Helmut Kohl, Oggersheim, Marbacher Straße 11!"

Bevor sich Hans-Dietrich Genscher dazu noch äußern konnte, machte der Kanzler eine abwehrende Geste, so daß sich der Minister, der den harten Stoß, den er vorhin empfangen, nicht vergessen hatte, rasch wegduckte. Nachdem er sich solcherart Raum verschafft hatte, schlug Dr.Kohl die Augen auf, sah fürs erste eine Weile sinnend hinauf in das grüne Blätterdach, aus welchem schwer die Tropfen fielen. Und dann richtete er sich auf.

Obschon er doch geraume Zeit im Regen gelegen und uns mit dem Wunsch, an Ort und Stelle seine Regierungserklärung abzugeben, genauso tief beunruhigt hatte wie durch seine anhaltenden Absencen, so schienen die Lebensgeister im Kanzler nun rege werden zu wollen. Zudem hatte er, kaum erwacht, die Enden seiner Existenz erkannt und in ihrer augenblicklichen Polarität durchaus richtig zu bestimmen gewußt. Man hat dergleichen ja oft an Helmut Kohl feststellen können!

Er stieg zu uns in die Grube und ließ uns durch zwei Anweisungen spüren, daß er sich dem tätigen Sein als wiedergegeben betrachtete. *Minima non curat praetor!* Er bedachte den Vizekanzler nämlich mit einem präzisen Auftrag - "Es geht jetzt schlicht und einfach darum, die Telefonverbindung herzustellen, Hans-Dietrich!" - sowie den Affen mit einem drohenden "Kusch, kusch!"

Ob der Affe dieses direkte Wort übelnahm oder ob es lediglich sein Entsetzen darüber war, daß sich in dem, was er womöglich für einen Baumstamm gehalten hatte, mit einem Male pulsierendes Leben zeigte - es war schwer zu entscheiden. Jedenfalls entfloh das Tierchen hastig auf den Stelzenbaum, was unser Blätterdach durcheinanderbrachte, sowie Dr. Stoltenberg ungemein verdroß. Jener hatte sich noch nicht für eine deutliche Replik sammeln können, als Dr.Blüm auch schon durch die Lücke im Dach nach oben gespäht und erregt ausgerufen hatte: "Da, er hält was in der Pfote! Was rotes!"

Wir folgten seinem Blick, bemerkten indessen nichts.

"Ei, genau da oben, wo Sie die ganze Nacht über gehockt haben, Herr Bundeskanzler!"

Nun sahen wir es auch.

Das Tier saß in der bewußten Astgabel und machte jetzt seinem Unmut über die Vertreibung Luft, indem es nach Art der Affen das geheimnisvolle rote Ding auf den Kanzler herabschleuderte - ein Wurf, der diesmal jedoch fehlging. Der Gegenstand kollerte über den nassen Boden und blieb unter einem Busch mit prächtigen gelben Blüten liegen.

"Aber das ist ja die hölzerne Fetischfigur aus deiner Schrankwand, Helmut!" Hans-Dietrich Genscher schwang sich mit einer Behendigkeit, wie wir sie bislang nicht an ihm beobachten hatten können, aus dem Loch.

Er hob das Figürchen auf. Ein Leuchten ging über sein Gesicht. "Jetzt", stieß er atemlos hervor, "jetzt fällt es mir wieder ein, Helmut! Nicht der Blüm war's, sondern du!"

"Endlich!" Norbert Blüm warf die Arme erlöst zum Himmel. "Endlich! Sie sehen's ein!"

Der Außenminister riß darauf mit einer Heftigkeit, die ihm genauso wesensfremd war, das Gewächs aus dem nassen Boden, bückte sich zu uns hinab und hielt dem alten Weggefährten Busch und Figur anklagend unter die Nase.

Der Kanzler sah nur kurz auf beides und brummte dann unwirsch: "Richtig, die Figur. Und eine Art von gelbem Huflattich. Na und?"

"Aber, Helmut! So erinnere dich doch: Du hattest den Fetisch in der Hand und wolltest überall blühende Landschaften! Blühende Landschaften, Helmut, blühende Landschaften!"

"Herr Bundeskanzler", Dr.Stoltenbergs Stimme klang hart, "mit allem schuldigen Respekt: Es war eben dieser törichte Wunsch, der uns alle hier nach Afrika geführt hat!"

"Ein Voodoo-Zauber! Ich bin verloren, ihr Leut!" schrie Norbert Blüm entsetzt.

"Absurd! Völlig absurd!" Der Kanzler schäumte. "In die neuen Bundesländer - da, da will ich sie hin, die ganzen blühenden Landschaften!"

"Ei, ich hab ja bloß den Kopf ins Zimmer gesteckt, wegen dem Kuli. Schüttauf, gell - eigentlich gehör ich gar net dazu!"

Dr.Blüm klammerte sich an meine Jacke, daß ich schon besorgte, wie der Kanzler den Ärmel zu verlieren. Ich versuchte vergebens, den Minister zu beruhigen, indem ich erwähnte, auch ich sei überrascht, gleich meinen ersten Besuch im Kanzlerbungalow mit solch weitreichenden Folgen verbunden zu sehen.

Meine Aufmerksamkeit wurde jedoch von dem verzweifelten Rüsselsheimer abgezogen, denn Dr. Stoltenberg rief soeben laut und deutlich: "Omar! Omar! Komm herunter!"

Wir fuhren alle zusammen.

Omar --?

Wer war Omar? Hielt sich denn ein Sechster, den wir bislang nicht bemerkt hatten, in der Lichtung auf? Und war dieser Name nicht beunruhigend muselmanisch?

"Omar der Affe!" erwiderte Dr.Stoltenberg kühl auf des Kanzlers nervöse Frage und zeigte auf das Tier im Geäst. Jener Affe trage, "ab sofort", diesen Namen nach dem zweiten Kalifen des Islam, dem bekannten Sieger über die Sassaniden und die Byzantiner. Und seinen schönen Sinnspruch

> "Es gibt vier Dinge, die nicht zurückkehren:
> das gesprochene Wort, der abgeschossene Pfeil,
> das vergangene Leben und die vernachlässigte Gelegenheit"

hätte sich manch einer - "mit Verlaub, Herr Bundeskanzler "- der hier Anwesenden beizeiten hinter die Ohren schreiben sollen ...

Angesichts der Zusammenhänge, die sich uns soeben enthüllt hatten, konnte ich nicht umhin, meinem Minister von Herzen zuzustimmen.

Dr.Blüm ließ meinen Ärmel fahren und stieß atemlos hervor: "Ei, des wird man doch irgendwie rückgängig machen können, gell, Herr Bundeskanzler?"

Der Außenminister griff die Frage des Rüsselsheimers sofort auf und hielt dem Kanzler den Fetisch gebieterisch hin: "Helmut, nimm das Figürchen und sag: Bonn am Rhein!"

"Tun Sie's, Herr Dr.Kohl!" flehte Norbert Blüm. "Ich bitt Sie inständig!"

Der Kanzler entsprach nur unwillig dem vorgetragenen Wunsche. Er nahm die Figur zur Hand, drückte sie ein wenig, versetzte sehr knapp "Bonn am Rhein" sowie "Na bitte, klappt nicht, Hans-Dietrich!"

"Ein fruchtloses Unterfangen", wandte der Verteidigungsminister ein. "Läßt sich doch meines Wissens nach in solchen Fällen nur ein einziges Mal ein derartiger Wunsch äußern."

Wir alle waren verblüfft über die Entschiedenheit, mit der der Minister in jener schwierigen Materie Stellung bezogen hatte. Dr.Stoltenberg führte indes kaltblütig aus, daß "pro Auftrag" jeder ordentliche Fetisch neu zu beseelen wäre - eine komplizierte Prozedur, zu der es neben Grundwissen in derlei Dingen große Erfahrung und vor allem gewisse Ingredenzien brauche, über die sich das lehrreiche "Kosmos"-Bändchen, das er als Knabe zu diesem interessanten Thema herangezogen, gänzlich ausgeschwiegen hätte.

Und zwar zu seinem Leidwesen, fügte er bedauernd an, denn der Lateinlehrer, den man seinerzeit - "lassen Sie mich überlegen, es muß 1939 gewesen sein" - neu bekommen, hätte die ganze Kieler Quinta in einer Art und Weise sekkiert, daß ihm, dem jungen Stoltenberg, als Primus von der gesamten Klasse der Auftrag erteilt ward, doch während der Sommerferien nach gründlicher Abhilfe für jenes Übel zu forschen.

Der Außenminister riß zu diesen erstaunlichen Ausführungen die Augen wie ein Frosch auf und wollte gerade eine Frage stellen, doch Dr.Stoltenberg bedeutete ihm mit einer Geste, daß er noch nicht geendet habe. Im Herbst, so fuhr er dann fort, hätte der Kriegsbeginn diese Frage auf andere Weise erledigt, da der Altphilologe zunächst zu den Fahnen geeilt und sodann mit dem gesamten Panzer irgendwo im Polnischen verschollen sei. Danach habe die Kieler Quinta übrigens mit Professor Hütig einen Vertreter einer gemäßigteren pädagogischen Linie als Ordinarius erhalten.

Kurz und gut, und dabei wies Dr.Stoltenberg wieder auf das Figürchen in des Kanzlers Hand, von weiteren Versuchen in dieser Richtung müsse abgesehen werden, wolle man nicht die Zeit aller Anwesenden noch mehr verschwenden. Im übrigen sei für ihn lediglich die Frage interessant, von wem Dr.Kohl die Figur erhalten, wobei er - für's erste - unerörtert lassen wollte, welchen Anlaß der Kanzler dem Spender wohl für eine derart folgenreiche Verwünschung gegeben haben mochte ...

Ich sah Norbert Blüm und Hans-Dietrich Genscher an. Die Ausführungen über Fetisch und Lateinlehrer hatten sie offenbar so verstört, daß sie kein einziges Wort hervorbrachten.

Der Kanzler freilich fuhr den Mann, der ihn eben mit soviel Mühe unter das Blätterdach gerollt hatte, polternd an: "Ich hab von Ihrer Migränedenkerei langsam mehr als genug, Herr Stoltenberg! Und wenn der Fetisch da nicht mehr geht, dann fliegen wir eben nach Hause!"

Fliegen - -? Fliegen!

Aber natürlich, das war die Lösung! Wir schauten uns für einen Augenblick verdutzt an - und dann entlud sich die Spannung in donnerndem Gelächter. Dr.Blüm gab sogleich die Imitation einer Maschine im Anflug, indem er beide Arme ausbreitete und mehrmals brummend im Kreise herumlief, der Außenminister lachte, bis ihm die Tränen aus den Augen liefen, und schrie, da sei ihm doch gerade eben eingefallen, daß er ja schon ("Icksmal, Helmut, icksmal!") in diesem Afrika gewesen sei und hierorts also überall bestens bekannt sein müsse.

Der Kanzler griff in seine Tasche, betrachtete die Figur mit gespieltem Ernst und versetzte dann launig, der Fetisch sei vermutlich von Biedenkopf. Ja, er wäre sogar so frei, eine gewisse Ähnlichkeit zwischen der Figur und dem Kurt zu sehen. Er maß mit der Hand ihre Länge aus und zeigte uns die Zentimeter zwischen gestrecktem Daumen und Zeigefinger. Auch von der Länge käme es durchaus hin - was wiederum zu neuen Lachstürmen Anlaß gab.

Nur Dr.Stoltenberg spähte mit verdrossener Miene nach den Wipfeln, ob Omar sich nicht etwa wieder blicken ließe und war noch mehr verstimmt, als ihm der Kanzler bedeutete, seinetwegen könne "der Aff da" ruhig als Ministerialrat mit auf die Hardthöhe, was ich als Affront gegen meine Person auffassen mußte. Ja, ich fragte mich damals sogar erschrocken, ob ich womöglich nicht genug zu den Späßen der drei Herren gelacht hätte.

Und dennoch - in der Erinnerung an diese regnerische Nachmittagsstunde tritt mir wieder vor Augen, wie sehr auch ich an unsere baldige Rückkehr geglaubt hatte!

Der Spuk der Lichtung war mit einem Male verflogen, und ich sah es schon deutlich vor mir, das entsetzte Gesicht des Buschpostens, wenn sich plötzlich herausstellte, daß der verschwitzte Weiße ohne Ärmel, der bei ihm unbedingt ein Telefongespräch nach Deutschland anmelden und mit nichts anderem als seiner Armbanduhr bezahlen wollte, doch nicht gelogen hatte. Warum sonst die Wagenkolonne, die Kompagnie von Polizisten! Und ich hörte auch, wie ihm, dem kleinen Buschposten, der größte aller Motorradpolizisten zuraunte: "Du hast dein Leben verwirkt, oh Hassan. Der weiße Bwana da ist wahrhaftig der Kanzler von Deutschland." Dr.Kohl aber würde sich umwenden, den Zitternden mit den Worten "Da, die Uhr, Hassan! Ein Wort von mir ist ein Wort von mir!" vom Boden aufheben und ihn sodann der Nachsicht seines Staatspräsidenten empfehlen.

Ja, ich sah damals nicht nur diese hübsche Szene deutlich vor mir, ich sah auch, wie sie sich in der Düsenmaschine Stillschweigen versprachen - der Kanzler, die drei Minister und auch der Ministerialrat. Ich fühlte, wie sich schon vor der Landung in Köln/Wahn ein geheimes Band zwischen allen Beteiligten geknüpft haben würde, fand mich bereits verwoben, erhoben - und war nur noch darauf gespannt, welchen Vorschlag der Kanzler für die Gewinnung des nächsten Flugplatzes abzugeben gedachte.

Es muß wohl in diesem Moment meiner schönsten Hoffnungen gewesen sein, da der Außenminister den Finger erhob und rief: "Psst, Helmut! Es kommt jemand! Einheimische!"

Einheimische! Nicht nur ich hatte diesen Seufzer der Erleichterung ausgestoßen. Jetzt würden wir also den nötigen Aufschluß erhalten, in welchem Staat Afrikas wir uns befanden. Es ist mir nicht mehr erinnerlich, wieso wir auf einmal alle wieder in unserem Wurzellager standen - gleichwohl, wir sahen von dort aus mit Spannung der Begegnung mit dem schwarzen Menschen entgegen.

Der Regen hatte längst aufgehört, und, wie immer nach dem reichen Gusse, so stiegen auch diesmal weiße Dämpfe auf und hüllten Wald und Lichtung in einen gespenstischen Schleier.

Wer würde es sein? Bauern, Forstleute, Soldaten? Nun, Menschenfresser würden wir wohl kaum zu gewärtigen haben - diese Zeiten waren im Busch gottlob lange vorbei.

Uns allen schlug trotzdem das Herz, als sich die Stimmen nun näherten und -

"Ein Chines!"

- wahrhaftig, Norbert Blüm hatte recht - ein Chinese trat aus dem Busch sowie ein riesiges Wesen, das eine gewisse Ähnlichkeit mit einem Menschenaffen aufwies, aber offensichtlich der weißen Rasse angehörte. Beide Männer waren mittleren Alters und gut ausgerüstet, trugen schweres Gepäck auf dem Rücken und waren mit Munition, Schußwaffen sowie einem Spaten versehen.

Angesichts dieser überraschenden Umstände zauderten wir, uns bemerkbar zu machen. Und da der Kanzler, der das Ruder wieder fest in die Hand genommen hatte, durch ein Kopfschütteln deutlich zeigte, daß auch er abzuwarten wünsche, verfolgten wir einstweilen das Gespräch, welches sich jetzt zwischen den beiden Männern entspann.

"No, no, Li Feng! Sie müssen mehr am Fluß liegen, die Kisten!"

"Ehrenwerter Gorilla irrt! Li Feng hat sich alles genau gemerkt. Gorilla möge Ausschau halten nach Baum auf Stelzen!"

"Auf Stelzen?"

"Ganz recht. Baum sehr selten. Steht auf Wurzel wie Einbeiniger auf Stelzen. Bloß Baum wie viele Einbeinige. Hundertmal drei Beine! Muß hier ganz in der Nähe sehr sein."

"Hoffe, du hast recht, Li Feng. War damals bei der Nachhut, als er hier die Kisten vergrub."

Nun, dies warf eine Menge neuer Rätsel auf - abgesehen davon, daß die beiden augenscheinlich nach unseren Baum suchten. Ich wollte das eben dem Kanzler mitteilen, der gleich neben mir hockte, doch dieser hatte sich bereits ratsuchend an Hans-Dietrich Genscher gewandt.

"Was dann für Einbeinige?"

"Keine Ahnung, Helmut! Psst, Blüm, sehen Sie irgendwo einen Mann mit einem Bein?"

Dieser schüttelte den Kopf und äußerte abermals seine Verwunderung darüber, daß uns als erste Menschen in Afrika ausgerechnet zwei Ausländer begegnen mußten.

Der Kanzler zog eine saure Miene. Man wußte in Bonn, wie wenig er, wenn ein großer Plan erst einmal gefaßt war, die Verzögerung liebte. So räusperte er sich auch jetzt, strich das Haar glatt, knöpfte die ärmellose Jacke zu und erhob sich ungeduldig. Wer konnte wissen, was die beiden Männer da draußen alles vorhatten und welche hinderlichen Umstände sich daraus ergeben würden! So schien auch mir der Augenblick günstig, um jetzt das Versteck zu verlassen und behutsam die Erkundigungen einzuholen, derer wir für unseren Rückflug bedurften.

In diesem Moment hatte der Chinese den Stelzenbaum und den emporragenden Kopf des Kanzlers entdeckt. Weißgott, für was er diesen gehalten haben mochte, auf jeden Fall riß er das Gewehr von der Schulter und feuerte ohne Zögern einen Schuß ab, der glücklicherweise fehlging.

Wir hatten uns alle sofort zu Boden geworfen. Nachdem der Schuß gefallen und sein donnerndes Echo verrollt war, vernahmen wir die Stimme des Weißen: "Hands up!"

Was blieb uns also übrig, als nach und nach mit erhobenen Händen hervorzukriechen? So guter Dinge wir eben noch gewesen waren - daß man jetzt nach uns schoß, hatte die Laune gründlich verdorben.

"Goddam! Es sind - - Weiße, Li Feng!"

"Li Feng wenig uberrascht", versetzte der Chinese, "prächtige Langnasen einfach uberall. Wirklich große Plage!"

"Halt, Gentlemen! Bleibt, wo Ihr seid! Legt eure Waffen auf den Boden!"

"Waffen? Ei, wir haben nur des eine Messerchen!"

Norbert Blüm suchte in seiner Hosentasche nach dem kleinen Schweizer Offiziersmesser, konnte es aber in der Aufregung nicht finden, was den Außenminister zu dem hysterischen Ausruf veranlaßte: "Geben Sie's ihm, Blüm - ich flehe Sie an, geben Sie's ihm!

"Wart", endlich hielt er es in der Hand, "ich klapp's vorher erst emol zu! Da!" Das Messer flog vor die Füße der beiden Männer, die es verblüfft betrachteten.

"Seid Ihr allein?" fragte der große Mann.

"Ja, denken Sie, ganz allein! Nur wir Fünfe!" gab Hans-Dietrich Genscher kläglich zur Antwort.

Dies schien ihn derart zu erstaunen, daß er für den Moment den Lauf sinken ließ und sich nach seinem Gefährten wandte.

"Und Omar!" rief Gerhard Stoltenberg. Er sah sich suchend nach dem Tiere um, und die Sorge, daß es die Kugel womöglich getroffen haben könnte, stand ihm deutlich im Gesicht geschrieben.

"Omar? Who's that man?" frug der Weiße scharf und hob erneut das Gewehr.

"Omar der Affe!"

Möglich, daß er wie Mephistopheles dreifach genannt werden wollte, möglich auch, daß ihm sein Name noch ungewohnt und neu war - auf jeden Fall ließ der Gesuchte erst jetzt sein Keckern vernehmen, sprang dazu ein paar Mal auf und nieder im Geäst und eilte endlich den Stamm hinunter zu dem Manne, welchem er vor allen anderen seine Neigung geschenkt hatte.

Die beiden Männer verfolgten dieses Manöver mit offenem Munde, und so, wie wir vorhin gelacht hatten, brachen auch sie in ein Gelächter aus, daß ihnen ihre Flinten entglitten und es eine Weile dauerte, bis sie die Fassung wieder gewonnen hatten.

Als wir ihnen nun unsere Namen, freilich unter Weglassung aller Titel und Ämter, nannten und anfügten, daß unsere Heimat Deutschland sei - zu weitergehenden Aufschlüssen hatte vorerst niemand den Mut aufgebracht - war es mir, als hätten sich die beiden einen triumphierenden Blick zugeworfen. Auf jeden Fall aber griffen sie sofort wieder zu den Waffen, vermieden es jedoch, diese auf uns zu richten; sie taten vielmehr so, als hätten sie etwas daran zu putzen, und wenn auch der große Mann nun einen unverfänglichen Ton anschlug, so ließen sie uns doch keine Sekunde aus den Augen.

"Jeremiah Monsoon. Stamme aus San Francisco! Früher Erster Clippermaat der 'Cutty Sark'. Jetzt Privatmann." Der Weiße fuhr sich mit seiner riesenhaften Pranke über die dichtbehaarte Brust, welche das offene Hemd sehen ließ, und lachte. "Aber alle Welt nennt mich Gorilla, Gorilla Monsoon."

Der Chinese stellte sich lediglich als "Li Feng" vor, der, wie er sehr zurückhaltend ergänzte, hierorts auf der Durchreise begriffen sei.

Der Kanzler nahm die Angaben der beiden Männer zum Anlaß, um seinerseits endlich die Auskunft einzuholen, auf die wir alle so gespannt waren.

"- - Wo Ihr hier seid, Gentlemen?" Der Amerikaner hob verblüfft die buschigen Augenbrauen. Es schien, als habe er jede andere, nur nicht diese Frage erwartet.

"Hören ehrenwerte Fremdlinge nicht den Fluß?"

"Das ist der Aruwimi, Sir!"

Aruwimi! Nein, leider - mir sagte der Name nichts. Auch die anderen Herren schwiegen verwirrt. Ich wunderte mich jedoch nicht wenig über den Außenminister. Wie oft mußte er in Afrika gewesen sein in den vergangenen Jahren! Und nie an diesem Aruwimi? Das kam mir doch merkwürdig vor. Nun ja, Afrika war groß und seiner Flüsse waren wohl so viele wie Präsidenten und Staaten ...

"Well, nennt ihn von mir aus auch Luhali wie die Leute drunten in Bandangi, ganz wir Ihr wollt!" setzte der Amerikaner mit einer wegwerfenden Geste hinzu.

Luhali? Bandangi? Wir sahen ratlos zu Boden.

"Verzeiht, Gentlemen - Ihr seid den Fluß doch hochgekommen!"

"Von Jambuja aus!" ergänzte der Chinese geduldig.

Irgendetwas stimmte mich sehr nachdenklich im Verhalten dieser beiden Männer. Ich konnte mir nicht helfen, es kam mir vor, als hätten sie in gewisser Weise sogar erwartet, auf uns zu treffen. Mein Argwohn verstärkte sich, als jener Mr.Monsoon sich gar nicht weiter mit den Quisquilien unseres Hierseins befassen wollte, sondern mit bedächtig vorgeschobener Lippe versetzte: "Well, da wären wir also, Gentlemen - two countries on a mission!"

"Mission? Nein, also ich bin Politi - -!" Dr.Blüm lachte unsicher.

"Ganz recht, Missionare!" sagte der Außenminister rasch und zog ihn heftig am Rock.

Nun, das war zwar geistesgegenwärtig und schnell geantwortet, und keinesfalls konnte es schaden, sich unter den Mantel der Kirche zu stellen, bloß baute es auf einem Mißverständnis auf - *mission*, das meinte doch "Aufgabe, Sendung", und wenn schon Mission, dann vor allem "geheime Mission" ...

"Heavens - beim Himmel, Missionare!" Der Amerikaner stieß ein gequältes Lachen aus, als er verstanden hatte, was der Minister meinte. "Dann seid Ihr also nicht über den Fluß, sondern von Osten her über die Berge gekommen, was, Sir?"

Hans-Dietrich Genscher nickte. "Die Berge, der Osten, jaja."

Was hätte er auch antworten sollen? Das Kanzlerwort, das Berge versetzt hatte, der Osten, der in Fluß geraten war ... Vermutlich drehte sich nicht nur mir der Kopf.

"Mission hier am Kongo ubles Geschäft!" Der Chinese schüttelte ein ums andere Mal bedauernd das Haupt.

Was - -? Was hatte der gelbe Mann da gesagt - -? Kongo - -? Wir waren also am Kongo! Das war also heraus! Niemand von uns sagte etwas. Obwohl, letztlich war es gleich, ob wir von Nairobi, Douala oder eben von Kinshasa aus nach Bonn zurückflogen.

Kongo - -?

Mit einem Male drängte sich mir eine zweite, weitaus bedeutsamere Frage auf. Ja, nannte man Fluß und Staat heute nicht 'Zaire'? Und außerdem - mochte unsere Kleidung auch wenig zu diesen Breiten passen, so war sie doch zeitgemäß, modern - was diese beiden aber trugen, war höchst ungewöhnlich! Solche Gamaschen, solche Hosen, solche Ausrüstung mochte es vielleicht einmal vor hundert Jahren gegeben haben ...

"Mission nicht ertragreich", war der Bezopfte unterdessen fortgefahren und hatte so geseufzt, als müsse er in dieser Frage als Fachmann gelten, dessen Rat unbedingt anzunehmen sei, "nur sehr hohe Unkosten!"

Dr.Stoltenberg faßte den kleinen Chinesen scharf ins Auge. Wie's schien, hatte er in ihm eine verwandte Seele gefunden! Er nahm jedoch augenblicklich eine ablehnende Haltung ein, als der Mann aus dem Osten frug: "Affe Omar eßbar?"

Bevor sich das Gespräch weiter in diese Richtung entwickeln konnte, schien es mir dringend geboten, allen Mut zusammenzunehmen und das vorzutragen, was mich zutiefst beunruhigte.

"Was? Welchen Tag wir heute schreiben?"

Der Mann schüttelte auf meine Frage unwillig den Kopf. "Nehmt mir's nicht übel, Gentlemen, aber Eure Fragen - well, finde sie ein wenig seltsam!"

Er kniff die Augen zusammen und überlegte eine Weile. Dann aber mußte ihm ein Gedanke gekommen sein, denn über sein Gesicht huschte ein pfiffiges Leuchten. Er nickte mir zu und förderte aus seiner Jackentasche ein abgegriffenes Diarium hervor.

"Allright. Wartet einen Augenblick, Sir! Hab's gleich." Er blätterte in den Seiten. "Sind Anfang September am Albert-Njansa aufgebrochen, dann zu den Balegga hochgestiegen, nun, Ihr kennt ja den Weg durchs Gebirge, nicht wahr, haben Mitte Oktober den Undussuma unsere Aufwartung gemacht, fanden Thanksgiving Day Fort Bodo leer und verlassen, sind dann - was sollten wir sonst tun, Sir?"

Er unterbrach diese Aufzählung, die er mit eigentümlicher Deutlichkeit vorgenommen hatte, und warf uns einen lauernden Blick zu. Als wir nichts erwiderten, nahm er einen Stecken zur Hand, ritzte in den weichen Boden die Umrisse Afrikas ein und zog dann eine lange gebogene Linie quer durch den halben Kontinent. "Seht her, dies ist der Kongo. Und hier", er zog einen kleineren Strich, der in der Mitte des Bogens abging, "hier fließt der Aruwimi oder meinethalben auch der Luhali".

Dann schob er mit dem Fuße die Erde im östlichen Teil zusammen. "Und da, Gentlemen, habt Ihr auch Eure Berge!"

Er wies mit seinem Stock nach dem Haufen. "Sind dann also hier oben den Ituri-River bis nach Ipoto gepilgert, sprachen uns dann Weihnachten gehörig mit den Balegga aus, stießen in den ersten Januartagen auf Zwerge am Nepoko, schlugen uns vor einer Woche mit den Avisibba-Kannibalen herum - das war hier, das macht ... also heute ", er blätterte wieder in seinem Buch, "heute ist der 15. Januar, Gentlemen - nein, der 17. Januar 1891!"

"- - 1891?" Helmut Kohls Stimme klang gebrochen. "Und außerdem - - im Kongo?"

Dr.Stoltenberg sah noch einmal auf die Linien am Boden. *"Belgisch Kongo!"* verbesserte er kühl, aber diese interessante Korrektur sollte den Kanzler der Bundesrepublik Deutschland nicht mehr erreichen.

MATT UND MALADE AM LUHALI

Dr.Blüms glücklichem Naturell war es wohl zu danken, daß er die ungeheuerliche Schicksalswendung am gefaßtesten von allen aufnahm. Seine Verzweiflung über die ungewohnte Örtlichkeit hatte sich gelegt, und was das Jahr 1891 betraf, nun, es schien ihn nicht weiter zu molestieren - ja, es war mir sogar, als ob er die Zeitgenossenschaft an unserem tintenklecksenden Säculum bereits aufgekündigt hatte zugunsten eines freien Seins im afrikanischen Busch, welches ihm, dem St.Georgs-Pfadfinder und alten Bergfexen, ohnehin eher auf den stabilen Leib geschrieben war als - so jedenfalls Dr.Stoltenberg - das Philosophieren oder die Nationalökonomie.

"Wie oft sind wir geschritten
auf schmalen Negerpfad
wohl durch der Steppe Mitten
wenn früh der Morgen naht;
wie lauschten wir dem Klange,
dem alten, trauten Sange
der Träger und Askari:
Heia, heia, Safari!"

Kaum daß er also von unserem Aufenthalt in Belgisch Kongo erfahren, hatte er sein Messer wieder aufgelesen und sich einen langen Stock gesucht. Und so hockte er auf einer Wurzel des Stelzenbaums, spitzte den Stecken gehörig zu, versah die Rinde nach Bubenart mit umlaufendem Muster und sang mit schöner Stimme nun auch noch die zweite Strophe des alten Fahrtenliedes:

"Steil über Berg und Klüfte
durch tiefe Urwaldnacht,
wo schwül und feucht die Lüfte
und nie die Sonne lacht,
durch Steppengräserwogen
sind wir hindurchgezogen
mit Trägern und Askari:
Heia, heia, Safari!"

Mir freilich gingen damals die wunderlichsten Dinge durch den Kopf. Wenn wir uns hier, im belgischen Kongogebiete, befanden, so mußten wir doch zu Hause am Rhein als

Personen fehlen, denn eine Gleichzeitigkeit unseres Wirkens hier wie dort schien mir völlig ausgeschlossen.

Nun, ich selbst war zwar nicht verheiratet und hatte außer einer älteren Schwester und einem ungezogenen Neffen weiter keine Angehörigen mehr, aber Frau Klövekorn, meine Sekretärin, war gewiß in Unruhe, da ich ohne Nachricht dem Dienste ferngeblieben war. Ich hoffte bloß, daß der an sich verläßliche Selbach die Erledigung der Post übernommen hatte.

Und nun gar die anderen Herren! Wie jedermann in Bonn wußte auch ich von ihren Familienverhältnissen - da waren Ehefrauen, da waren Söhne und Töchter! Mochten die Damen auch der längeren Abwesenheit des Gatten gewöhnt, die Kinder groß und schon studiert sein, eines Tages würde man den *pater familias* doch vermissen! Was das Schlimmste aber war - ich schrieb es meiner Verwirrung zu, daß ich erst jetzt daran dachte - mußte nicht bereits eine schwere Krise ausgebrochen sein in unserem Staatswesen? Der Kanzler, der Außenminister, der Arbeits- und der Verteidigungsminister - alle spurlos verschwunden!

Und dies am 17. Januar 1991, dem Schicksalstage, da ein Krieg anstand und eine Regierungserklärung abzugeben war! Auch würde man vom Kanzler das eine oder andere Wort zur Lage in den östlichen Gebieten, welche unserem Vaterland neulich zugefallen waren, erwarten.

Überhaupt - wie mochte sich die Opposition zu dem Tatbestand verhalten, daß wir verschwunden waren? War Hans-Jochen Vogel der Mann, der in einer derart beispiellosen Situation mit dem Rumpfkabinett - womöglich unter Möllemann - den Ausgleich suchte? Oder hatte die Sozialdemokratie schon heute morgen nach Neuwahlen verlangt? Und wie würden die neuen Bundesländer auf diese Nachricht reagieren? Griffen Anschubfinanzierung und Treuhand, wenn sich der Kanzler nicht in Chemnitz und Halle sehen ließ? Befand sich Kurt Biedenkopf mit seinen Sachsen schon auf dem Marsch nach Bonn?

Oder gingen in Bonn etwa doch andere Wesen in unserer Gestalt den angestammten Tätigkeiten nach? Und wenn ja, taten sie es auch mit dem nötigen Erfolg? Oder würde unser Ansehen durch das Treiben dieser schattenhaften Doppelgänger derart beschädigt sein, daß uns - so wir eines Tages zurückkehrten - nur derbes Spottgelächter, lauter Hohngesang empfing --

Mich überkam erneut ein heftiges Schwindelgefühl.

Es mußten wohl die gleichen Fragen gewesen sein, die auch Hans-Dietrich Genscher bewegten. Er eilte unruhig auf und ab, wechselte mit Gerhard Stoltenberg den einen oder anderen bedeutenden Blick, verhielt plötzlich den Schritt, reichte ihm ernst die Hand und strebte dann wieder eilig fort, um sogleich umzukehren.

"1891! Junge, Junge, Junge! Genau um einhundert Jahre zurück!" Der Freidemokrat wackelte bedenklich mit dem Kopf. "Hören Sie, Kollege Stoltenberg, wenn Ihnen irgendetwas einfällt, wie wir aus dieser Bredouille herauskommen, so lassen Sie es mich unverzüglich wissen!"

Dr. Stoltenberg hob indes die Schultern und seufzte bloß in der Art eines Mannes, dem das Schicksal ausgerechnet an dem Tage, da er das Schwert zu Hause gelassen, in seinen Lebensfaden einen gordischen Knoten geknüpft hatte - - und so lief unser ganzes Latein am Ende darauf hinaus, daß der Außenminister und Vizekanzler resümierte, am besten sei's, von nun an jeden Fehler zu vermeiden, den Gang der Dinge genauestens zu beobachten, "Kurs zu halten auf allen Feldern" sowie sich beizeiten nach einem Quartier umzusehen, das besser wäre als jenes in der schlammigen Senke!

Insofern wurde das Angebot der beiden Fremden nicht ungern aufgegriffen, am Rande der Lichtung für die Nacht ein gemeinsames Lager zu errichten; und wenn mir auch die Dringlichkeit, mit der sie dieses vorschlugen, verdächtig vorkam, so stellte ich doch alle meine Befürchtungen hinter den Gewinn, den uns jene Männer bei allen weiteren Unternehmungen bringen konnten. Beide schienen das Leben im Belgischen Kongo nämlich aus dem Grunde zu verstehen und in der hohen Kunst, unter äquatorialen Umständen ein Leben mit Büchse und Messer zu führen, wohl bewandert zu sein.

Als erstes ward uns von Mr.Monsoon der Auftrag erteilt, die Umgebung auf Nahrungsmittel abzusuchen, was den Rüsselsheimer sehr enthusiasmierte. Er sprang augenblicklich auf, schwenkte den geschnitzten Spieß und stimmte ein so durchdringendes Geheul an, daß der Außenminister verstört in eine Dickung entfloh.

Nachdem Mr.Monsoon bedenklich den Kopf geschüttelt hatte und von einer Jagd im eigentlichen Sinne nichts wissen wollte, da dabei eine Reizung wilder Tiere unausbleiblich sei, erhielt Dr.Blüm von meinem Minister mit der Bemerkung: "Zur unmittelbaren Verwertung der von der Natur gebotenen Güter gehört nicht allein die Jagd, Kollege Blüm, sondern vor allem das Pflücken und Sammeln!" den Speer abgenommen sowie den Auftrag, den Außenminister sogleich wieder aus dem Gebüsch herbeizuschaffen.

Nachdem auch dies geschehen, brach der Chinese vier fächerförmige Blätter von einer Pflanze, rollte diese zu großen Tüten zusammen, umwickelte sie mit einigen starken Gräsern und wies dann wortlos in die Lichtung.

Unter dieser Maßgabe brachen wir also auf, stöberten im Gebüsch nach Beeren und Früchten, suchten auf dem Boden nach Pilzen und nahrhaften Wurzeln und rissen allerlei unbekannte Gewächse von den Bäumen. Der chinesische Herr unterzog die eingesammelten Früchte des Waldes einer kurzen Prüfung, sonderte nur weniges aus, tat jedoch zu meiner Verblüffung auch dieses in einen kupfernen Kessel, und bald war aus allem eine sämige Suppe geworden.

Schließlich begann Mr.Monsoon, nachdem der einzige Löffel die Runde gemacht hatte, das Lager zu errichten, wobei es keine Frage war, wer von uns ihn dabei am tatkräftigsten unterstützte ...

"No, Sir - spitz, spitz das Dach! So baut man hier die Hütte am Luhali."

"Es gehen dann aber weniger Leut hinein als wie beim Flachdach!"

"Der Regen, Mr.Bloom! Das Wasser läuft so besser ab! Look here!"

Der Amerikaner nahm einen starken Zweig und entlaubte ihn mit einem einzigen Hieb seines Jagdmessers. "Ihr knüpft zuerst die Gerten an den Enden zusammen, fügt dann die Zweige quer ein und gebt dann die Blätter darüber! Seht - so und so und so!"

"Gell", Norbert Blüm wies mit einem Schulterzucken nach dem Kanzler, "unterm Spitzdach kann er dann auch besser stehen. Es heißt, falls er wieder auf die Beine kommt, der Herr Dr.Kohl!"

Je nun, der Kanzler - -

> "Noch keinen sah ich fröhlich enden,
> auf den mit immer vollen Händen
> Die Götter ihre Gaben streun!"

Daß von ihm in diesem Kapitel noch nicht die Rede gewesen ist, muß ihm selbst zugerechnet werden - hatte doch ausgerechnet er, der zu Hause nie müde wurde, namentlich die Besonnenheit und die Ruhe zu den vorzüglichsten Tugenden zu erklären, die Nachricht über die Orts- und Zeitverschiebung nicht mit der gebotenen Fassung aufgenommen und war zu Boden gesunken!

Da dies im Verlaufe des heutigen Tages bereits das zweite Mal geschehen, fand sich Dr.Stoltenberg, nachdem er ihn auf den Rücken gedreht hatte, zu der Vorhaltung veranlaßt "Richtlinienkompetenz oder Ohnmacht - für eines sollten Sie sich entscheiden, Herr Bundeskanzler!"

"1891, Stoltenberg", ächzte Helmut Kohl und rollte sich wieder auf die Seite. "Haben Sie's auch gehört, was er gesagt, der Gorilla? In 1891 und am Kongo!"

"Am Luhali!" verbesserte ihn abermals Dr.Stoltenberg. "Es ist dies bloß ein tributärer Seitenarm des großen Kongostromes!"

Aber auch dies schien dem Kanzler wenig trostreich. "Ja, was will dann ich am Luhali? Heut, am Tag, wo ich gewählt werd? Und, mein Gott, des Ultimatum am Golf ist längst abgelaufen, der Krieg da drunten eventuell im schönsten Gang! Und der deutsche Bundeskanzler - -?"

"Matt und malade am Luhali!" ergänzte der Minister und schüttelte ungehalten den Kopf. Dann machte er auf dem Absatz kehrt und überließ den Kanzler seinem Schicksal.

Ich muß gestehen, daß mir dieses Wort seitdem teuer und sprichwörtlich geworden ist, behielt jedoch die denkwürdige Szene, welche ich als einziger verfolgen konnte, für mich.

"Es is vor allem wegen dem Regen, des spitzige Dach!"

Zum zweiten Male waren Nacht und Regen über uns hereingebrochen - doch diesmal waren wir behaust und würden das Werk und seine beiden Schöpfer nicht genug gelobt haben, wenn - ja, wenn es dem Arbeitsminister nicht gefallen hätte, unentwegt Aufschlüsse über den Bau und die Konstruktion der gräsernen Hütte zu geben ...

"Flachdach? Dademit derfste am Luhali niemandem kommen. Ach wo!"

Der Kanzler lag - immer noch angesiedelt im Zwischenreich von bewußtem Sein und bloßem Atmen - der Länge nach hingestreckt auf einem Blätterbett am Boden, und es war vor allem Li Fengs Weitsicht zu danken, daß, als es darum ging, einen Ort für unsere Behausung zu wählen, die Hütte mit dem spitzen Dach der Einfachheit halber gleich über dem Besinnungslosen errichtet wurde. So brauchten wir ihn nämlich nicht erneut zu tragen - was vor allem von Dr.Stoltenberg vehement abgelehnt wurde.

"Zuerst am End die Gerte zusammengebunden, dann die Blätter drüber - fertig!"

Am Eingang der Hütte brannte ein kleines Feuer. Li Feng hatte den Wasserkessel darüber gehängt, das feuchte Holz knackte und zischte behaglich, und die flackernde Flamme ließ unsere Schatten an den Wänden tanzen.

Gleich neben des Kanzlers Krankenlager hockte Hans-Dietrich Genscher. Der Mann aus Halle fröstelte trotz des Feuers. Er schlug den Jackenkragen hoch, zog die Knie an und blickte bekümmert auf den Freund und alten Weggefährten zu seinen Füßen, den er, wie er eben düster anmerkte, seit ihrer ersten Begegnung im Verwaltungsrat des Zweiten Deutschen Fernsehens ("Anno 1962! Wir waren damals beide blutjung!") niemals in einer solchen Lage hatte erleben müssen.

Neben ihm saß Gerhard Stoltenberg, der Abgeordnete aus Rendsburg-Eckernförde. Er hatte seine übliche Miene aufgesetzt, und ich konnte nicht umhin, das Geschick zu bewundern, mit der er vorhin, unter Anwendung von Norbert Blüms Offiziersmesser, vom linken Hosenbein des Kanzlers den Umschlag entfernt hatte, um daraus ein Halsband für Omar den Affen zu fertigen.

Ich selbst hatte mich neben meinen Minister gesetzt, sah ihm bei der Näherei - Nadel und Faden steckten ebenfalls in dem famosen Messer Blüms - über die Schulter und fragte mich, wie es der Kanzler wohl aufnehmen würde, wenn er den fehlenden Streifen Stoff am Hals des Affens entdeckte.

Uns gegegenüber saß Mr.Monsoon, der amerikanische Clippermaat, und unterzog den Lauf seiner doppelläufigen Büchse einer gründlichen Reinigung. Was nun den chinesischen Herrn betraf, so hielt sich dieser in einer Ecke, wo er mit allerlei Gerätschaften hantierte und uns dennoch keinen Moment aus den Augen ließ.

Im engen Raume aber stolzierte Dr.Blüm, der, wie er gerade vernehmen ließ, "nur eben die Blätter am Dach e bissi" nachsetzen wollte, was jedoch nichts anderes zur Folge hatte, als daß sich ein kalter Sturzbach auf das Lager des Kanzlers ergoß - ein Unglück, das der Besinnungslose mit einem gurgelnden "Kongo!" überinterpretierte.

"Puh! Blüm! So sehen Sie sich doch vor! Sie machen uns alle ja ganz pitschnaß!" rief Hans-Dietrich Genscher empört.

"Ja, seid so gut und setzt Euch, Mr.Bloom!" Mr.Monsoon faßte den Rüsselsheimer an der Jacke und zog ihn auf den Platz neben sich. "Nehmt's mir nicht übel, Gentlemen, nicht daß ich Euch ausfragen will - aber wüßte doch gerne, welche Pläne Ihr für den morgigen Tag gefaßt habt."

"Wir? Pläne?"

"Gewiß! Pläne für Eure Missionsarbeit. Wen wollt Ihr bekehren? Das nächste Dorf - wartet, laßt mich überlegen - das nächste Dorf muß Balulu sein. Balulu, Ihr kennt es ja - halt, ich vergaß, Ihr seid über die Berge gekommen, nicht wahr?" Er sah uns der Reihe nach an, und der leise Spott in seiner Stimme war nicht zu überhören. "Mission! Eine schöne Aufgabe. Alles brave Heiden drunten in Balulu! By the way, Gentlemen - wo habt Ihr bloß Eure Bibeln?"

"Missionswerk ohne Bibel recht gunstig, aber leider kein Missionswerk!" bemerkte Li Feng, der eine eigene Auffassung über alles Christliche zu hegen schien, aus seiner Ekke.

"Nun, Herr Feng, Herr Monsoon, wir ... äh ..."

Der Außenminister, welcher in den letzten Wochen der Ära Helmut Schmidt - als der Hamburger Weltökonom, vollständig aufgerieben zwischen Cäsarenwahn und Jungsozialismus, krank zu Bette an der Alster lag - sich nur zu gerne als "heimlichen Kanzler" hatte apostrophieren lassen, schien das Vakuum der Macht, das sich aus der Indisposition von Dr.Kohl zwangsläufig ergeben hatte, hier am Luhali nicht ausfüllen zu wollen.

So konnte es nicht verwundern, wenn ein anderer aus unserer Mitte Nadel und Faden aus der Hand legte, und, die Ausführungen des Hallenser unterbrechend sowie Omar beiseite schiebend, ausrief:

"Herr Monsuhn, Herr Feng! Die Sache verhält sich so: Dieser Mann da", Gerhard Stoltenberg wies dabei auf den hingestreckten Kanzler, "stellt in unser Heimat Deutschland eine hohe Persönlichkeit dar. Nun hat der wiederholte, aber ungeschickte Gebrauch einer bestimmten Formulierung im Verein mit jenem Figürchen und ergo Beweismittel Numero Eins" - er langte in des Kanzlers Jacke, der, wie man sich erinnern wird, beide Ärmel fehlten, aber keineswegs die Taschen, und holte den Fetisch hervor - "uns an dieses ferne Gestade geführt!"

"Ei, jetzt laß mich mal erzählen, Stoltenberg!" Dr.Blüm hielt es nicht mehr auf seinem Platz. "Wir sind überhaupt keine Missionare, sondern aus dem Jahr 1991! Und zwar aus Bonn! Fragen Sie mich bloß nicht, warum und wie, Herr Gorilla, aber es stimmt! Doch, doch - ich schwör's, obwohl ich nur eben den Kopf zur Tür reingesteckt hab!"

Der Arbeitsminister kroch auf allen vieren hastig hinüber zu der monumentalen Figur des Kanzlers, griff in dessen Brusttasche und zog das Manuskript hervor. "Nämlich hier: zwoter Beweis! Es is dem Kohl seine Regierungserklärung! Da oben, in der ersten Zeile, da steht's geschrieben, des Datum: 17.1.1991!"

Mag sein, daß das ständige Kommen und Gehen an seinem Leib den Kanzler für den Augenblick der Bewußtlosigkeit entrissen hatte, mag sein, daß ihn augenblicklich ein schöner Traum erfreute - auf jeden Fall stieß er dumpf hervor: "Blühende Landschaften!" - was Dr. Stoltenberg wiederum veranlaßte, triumphierend "Beweismittel Numero Drei!" anzumerken.

Der Amerikaner besah sich zunächst eine Zeit die kleine hölzerne Figur und warf sie mit einer geringschätzigen Bewegung beiseite. Dann sah er uns an. Seine Augen wurden schmal. Er schüttelte den Kopf und versetzte mit einem verkniffenen Lächeln: "1991? Bonn? Never heard! Und keine - - Missionare? Oh, I am sorry, Gentlemen, verstehe nicht ein einziges Wort von dem, was Ihr mir da erzählt!"

Es entstand für einige Minuten eine bedenkliche Stille, die nur von den regelmäßigen Atemzügen des Kanzlers unterbrochen wurde.

Dann klapperte Geschirr, und Li Feng bot uns eine Erfrischung in Form eines heißen Tees an.

"Sie hätten es anders ausführen müssen, Herr Kollege Blüm!" Der Außenminister reichte das winzige Täßchen weiter und seufzte leise. "Nicht so ... so turbulent!"

"Afrika! Das sind die Ohren afrikanischer Elefanten, meine Herren!" rief Dr.Stoltenberg.

Ich weiß nicht mehr genau, wann mir die Augen zufielen an jenem Abend, aber ich glaube mich erinnern zu können, daß merkwürdigerweise alle vor mir eingeschlafen waren. Ja, auch Omar der Affe war mit einem Male umgesunken, und der Minister hatte große Mühe, dem Tiere, so müde wie er selbst war, das Lager zu bereiten. Dies war sonderbar, denn ausgerechnet ich hatte mich bei dem Tee sehr zurückgehalten, vertrug ich das belebende Getränk doch auch zu Hause nicht. Außerdem ekelte mir ein wenig, denn Gerhard Stoltenberg hatte die winzige Tasse zuvor an den Affen gereicht, der sie mit der Zunge ausgeleckt hatte.

Mitten in der Nacht wurde ich wach. Irgendetwas kroch an meinem Bein entlang! Eine Schlange! Ich erstarrte, erkannte aber dann, daß es eine Hand war, eine Hand, die nun meine Hosentaschen durchsuchte ...

"Bloß ein Kamm! Ein Stift aus Perlmutt!"

Diese Stimme ... sie gehörte dem Chinesen!

"Herr Bismarck hat prächtigen Langnasen nicht viel mitgegeben. Deutsches Reich sehr reich, aber sehr sehr sparsam. Gunstig!"

"Zounds! Mr.Stoltenberg hat nicht einmal Papiergeld, Li Feng! Nur ein paar Münzen! Unbelievable!"

Der Amerikaner hatte sich drüben, wo der Minister lag, zu schaffen gemacht.

"Hoffe bloß, sie werden nicht wach!"

"Ehrenwerter Gorilla keine Sorge! Tee wirkt ganze Nacht uber!"

"Und der dicke Gentleman hier? Er hat nichts getrunken!"

"Herr Kohl? Halbtot vor Angst besser als halbtot von Tee!"

"Müssen ihre gesamte Ausrüstung irgendwo im Busch versteckt haben! Wüßte nur zu gerne, wo!"

"Li Feng wird gleich morgen fruh Auge umherwandern lassen."

"Werde nicht recht schlau aus diesen Deutschen. Warum hat man in Berlin nicht Burschen wie Mr.Wissmann geschickt?"

"Ehrenwerter Gorilla lieber glucklich uber Bismarck - diese prächtigen Dummköpfe keine große Muhe fur uns."

"Auch wahr, Li Feng. Frage mich nur, wie sie es überhaupt geschafft haben, von Deutschland bis hierhin zu kommen. Traue diesen fools nicht einmal die hundert Meilen von Jambuja her zu."

"Vielleicht prächtige Fremdlinge doch nicht uber Jambuja, sondern mit Wissmanns Karawane über die Berge gekommen. Irgendwo fliegt ein schöner Schmetterling, Herr Kohl bleibt stehen, Herr Kohl ist erfreut, Herr Kohl versucht ihn zu fangen, aber die große Karawane zieht weiter und schon hat sich Herr Kohl verirrt ..."

"Du meinst, Bismarck hat noch mehr Deutsche außer diesen Boys geschickt?"

"Altes Sprichwort in China: Einem Ungluck gefällt es selten, ganz allein uber deine Schwelle Einzug zu halten! Li Feng empfiehlt ehrenwertem Gorilla, was seine Augen und Ohren betrifft, besser offen halten!"

"Allright! Hast Du die Schaufeln?"

Der Chinese brummte zustimmend, und dann krochen die beiden aus der Hütte hinaus ins Freie. Ich wartete einen Moment und dann erhob ich mich vorsichtig von meinem Lager.

Nun, abgesehen von einigen kleineren Rätseln, das Hauptgeheimnis der beiden Fremden war jedenfalls gelöst: Wir waren schlicht und einfach unter Spitzbuben gefallen! Ja, womöglich unter Mörder, denn hob man da draußen nicht schon unser Grab aus? Ich hatte deutlich die Spaten klirren hören.

Was aber war zu tun? Ich fachte die Glut des Feuers an, damit ich besser sehen konnte und schlich mich dann zu dem Minister. Leider war er so wenig zu erwecken wie Dr.Blüm und Hans-Dietrich Genscher. Auch Omar der Affe schlief tief und fest. Ich wollte eben alleine aufbrechen, um irgendwo draußen Hilfe zu holen - freilich ein völlig unsinniger Gedanke, wie er nur in so einer Nacht geboren werden kann - als ich neben mir ein ungeduldiges Schnauben vernahm.

"Herr Bundeskanzler! Sie sind - -?"

"Wach, jawoll!" Er schnaubte erneut. "Und schon die ganze Zeit über, Schüttauf!"

Dies klang entschieden nach Vorwurf und Übelnahme. Offensichtlich mißbilligte der Kanzler, daß niemand von diesem Umstand Notiz genommen hatte. Wie sich indes herausstellen sollte, war er eben erst aufgewacht und hatte insofern von dem Gespräch der beiden Gauner so wenig mitbekommen wie von dem Umstand, daß man über ihm eine Hütte errichtet hatte. Ich informierte ihn, so gut ich es in gedrängter Form vermochte, über die letzten Ereignisse und hatte die Geschichte mit den Schaufeln kaum beendet, als der Kanzler auch schon hervorstieß: "Die Kerle schnappen wir uns! Kommen Sie, Schüttauf!"

"Sollten wir denn nicht die anderen Herren - -?"

"Ach wo! Sie sehen doch, die schlafen wie die Ratzen!"

Der Kanzler ergriff das Gewehr, das Mr.Monsoon überraschenderweise hatte liegen lassen, und brummte in seiner bekannten Art: "Passen Sie auf, Schüttauf. Jetzt stoßen sich gleich die Dinge im Raum! Und zwar gewaltig!"

"Eng ist die Welt, und das Gehirn ist weit.
Leicht beieinander wohnen die Gedanken,
Doch hart im Raume stoßen sich die Sachen."

Hatte er es auch in seinen eigenen Worten gesagt, so mußte er es doch in diesem Sinn gemeint haben. Dr.Kohl kroch also, die Richtung weisend, voran.

Ich folgte ihm vorsichtig. War er denn zu schelten, wenn ihm Schillers Verse nicht ständig präsent waren? Oh, ihn plagten wohl ganz andere Sorgen! Gestern noch Titan im Bundeskanzleramt, rastlos schaffend am sausenden Webstuhl der Zeit, stand er heute mit diesem Belgisch Kongo einer Welt gegenüber, die erst genommen sein wollte.

Der Regen hatte gänzlich aufgehört, der Himmel über der Lichtung war klar geworden. Zum ersten Male zeigten sich uns die tropischen Gestirne mit der ihnen eigenen Strahlkraft, und da nun auch der volle Mond sich hinter einer Wolke sehen ließ, hatten wir genug Licht, um das, was sich dort drüben tat, verfolgen zu können.

"War es hier, Li Feng?"

"Mehr ostwärts! Der ehrenwerte Bula Matari nahm zehn Schritte von diesem Baum!"

"One - two - three - - "

Mr.Monsoon schritt die Strecke vom Stelzenbaume ab. Nach diesen merkwürdigen Manövern kam mir der Gedanke, daß es nicht unbedingt ein Grab sein mußte, was man hier auszuheben sich anschickte. Wieso sollten sie sich mitten in der Wildnis auch die Mühe machen, unsere fünf Leichen zu vergraben? Binnen kürzester Zeit wären unsere sterblichen Hüllen doch bis auf die Knochen blankgenagt gewesen! Hatten wir nicht gestern erst erleben müssen, wie selbst auf einen Helmut Kohl, der innerlich doch warm und voller pulsendem Leben gewesen, die Würmer zueilten?

Außerdem - die beiden hatten doch gestern nach irgendetwas gesucht, bevor sie uns in unserem Erdloch entdeckten ...

"Allright, Li Feng! This is the place."

Und dann dieses "Bula Matari"! Es kam mir bekannt vor. Jawohl, Bula Matari und Kongo. Eine längst verklungene Saite schlug bei diesen Namen in mir an, und es fiel mir merkwürdigerweise Weihnachten ein! Ich mußte wohl etwas in der Art vor mich hingemurmelt haben, denn der Kanzler flüsterte: "Der Name da, des 'Bula Matari', ja, sagt der Ihnen was, Schüttauf?"

Ich hob bedauernd die Schultern. Noch konnte ich mich nicht erinnern. Die beiden Männer stachen nun ihre Spaten in den Boden. Dann schaufelten sie eine Weile und hatten sich bald tüchtig eingegraben.

Ich dachte an das Gespräch, das ich eben belauscht hatte. Daß uns die beiden für höchst verdächtige Subjekte hielten - nein, es war ihnen nicht zu verübeln, hatten wir uns doch in tausend Widersprüche verstrickt. Die Geschichte mit Bonn und dem Fetisch war so bizarr, daß sie selbst bei Anhängern der Seelenwanderei wenig Glauben gefunden hätte. Nach allem, was ich von den beiden Männern gehört hatte, gewann ich zudem den Eindruck, daß sie uns für jemand ganz bestimmten hielten.

Bloß - für wen? Ihre Augen hatten geleuchtet, als sie erfuhren, daß wir aus Deutschland waren. Merkwürdig! War man denn als Deutscher so beliebt am Ende des 19.Jahrhunderts? Hastig überschlug ich die Geschichte unseres Vaterlandes, kam aber zu keinem rechten Ergebnis, so daß ich mich an Dr.Kohl wenden wollte, der doch Geschichte studiert und auch Geschichte gemacht hatte. Als ich jedoch zu ihm hinübersah, merkte ich sogleich, daß er augenblicklich für eine akademische Frage nicht empfänglich sein würde...

Er hatte sich nämlich hinter einem großen Busch niedergelassen und das Gewehr auf einem Ast aufgelegt. Der Lauf wies mitten in die Lichtung.

Der fiebrige Kopf, mit dem er heute morgen den Dschungel einreißen wollte, um allzubald an Rankenwerk und Unterholz zu scheitern, die schwere Krisis, welche ihn nach den Enthüllungen über Ort und Zeit aufs Krankenlager geworfen, der imperative Schlafdrang, der ihn viele Stunden eben dort gehalten - so, wie es aussah, war dies alles nun endgültig vorbei. Helmut Kohl hatte in der Stunde, da sein gesamtes afrikanisches Kabinett betäubt daniederlag, wieder Tritt gefaßt!

Und mit der Kaltblütigkeit eines Mannes, der Zeit seines Lebens nichts anderes getan hat, als den Finger an den Abzug einer Elefantenbüchse zu legen, schien er nun sogar nach dem Druckpunkt zu suchen!

Aus der Grube erscholl ein scharfer, metallischer Laut. Der Spaten mußte auf etwas Hartes gestoßen sein.

"Da! Da ist sie! Schnell das Messer, Li Feng!"

"Hoffentlich keine Strumpfe, Gorilla!"

Multa tulit fecitque puer, sudavit et alsit - daß er als junger Kohl im Landtagswahlkampf anno 1947 das Sozialdemokratische mit Pinsel und Faust zu bekämpfen gewußt, daß er sodann in den Protokollen des Rates von Ludwigshafen zehn lange Jahre ein ums andere Mal als der "Zwischenrufer Dr.Kohl" Eingang gefunden, daß er dem Ministerpräsidenten Altmeier den Stuhl in der Staatskanzlei zu Mainz weggezogen und alle anderen im Interesse der Sache ebenfalls niedergerungen und sich schlußendlich selbst auf den ersten Platz von Partei und Staat gesetzt hatte - nun, dies alles war mir, wie vielen anderen Menschen in Bonn, wohl bekannt, daß er aber mit einem Gewehr auch auf Menschen - -

"Um Himmels willen, nein, Herr Bundeskanzler!" flüsterte ich entsetzt und berührte seine Schulter.

Gottlob, er war nicht losgegangen, der Schuß!

Der Kanzler zeigte sich freilich nicht nur über mein Eingreifen verärgert. "Es war ja gar keine Munition drin!" Er warf das Gewehr beiseite und erhob sich.

Mr.Monsoon und Li Feng hatten, als der Büchsenhahn ins Leere schlug, sofort in dem Loch Deckung gesucht. Nach einiger Zeit erschien zunächst das Gewehr und dann der Kopf des Chinesen.

"Hm! Prächtige Fremdlinge!" Er ließ den Lauf wieder sinken.

"Ah, Mr.Kouhl!" Nun zeigte sich auch Mr.Monsoon. "Seid wieder wach? Freut mich aufrichtig. Aber sagt mir, auf wen zum Teufel wolltet Ihr schießen, Sir?"

"Auf Sie, meine Herren!" versetzte der Kanzler ungerührt.

"Auf uns? Sir, was fällt Euch ein?"

Ich muß zugeben, das offene Geständnis des Kanzlers, es verblüffte auch mich. Man hätte den Schuß, zudem er nur ein projektierter gewesen war, als Versehen abtun, als Irrtum bedauern, als somnambules Treiben entschuldigen können! Doch nicht so Helmut Kohl! Er trat aus dem Gebüsch und ging auf die Grube zu: "Die natürlichste Sache von der Welt! Der Schüttauf hat mir alles erzählt! Des Gift im Tee, die Hand in der Tasche und dann die Schaufel und des Grab - da hab ich doch nicht mehr den geringsten Zweifel! Sie war bloß nicht geladen, die Büchse!"

Mr.Monsoon legte die Schaufel weg, griff in seine Jackentasche, holte einige Patronen hervor, betrachtete sie so erstaunt, als erführe er zum ersten Male von der Erfindung des Schießpulvers und dem Brauch, dieses in Metallhülsen abzufüllen. Dann sah er den Kanzler groß an, wobei es ihm gelang, eben diese Miene beizubehalten.

"- Gift? - Hand? - Grab? Verstehe kein Wort, Sir!"

"Aller Krimskrams der prächtigen Fremdlinge auf einem Haufen druben in der Hutte!" Li Feng wies auf das Loch. "Und dies kein Grab, sondern Loch für Kisten von Bula Matari!"

"Schon wieder der Bula Matari!" rief der Kanzler ungeduldig. "Es hat vielleicht jemand mal die Güte, mir zu erklären, was hier eigentlich los ist!"

Mr. Monsoon lächelte fein und winkte nun auch mich mit der Hand heran. "Wartet, Gentlemen! Erst die Kisten. Denke, es wird Euch ebenfalls interessieren."

Unter der feuchten Erdschicht waren zwei größere, metallbeschlagene Kisten sichtbar geworden, und mit der gleichen Selbstverständlichkeit, mit der er die beiden Männer vorhin erschießen wollte, half ihnen der Kanzler jetzt, die Kisten aus der Grube zu heben.

Die Schlösser waren rasch erbrochen. Li Feng schlug die Deckel hoch, und dann - - wühlte er in allerhand Stoffen herum.

"Und, Li Feng?" Mr.Monsoon war für einen kurzen Moment sichtlich aufgeregt.

"Strumpfe, Strumpfe! Nur Strumpfe!" antwortete der Chinese klagend.

"- Strumpfe? Was dann für Strumpfe?" Ich konnte des Kanzlers Frage nur zu gut verstehen. In der Tat, die Angelegenheit wurde immer verworrener.

"Oh - Stanleys Strümpfe, Mr.Kouhl!"

- - Stanley!

Aber ja! Es war mir endlich eingefallen! Bula Matari, der Felsensprenger - diesen afrikanischen Kriegsnamen hatte niemand anderer als der große Stanley von den Eingeborenen erhalten!

"Stanley! Ganz recht, Sir!" Mr.Monsoon nickte dem Kanzler, dem ebenfalls ein Laut der Überraschung entfahren war, freundlich zu. "Bin selbst mit ihm aufgebrochen!"

Es ist ein eigen Ding um das Gedächtnis! Es hebt längst entschwundene Vorstellungen und Gemütszustände auf und stellt sie uns bei gegebener Veranlassung teils mit Absicht, teils mit verwirrender Unwillkürlichkeit wieder zur Verfügung, so daß wir oft genug rätseln, warum uns ausgerechnet jetzt dies und das eingefallen ist. Ein Beispiel besserer Gedächtniskraft gab in alter Zeit der große Themistocles, welcher die Namen von zwanzigtausend athenischen Bürgern auswendig behielt, und auch vom Kanzler war bekannt, daß er sich diejenigen genau zu merken wußte, die ihm auf seinem langen politischen Weg einmal hinderlich oder förderlich gewesen.

Ich aber, weder Grieche noch Staatenlenker, pries mich indes glücklich, als mir nun endlich beigefallen war, warum ich vorhin an Weihnachten hatte denken müssen: "Stanley" war nichts anderes als ein Weihnachtsgeschenk gewesen! Ich hatte das schöne Buch mit den Abenteuern des großen Reisenden anno 194o, in der zweiten Kriegsweihnacht, erhalten und die Nacht so lange darin gelesen, daß ich den ganzen Weihnachtsmorgen verschlief!

Und nun stand ich einem Mann gegenüber, der Stanley gekannt haben mußte - aber, was redete ich denn da? Des Kanzlers Wunsch nach blühenden Landschaften hatte uns ja ins Jahr 1891 versetzt und also war Stanley noch am Leben! Mein Verstand stand für einen kurzen Augenblick still ...

"Kannte Stanley vom Bürgerkrieg her, Mr.Kouhl. Stanley war damals Schreiber auf der 'Minnesota', ich Zweiter Maat. Muß wohl 1864 gewesen sein." Der Amerikaner summte einige Takte des Yankee Doodle. "Ein Schiff der Yanks, versteht sich, Sir!"

Li Feng hatte nun das Wühlen zwischen den Stoffen aufgegeben und ebenso wie Mr.Monsoon auf einer der Kisten Platz genommen.

Ich versuchte mich weiter zu erinnern, zog alle Schubladen meines Gedächtnisses auf und kramte in den entlegensten Speichern meines Gehirns: Was hatte Stanley bloß zu dieser Reise veranlaßt? Die Suche nach Livingstone? Falsch, der britische Missionar war längst in Udjidji gefunden! Der belgische König? Falsch, der Kongo war bereits für den zweiten Leopold gewonnen! Ein Forschungsauftrag? Falsch, Stanley war alles andere als ein Völkerkundler oder Pflanzenforscher! Und: Stanley reiste niemals ohne einen präzisen Auftrag!

"Habe meinen Stanley nach dem verdammten Civil War ganz aus den Augen verloren", fuhr Mr.Monsoon fort. "Aber gerade die Leute, von denen Ihr glaubt, daß Ihr sie niemals wiederseht, kommen am Ende doch wieder zum Vorschein. Well, ist es nicht so, Mr.Kouhl?"

Der Kanzler, der in seinem langen politischen Leben wohl ähnliche Erfahrungen hatte machen müssen, pflichtete dem ehemaligen Zweiten Maat lebhaft bei. Dieser gab jedoch vorerst keine weiteren Auskünfte, sondern knöpfte sich seine Jacke zu und rieb sich dann fröstelnd die behaarten Hände.

"Wißt Ihr was, Sir? Erzähle Euch gerne die ganze Story. Aber laßt uns erst ein Feuer anzünden. Es wird einem kalt, wenn man so herumsteht." Er wandte sich an mich. "Oh, Mr.Schüttauf, seid so gut und brecht mir da drüben einige trockene Zweige ab."

Während ich seinem Wunsche entsprach und das Holz einsammelte, erschien der starke Doppelband zum ersten Male wieder deutlich vor meinem geistigen Auge. Jawohl - der Einband war aus Leinwand, grauer Leinwand und die Prägeschrift darauf von würdigem Gold: "Im dunkelsten Afrika". Bekommen hatte ich das Werk wohl von Onkel Horst. Das Buch enthielt eine Reihe prächtiger Abbildungen: "Stanley in Sansibar inmitten von hundert Händlern" - "Stanley fährt mit dem zerlegbaren Stahlboot den Kongo hoch" - "Stanley marschiert durch den Dschungel" - "Stanley trifft ..."

- - wen? Wen zum Teufel wollte Stanley treffen?

Als ich mit dem Holz hinzutrat, hatte Mr.Monsoon gerade seiner Tasche ein gewaltiges Feuerzeug entnommen und hielt es dem Kanzler stolz unter die Nase. "Habt Ihr schon einmal so etwas gesehen, Mr.Kouhl? Ihr tut ein wenig Petroleum hinein und schon", er schlug es an, "brennt die Flamme. Habe es direkt aus den Staaten mitgebracht."

Der Kanzler starrte verblüfft in die bläuliche Flamme, und wer weiß, wie er sich zu diesem profanen Gebrauchsgegenstand geäußert hätte, wenn ich in diesem Moment nicht mein Bündel abgeladen hätte. Der Amerikaner betätigte abermals sein Feuerzeug, und bald flackerte ein hübsches kleines Feuer, so daß Mr.Monsoon den Faden des Gespräches an der Stelle wieder aufnehmen konnte, wo er ihn vorhin hatte fallen lassen.

"Müßt wissen, daß ich damals als Clippermaat auf der 'Cutty Sark' unter Kapitän Moodie fuhr. Werdet vermutlich von ihm gehört haben, was, Sir?"

"Moodie ...? Nein!" Der Kanzler schüttelte verwirrt den Kopf.

"Well, brachten Tee nach Old London Town. Von Shanghai, von Foo Chow, von Whampoa. Im Jahre 1872, also acht Jahre, nachdem die Trompeten zu letzten Schlacht bei Richmond geblasen hatten, gehen wir mit dem alten Mädchen wieder einmal in Old London Town vor Anker, und was glaubt Ihr, schreien die Zeitungsjungen auf den Docks, Mr.Kouhl?"

"In 1872?" Der Kanzler überlegte kurz. "Sieg der Deutschen über die Franzosen?"

"Oh, Sir - doch nicht ein Jahr, nachdem Euer Krieg vorbei war!" Mr.Monsoon konnte seine Überraschung nicht verhehlen. "Nein, die Boys brüllten mir mit nichts anderem die Ohren voll, als daß ein gewisser Henry Morton Stanley den braven Dr.Livingstone in Udjidji gefunden hatte!"

Es war die Erwähnung des Tees, die mich wiederum ein Stückchen weiter brachte. Den Mann, den Stanley treffen wollte und dessen Namen ich dringend suchte, stellte ein Bild irgendwo in der Mitte des Buches dar. Die Szene spielte an einem großen See, oben in den Bergen, und Stanley trank mit diesem Manne Tee auf einem Schiff.

"Mein alter Stanley also in allen Gazetten. What a story! Ganz England ist von ihm begeistert. Nun, mußte wieder in See stechen und lasse mir einige Jahre den Wind um die Ohren blasen. Habe mir das alte Zeitungsblatt in meiner Kajüte aufgehoben und es oft genug studiert, bis es ganz zerlesen war und irgendwann in der Straße von Malakka über Bord gegangen ist."

Der Mann, dessen Namen ich verzweifelt suchte, war klein, weißgekleidet und - ein Deutscher! Dessen war ich mir nun gewiß!

"Anfang 1887, das Geschäft mit Tee haben uns längst die verdammten Dampfschiffe weggenommen, bringt uns der Südostpassat nach Sansibar. Brachten Wolle von Australien. Nun, Ihr kennt Sansibar, habt es ja selbst in Eurem Besitz, nicht wahr? Oh, sorry - hörte, Euer Kaiser hat es gegen eine kleine Insel vor Eurer Küste eingetauscht?"

"Helgoland", bestätigte der Kanzler, "der Wilhelm war's, der Zwote."

"Was sagt Ihr da - war? Der Mann ist doch nicht etwa tot, Sir?" Der Kanzler gab rasch zu verstehen, daß dem nicht so wäre. Mr. Monsoon warf ihm einen seiner merkwürdigen Blicke zu und fuhr dann gleichmütig fort: "Well, zurück nach Sansibar: Wer glaubt Ihr, Mr.Kouhl, steht am Hafen, inmitten von hundert Händlern, die ihm alle Waren dieser Welt anbieten?"

"Stanley?"

"Ihr habt's getroffen, Sir! Stanley!" Mr.Monsoon nickte trocken und blies ins Feuer."Oh, Mr.Schüttauf, verzeiht, wenn ich Euch in Euren Träumen störe, aber gebt mir noch einen Zweig!"

Ich schrak hoch, denn ich war diesem Gespräch nur mit halbem Ohr gefolgt, so sehr beschäftigte mich die Sache mit dem Deutschen. Nachdem Stanley den entsetzlichen Marsch durch den Urwald gemacht hatte, um diesen kleinen Mann mit dem merkwürdigen Namen zu treffen, stand dieser an Bord seines Dampfers und bot dem zerlumpten, halb verhungerten Stanley nur eine Tasse Tee an. Ich erinnerte mich, wie empört ich als Kind gewesen war über diese Ungerechtigkeit. Wie konnte ein Deutscher so etwas tun?

"Ich gehe auf Mr.Stanley zu: 'Ich bin's! Gorilla Monsoon, Euer alter Maat! Aber sagt mir, was treibt Euch um alles in der Welt nach Sansibar?"

Emin Pascha! Endlich hatte ich den Namen. Der Deutsche auf dem Schiff hieß zwar mit richtigem Namen anders, nannte sich aber nach Landesbrauch "Emin Pascha". Er war Gouverneur im südlichen Sudan. Die Aufständischen des Mahdi, eines muslimischen Eiferes, der die Ägypter und die Engländer bekämpfte, bedrohten auch den Emin Pascha. Darüber gab es wohl auch ein Karl-May-Buch, welches jedoch in unserer Schulbibliothek ständig ausgeliehen war.

"Stanley sieht mich an und scheint mich nicht mehr zu kennen, doch dann fällt er mir um den Hals, zieht mich beiseite und nennt mir einen Namen, den offenbar die ganze Welt kennt, nur nicht der alte Gorilla Monsoon." Er lachte dröhnend und schlug sich auf die Schenkel.

"Emin Pascha", murmelte ich leise und eher für mich.

"Yes", rief der Amerikaner aus und nickte heftig mit dem Kopf, "freue mich, daß Ihr auch einmal etwas zu unserer Konversation beisteuert, Mr.Schüttauf. Natürlich, Ihr kennt den Namen Eures Landmanns! Erfahre also, daß Mr.Stanley kistenweise Waffen und Munition verlädt, um sie niemand anderem als diesem Emin Pascha an den Albert-See zu bringen!"

"Emin Pascha?" Dr.Kohl schien der Name nicht geläufig. "Und was für Waffen dann?"

Der Amerikaner sah zuerst den Kanzler und dann den Chinesen an. Das Gesicht von Li Feng zeigte keine Regung. Mr.Monsoon legte ein paar Zweige in die Glut. Dann wandte er sich wieder an uns. Ich konnte es ihm nicht verargen, wenn sein vom rötlichen Feuer beschienenes Gesicht jetzt eben das verkniffene Lächeln zeigte, mit dem er bereits die Geschichte unserer Reise durch Raum und Zeit zur Kenntnis genommen hatte. Er war indes sichtlich bemüht, einen gelassenen Tonfall anzuschlagen.

"Seht, Sir, genau das habe ich damals auch gefragt! War ja all die Jahre auf hoher See! Aber Stanley erklärt mir alles über den, verzeiht - verrückten Deutschen, Euren Landsmann, der oben im Sudan als Generalgouverneur für die Ägypter sitzt, und von diesem anderen Verrückten, dem Mahdi, in die Zange genommen worden ist. Da wunderte es mich nicht mehr, daß Stanley die Waffen und Munition an den Albert-Njansa bringen wollte. Das scheußliche Ende von Gordon Pascha vor sechs Jahren in Khartum hatte doch auch bei Euch in Deutschland genug Blut in Wallung gebracht, was, Sir?"

Der Kanzler nickte zerstreut. Ob er wohl an den Verrückten am Golf dachte?

Ich überlegte unterdessen, warum uns Mr.Monsoon bloß diese Geschichte so lang und breit erzählte. Wenn man hier das Jahr 1891 schrieb, dann mußte sich dieses Treffen in Sansibar vor vier Jahren zugetragen haben. Seitdem war einiges Wasser den Luhali hinabgeflossen. Sprach er deshalb so offen über diese Dinge, weil sie weit zurücklagen? Aber wenn ich mich recht erinnerte, war Stanleys Marsch durch den Kongo eine militärische Operation von äußerster Delikatesse gewesen. Er reiste im Auftrag der Engländer durch belgisches Gebiet, berührte heikle ägyptische Interessen um eines Deutschen willen und schlug sich dabei auch mit den mächtigen arabischen Sklavenhändlern herum. Auf der anderen Seite war das alles doch längst bekannt. Stanley selbst hatte ja das Buch über seine Reise zum Emin Pascha veröffentlicht. Ich sah uns auf einmal in weltpolitische Dinge verwickelt, die deshalb so verzwickt waren, weil sie einhundert Jahre zuvor stattgefunden hatten.

"Well, ein Wort gibt das andere und, was soll ich Euch sagen, plötzlich stehe ich auf der Gehaltsliste seiner Leute. Treffe dort auch diesen gelben Gentleman als Koch an. Bin für Stanleys 'Advance' zuständig, ein kleines Schiff aus Stahl, das sich komplett auseinandernehmen läßt."

Das war mir neu! Stanley sollte auf dieser Reise einen chinesischen Koch mitgeführt haben? Davon hatte ich in meinem Buche nichts gefunden. Mit wachsendem Argwohn lauschte ich den weiteren Ausführungen des Amerikaners.

"Einige Wochen später! Nehmen 600 einheimische Boys als Träger an Bord, sagen Sansibar Good bye, legen Kurs auf Kap Horn und kommen schließlich in Banana an. Steigen dort in einen Dampfer um und fahren den Kongo-River hoch! Gosh - 1200 Meilen Flußfahrt! Langweilige Angelegenheit für einen Seemann, das könnt Ihr mir glauben! Endlich sind wir in Jambuja. Ihr kennt das Nest - oder halt, Mr.Kouhl, seid ja mit den anderen Gentlemen übers Gebirge gekommen, nicht wahr? Müßt nämlich wissen, daß in Jambuja die Fahrt für das Dampfboot zu Ende ist - flußaufwärts habt Ihr nichts als Stromschnellen und Wasserfälle, Sir! Well, und kaum sind wir in Jambuja an Land, zeigt sich sogleich, wie klug Mr.Stanley gewesen ist!"

Jetzt kam er gewiß auf die diebischen Träger und die Kisten zu sprechen! Aber ja, an diese List Stanleys erinnerte ich mich ganz genau! Es war schon ein eigenartiges Vergnügen, hier eine Geschichte erzählt zu bekommen, die man eigentlich gar nicht hätte kennen dürfen, gleichwohl als Junge schon gelesen hatte.

"Werdet Euch auch schon gefragt haben, wieso Stanley nicht von der Ostküste ausgezogen ist, von Bagamojo oder Pangani, um Mr.Emin Pascha am oberen Nil zu erreichen?"

Der Kanzler nickte eilig, damit andeutend, daß er von sich aus diese Frage längst angeschnitten hätte, wenn solche Vorgriffe die Höflichkeit nicht verbäte.

"Well, an der Ostküste wären sie uns schon in der ersten Nacht davongelaufen, die schwarzen Boys aus Sansibar!" lachte Mr.Monsoon dröhnend. "Und zwar mit allen Kisten und Kasten! Mußten so aber Mr.Stanleys Lasten erst einmal durch den Urwald schleppen, wollten sie jemals wieder in Sansibar ankommen!"

Es muß wohl an dieser Stelle des Berichts von Mr.Monsoon gewesen sein, daß mir auch das Ende des geheimnisvollen Deutschen einfiel - er bekam den Kopf abgeschlagen! Jawohl, Emin Pascha wurde am Kongo von einem arabischen Sklavenhändler getötet! Dies stand freilich nicht in Stanleys Buch. Es mußte sich einige Jahre später ereignet haben, vielleicht 1892, 1893. Ich hatte es seinerzeit im Lexikon nachgelesen ...

"Wir marschierten also hundertsechzig Tage durch den Urwald. Will Euch mit all den Abenteuern und Gefahren verschonen, werdet ja auf Eurer Reise ähnliches erlebt haben!"

Mr.Monsoon vollzog eine wegwerfende Geste, wie sie unter Männern üblich ist, die von ihren Fährnissen keinerlei Aufhebens machen wollen.

"Viele Männer starben unterwegs. Was für ein höllischer Marsch, Mr.Kouhl! Fanden dann endlich den Emin oben am Albert-See! Stand an Deck seines Dampfers in feinem weißen Anzug und winkte uns zu! Wollte gar nicht von Mr.Stanley gerettet werden, wie's schien. Ein ewiges Hin und Her, Sir, bis ich die Nase voll hatte und im Dezember 1888 mit Li Feng abheuerte, um den Kongo wieder herabzufahren. Wollen uns hier ein bißchen umschauen."

Der Kanzler deutete in die Grube. "Ja, und die Kisten?"

"Oh yes, die Kisten! Hätte fast das wichtigste vergessen!" Mr.Monsoon lachte ein wenig gezwungen. "Verloren natürlich hin und wieder doch einen Träger. Well, einige dieser Boys nahmen ihr Gepäck mit in den Urwald, um irgendwo in einem Dorf auf eigene Rechnung das Glück zu machen, was meist darin bestand, daß man ihnen in der ersten Nacht den Kopf abschnitt, andere Boys aber mußten ihre Last zurücklassen, weil sie der

Pfeil der Kannibalen traf oder eine giftige Schlange biß. Und seht, Sir, die Kisten dieser Unglücklichen ließ Mr.Stanley eingraben - falls er sie noch mal brauchen würde."

"Und alles voller Strümpfe?" fragte der Kanzler ungläubig.

"Wo denkt Ihr hin! Könnt Euch nicht vorstellen, was Mr.Stanley an Gepäck mitschleppte - über 30.000 Yards an Leinwand, fast 4.000 Pfund an Glasperlen, eine ganze Tonne an Messing- und Kupferdraht - alles zum Tauschen, Mr.Kouhl! Außerdem über 500 Gewehre, 2 Tonnen Schießpulver, 100.000 Patronen, 250.000 Zündhütchen - alles zum Schießen, Mr.Kouhl!"

Der Kanzler zeigte sich von dieser Liste in gebührendem Rahmen beeindruckt. Mir jedoch fiel, als Mr.Monsoon von den Gewehren sprach, plötzlich ein, wie verdächtig es doch war, daß der Amerikaner sein eigenes Gewehr in der Hütte zurückgelassen hatte. Und dann die herausgenommenen Patronen! Als ob man uns auf die Probe stellen wollte. Wie schade, daß sich der Kanzler so unbesonnen gezeigt hatte!

"Und, Sir, was das schönste an der Sache ist, der alte Stanley wird das ganze Zeug nicht mehr brauchen können, wollte ja ostwärts weiter mit dem Emin über das Gebirge an die Küste marschieren, wir aber ziehen den Kongo hinunter nach Westen!"

"Westen!" sagte der Kanzler. Nach einer Pause beugte er sich vor und tippte auf das Knie seines Gegenübers. "Wissen Sie was, Herr Gorilla, nach Westen - da wollen wir auch hin, was, Schüttauf?"

"Ganz recht, Herr Bundeskanzler!"

Mr.Monsoon setzte für einen Augenblick ein recht verblüfftes Gesicht auf. Ich vermutete zunächst, es wäre des hohen Amtstitels wegen gewesen, welcher mir soeben herausgerutscht war, fand mich aber getäuscht, als der Amerikaner lauernd fragte: "Ihr meint, Ihr wollt nicht mehr weiter in den Dschungel vorstoßen? Und keine - - Heiden mehr bekehren?"

"Nein, nein", rief der Kanzler, nicht ahnend, daß Dr.Blüm bereits zu einer Stunde, da er selbst besinnungslos daniedergelegen, entsprechende Korrekturen vorgenommen hatte, "mit der Missionsarbeit ist es erst einmal vorbei. Da hab ich persönlich überhaupt gar keinen Zweifel dran. Ich nicht und die anderen Herren auch nicht - des heißt, falls sie wieder wach werden nach dem ganzen Tee!"

"Oh, macht Euch darüber keine Sorgen, nicht wahr, Li Feng?"

"Mohn!" erklärte der chinesische Herr, der zu alledem bislang geschwiegen hatte, leichthin. "Prächtige Fremdlinge prächtige Träume aus weißer Kapsel von schwarzem Mohn! Morgen fruh alles vorbei! Leider!"

"Was - Opium, Herr Feng?" Der Kanzler war entsetzt.

Mr.Monsoon hob bedauernd die Schultern. "Mußten Euch in den Schlaf versetzen: Eure Geschichte mit der Figur, verzeiht, sie war so ungewöhnlich, daß wir ... So versteht doch, Sir, man sieht sich die Leute gerne genauer an, mit denen man im Urwald in einer Hütte schläft!"

Der Kanzler dachte eine Weile scharf nach, denn auch die Angelegenheit mit der Figur war ihm aus den bereits erwähnten Gründen entgangen. "Naja, Schwamm drüber!" entschied er dann. "Ich hätt's auch nicht anders gekonnt!"

Dieses Eingeständnis beruhigte die beiden Männer. Mr.Monsoon erhob sich von der Kiste.

"Westwärts", hörte ich ihn leise murmeln, "also westwärts." Dann fügte er laut hinzu: "Müßt Euch morgen früh zur Missionsstation halten, Mr.Kouhl! Nach Jambuja zu!"

"Ist des dann weit, des Jambuja?"

"Seid ohne Sorge, Mr.Kouhl - kaum hundert Meilen! Nicht mehr als zwanzig Tage, wenn Ihr gut zu Fuß seid! Immer am Luhali entlang, den Ihr, wenn der Wind günstig steht, dort hinter den Bäumen rauschen hört! In Jambuja geht Ihr an Bord eines Flußdampfers. Sind vielleicht noch einmal hundert Meilen, bis der Luhali mit dem alten Kongo-River zusammenfließt. Ihr bleibt freilich auf Eurem Schiff, müßt nicht einmal umsteigen und fahrt so mit dem Dampfboot in aller Behaglichkeit zurück bis nach Léopoldville und seid dort wieder in der Zivilisation und bald auch in Eurem Deutschland!"

Der Himmel mochte wissen, was - aber irgendetwas stimmte an dieser Geschichte ganz und gar nicht! Warum hatten die beiden Männer Stanley verlassen, wo doch der Weg vom Albert-See nach Sansibar viel kürzer, viel gefahrloser war, als diese ganze Reise durch den gräßlichen Wald zurückzumachen? Und wer war Wissmann? Den deutschen Namen hatten die beiden erwähnt, als sie uns vorhin durchsuchten. Nun war von ihm überhaupt nicht mehr die Rede.

Gorilla Monsoon reckte den gewaltigen Körper und gähnte. "Höchste Zeit, um sich aufs Ohr zu legen! Schätze, es wird gleich regnen."

Wir erhoben uns. In der Tat, der Himmel hatte sich wieder bewölkt und Wind war aufgekommen. Die Zweige rauschten, ein Nachtvogel schrie, ein anderer antwortete, und dann war mir, als höre man irgendwo in der Ferne Trommeln. Gorilla Monsoon nickte. "Eingeborene, Sir!"

Ich mußte wohl sehr erschreckt ausgesehen haben, denn er beruhigte mich sogleich. "Oh, seid ohne Sorge, Mr.Schüttauf! Wird ein Fest sein, zu dem man da drüben das Tam-Tam schlägt! Sind im großen und ganzen alles friedliche Leute hier am Luhali! Bauern, Pflanzer, Fischer! Laßt sie unbehelligt und sie tun Euch nichts." Er lachte kurz auf. "Werdet dort oben in den Bergen ganz andere Burschen getroffen haben, was?"

Der Kanzler nickte gemessen, schloß sich jedoch meinen Bedenken an, indem er, ins bedeutend Allgemeine gehend, seufzend versetzte, daß er es nicht verstehen könne, warum nicht alle Menschen in Frieden leben könnten. Wir, beispielsweise, zögen ohne Waffen daher, dort drüben würde, so hoffe er jedenfalls, in bester Absicht getrommelt - manch anderer Stamm zeige sich indes wild, kriegerisch und unverträglich...

Mr.Monsoon stieß die Schaufel in den Erdboden. "Well, wenn es das ist, Sir", versetzte er, "so werdet Ihr nichts dagegen haben, wenn wir Euch morgen wenigstens bis an den Luhali begleiten!"

Es überraschte mich nicht, daß der Kanzler sogleich zustimmte. "Einverstanden. Aber was geschieht mit den Kisten?"

Li Feng winkte verächtlich ab. "Bleiben liegen. Lauter Strumpfe! Von Bula Matari und seinen englischen Offizieren."

"Meine sind schon kaputt!" Der Kanzler hatte den Deckel hochgeschlagen und hielt einige Textilien prüfend in die Höhe. Wie es schien, enthielten die Kisten nicht nur Strümpfe. "Vielleicht ist was für mich dabei! Da, am Hosenbein fehlt schon der Umschlag! Aber des hier", er hatte die bloßen Arme erhoben, derart die Hauptlücken seiner Kleidung demonstrierend, "ist noch schlimmer!"

"Morgen früh, Sir, morgen früh sehen wir weiter!"

Obwohl die ersten Tropfen bereits fielen, verhielt der Kanzler auf dem Weg zur Hütte den Schritt. Er ließ die beiden vorangehen, blieb stehen und legte die Hand auf meine Schulter. "Sie waren ja so still, Schüttauf! Des war alles neu für Sie, was, und ein bißchen viel auf einmal?"

Gleich nach dem Frühstück, das wiederum recht frugal ausfiel, hatte Helmut Kohl die anderen Herren - die nur mit Mühe erwachen wollten und insgesamt über einen schweren Kopf klagten, sich aber durchweg angetan von ihren Träumen zeigten ("Alles lila, ihr Leut, alles lila! Aber super! Super!") - über den letzten Stand der Dinge aufgeklärt, wobei er des versuchten Schusses nicht Erwähnung tat, dafür aber des öfteren "Jambuja" als diejenige Ortschaft nannte, welche in zwanzig Tagesmärschen gut und gerne zu erreichen sei und von der aus er persönlich unsere Probleme einer raschen Lösung zuzuführen gedächte.

Und nun waren wir dabei, unsere Kleidung aus Stanleys Kisten zu ergänzen. Am meisten Glück hatte Gerhard Stoltenberg. Ich gönnte es ihm von Herzen, hatte der Morgen doch für ihn mit großem Verdruß begonnen. Zunächst wollte sich Omar gar nicht rühren, und als er dann endlich ein paar unsichere Bewegungen tat, kam er dem Kanzler in die Quere, der bei dieser Gelegenheit entdeckte, wo sein Hosenumschlag geblieben war und dem Affen wie dem Minister einige deutliche Worte sagte.

Nun aber hatte Dr.Stoltenberg sich ein Jagdkostüm zusammenstellen können, welches wie angegossen saß, und - bis auf die Herrenhalbschuhe und die Krawatte, die er partout nicht ablegen wollte - mit den weiten Breeches und dem engen Blouson ausgezeichnet in die tropische Landschaft paßte. Um den breiten Patronengürtel hatte es einigen Streit gegeben, da dieser aber leer war und der Minister qua Amt auf der Aushändigung desselben unnachsichtig bestanden hatte, war seinem Wunsch schließlich willfahren worden, so daß er mit Omar dem Affen auf der Schulter nicht wenig nach Großwildjagd und Kilimandscharo aussah.

Der Außenminister hatte zwar eine schöne grüne Jacke bekommen, die, taschenreich und mit zwei Litzen verbrämt, guten Sitz zeigte. Indes sollte es im Hosenbereich Probleme geben: Genscher, obschon großgewachsen, wußte nichts anderes zu finden als eine Hose, die, ausweislich des Wäschezeichens, einem gewissen Lieutenant W. Grant Stairs gehört haben mußte, welcher selbst, bei insgesamt starkem Wuchs, über die längsten Beine des Britischen Empires zu gebieten schien. Diese Hose mußte unter den Achseln geschnürt werden und wirkte infolgedessen recht spaßhaft, was den Hallenser sehr bekümmerte. Als Dr.Stoltenberg jedoch versetzte "Es ist der Geist, der sich den Körper baut!" und ihm außerdem anriet, die gelbe Strickweste darüber zu tragen, hellten sich auch seine Züge wieder auf.

Norbert Blüm hatte sich Stanleys Ersatzmontur ausgewählt, welche aus einem silberverschnürten hellen Waffenrock bestand und durch die weiße Mütze von Bula Matari vervollständigt wurde. Der Rock ließ sich freilich nicht recht schließen und mußte mit einem schmalen Gürtel zusammengehalten werden, was den Minister nicht weiter verdroß - ja, er rief dem Kanzler vergnügt zu, er fühle sich "in dem Dress da ganz wie in Huosiolampi".

"Huosiolampi- - ?"

Dr.Kohl, der sich beunruhigt nach dem Rätselwort erkundigte, empfing die Belehrung, daß Huosiolampi in Finnland gelegen sei, wo der Minister "mit der Marita, dem Christian, der Katrin und der Anett, also praktisch mit der ganzen Familie, jahrelang einen Mordsurlaub" gemacht hätte.

"Ach, und apropos: Kinder", fügte Dr.Blüm angelegentlich an, "der Walter und Peter, wie gehts dann dene beiden? Sind die dann immer noch auf Studium drüben, in den USA?"

Unwirsch winkte der Kanzler ab. Lag es an der Frage nach seinen beiden Söhnen, die - womöglich - nicht reüssierten, oder war es, weil er seine Hoffnung, bis Jambuja etwas Passendes zu finden, soeben dahingehend modifizieren mußte, die verlorengegangenen Stücke seiner Jacke durch zwei fremde Hemdenärmel zu ergänzen? Die verzwickte Näharbeit übernahm Li Feng, doch das Ergebnis wirkte, im Verein mit dem eingekürzten Hosenbein, nicht eben glücklich. Aber gottlob, es war kein Spiegel vorhanden, und niemand von uns verspürte die geringste Neigung, ihm über das eigentümliche Bild, das er bot, Aufklärung erteilen zu wollen.

Ich selbst schätzte mich glücklich, mit Datum des 18.Januars 1891 den vollständigen Anzug eines gewissen Mr.William Bonny übernehmen zu können, der in Stanleys Expedition - so jedenfalls Gorilla Monsoon - die Aufgabe des Arztes wahrgenommen hatte, und dessen Garderobe, ein schlichter blauer Rock und ebensolche Hosen, mir ebenso vorzüglich paßten wie der dazugehörende Tropenhelm.

Wir hatten das Gepäck aufgeteilt. Und da man von nun an auf reisendem Fuße lebte und der Besitzstand beschränkt genug war, so trug jeder von uns bloß eine kleine Last auf dem Rücken. Die Waffen und die Munition hatten die beiden Männer jedoch für sich behalten.

Also schritt man aus nach Jambuja, dem Orte, wo der Flußdampfer lag ...

Mr.Monsoon hatte für den Eintritt in den Urwald eben jene Stelle ausgewählt, an der wir gestern so mühsam eine Schneise geschlagen hatten. Ich nahm mit Verwunderung zur Kenntnis, wie rasch die Blätter und Ranken inzwischen wieder nachgewachsen waren. Diese erstaunliche Fruchtbarkeit der abgerissenen Schäfte und Stengel mußte uns heute nicht bekümmern, standen uns doch für den Vormarsch an den Luhali geeignetere Mittel zur Verfügung als das Taschenmesser Dr.Blüms - das dieser gleichwohl erneut gezückt hielt. Der Amerikaner schob den kreglen Rüsselsheimer jedoch lächelnd zurück ins zweite Glied. "Oh, wartet, Mr.Bloom, laßt es mich mit den Macheten probieren!"

Und während Mr.Monsoon mit erstaunlicher Ambidextrie die beiden scharfen Klingen in die Lianen und Luftwurzeln hieb, steckte der Minister das Messer weg und nahm stattdessen den geschnitzten Speer wieder zur Hand, den er einstweilen Hans-Dietrich Genscher in Verwahrung gegeben hatte. Dieser wollte sich zunächst nicht von ihm trennen, mußte aber schließlich den Speer, den er übrigens als Wanderstab in Gebrauch gehalten, doch herausgeben und außerdem einige Scheltworte über sich ergehen lassen. Dr.Blüm hatte nämlich sofort entdeckt, daß die Spitze abgebrochen war.

Er hielt den Schaden empört Li Feng zur Ansicht unter die Nase: "Ein Speer is ein Speer und kein Stecken, gell, Herr Feng?" Der chinesische Herr sah Dr.Blüm in der unergründlichen Art seines Volkes an, nickte dann und setzte schweigend seinen Weg fort.

Ich erinnerte mich, irgendwo gelesen zu haben, daß der Chinese die Kopfbewegungen in anderem Gebrauche hält als der Europäer, daß er also dort, wo er zustimmt, den Kopf schüttelt, und da, wo er entschieden anderer Meinung, zu nicken pflegt. Nun, dies schien mir für den weiteren Umgang mit dem Manne, der Stanleys Koch gewesen sein wollte, von nicht unerheblicher Bedeutung. Da ich mir aber nicht völlig sicher war, nahm ich mir vor, bei Gelegenheit Gerhard Stoltenberg zu fragen, der in vielen Dingen sicher Auskunft zu geben wußte, verwarf diesen Gedanken jedoch wieder, als mir einfiel, daß man sich doch recht bald von den beiden Männern trennen würde und es somit der Mühe nicht verlohnte.

"Man kann's auf einen knappen Nenner bringen: Jetzt geht's voran! Und zwar zuerst in die Ortschaft Balulu, meine Herren!" Der Kanzler machte ein sehr zufriedenes Gesicht und schien sich überhaupt nicht mehr auf die Stelle besinnen zu wollen, an der er gestern gescheitert war.

Ich aber sah mich mit gewisser Wehmut nach der Lichtung um: Mochte mich der fremdartige Riesenwuchs ihrer Bäume bei meinem Erwachen auch verstört haben, so war mir doch an diesem Orte ebenfalls Bekanntes und Vertrautes begegnet! Dort war ich auf Gerhard Stoltenbergs Bein und dann auf den ganzen Minister gestoßen, dort hatte ich zum ersten Male die Stimmen von Norbert Blüm und Hans-Dietrich Genscher vernommen und schließlich auch den Kanzler hoch in den Zweigen des Stelzenbaumes seufzen gehört. Was mochte mich aber in jenem Wald erwarten? Und - auch dieser Gedanke kam mir und soll um der Vollständigkeit willen Erwähnung finden - und würde Selbachs Verläßlichkeit so weit gehen, daß der Oberregierungsrat auch am zweiten Tage meiner afrikanischen Reise die Post in Bonn besorgte?

Die Luft war kalt und neblig an diesem Morgen. Ich schloß alle Knöpfe an meiner Jacke und hoffte, daß es der Sonne bald gelänge, ihre Strahlen durch den Dunst und das dichte Blätterdach zu senden. Der Charakter des Waldes war jedoch derart beschaffen, daß mein Wunsch wohl so lange unerfüllt bleiben würde, bis wir wieder eine Lichtung oder aber das Ufer des Luhalis erreichten. Die Bäume standen eng beieinander, aber je weiter wir in die Tiefe des Waldes vordrangen, desto gangbarer wurde unser Weg. Es mußte wohl am fehlenden Licht liegen, daß das dichte Gebilde aus Rankenwerk und blattreichen Schmarotzerpflanzen sich immer weiter nach oben verschob. Dafür fanden sich unter den Stämmen, deren eisenharte Rinde im Zwielicht silbern schimmerte, hie und da die zartesten Orchideengewächse - seltene Stücke gewiß, so daß ich lebhaft bedauerte, zu Hause nicht mehr Botanik getrieben zu haben und also von jenen Pflanzen nichts weiter mitteilen kann, als daß die Blüte bunt, das Blatt grün, der Überzug wachsartig und die Form ausgesprochen elefantenohrig war.

Die großen Tiere des Waldes wollten sich nicht zeigen, was allgemein mit Erleichterung aufgenommen wurde. Ich konnte lediglich ein Schuppentier beobachten, das sich bei meinem Nähern zu einer Spirale zusammenrollte, nachdem es zuvor in seine Mitte eilig ein Junges aufgenommen hatte. Als ich das Alttier mit meinem Stock anstieß, erwies das Junge sich als unvorsichtig, lugte aus der Panzerung hervor und starrte mich mit blinden Augen an, bis es von der Mutter mit dem langen Schwanz zurückgedrückt wurde. Ich gedachte bei dieser Gelegenheit Frau Klövekorns Fürsorge, seufzte abermals und eilte, den Anschluß an die Gruppe zu finden.

Den ersten, den ich erreichte, war der Kanzler. Er war ebenfalls stehengeblieben und hielt die Hand ans Ohr. "Da! Der Luhali!" rief er laut nach vorne. "Ich hör ihn ganz deutlich rauschen, Hans-Dietrich!"

"Ich auch, Helmut, ich auch!" erscholl es aufgeregt zurück.

Das lähmende Entsetzen, mit dem der Wechsel von Ort und Zeit aufgenommen wurde, es war also bei Kanzler und Vizekanzler der hoffnungsfrohen Betrachtungsweise gewichen. Ich konnte mich zu einer solchen Sicht freilich wenig verstehen. Zwanzig Tage bis Jambuja! Ja, was für ein Marsch! Woher nahmen die beiden bloß den Glauben, diese bedeutende Entfernung ganz ohne Blessuren überwinden zu können - in einem Urwald, wo der Wilde üblich, das Krokodil heimisch und die Viper nur zu alltäglich waren!

Und selbst wenn dies Wunder geschähe - man also heil und gesund diesen Ort erreichte - gut, meinethalben auch nach Léopoldville käme - man würde sich doch immer noch im Jahre 1891 befinden!

Mein Minister mußte wohl die Zweifel, die seinen Ministerialrat quälten, bemerkt haben. Er hielt mich am Arm, bis sich die anderen wieder einige Schritte entfernt hatten und stellte eine diesbezügliche Frage. Froh, endlich frei sprechen zu können, ließ ich meinen Empfindungen freien Lauf, verschwieg auch nicht das Stanley-Buch sowie das Gespräch, das ich gestern abend belauscht hatte, und wies abschließend auf die vielen Ungereimtheiten im Betragen der beiden Männer hin, die uns übrigens mit dem Kaiser und Bismarck in Verbindung zu setzen schienen.

"Bismarck?" frug der Minister streng. "Bismarck hat im Januar 1891 längst abgedankt. Der Mann der Stunde ist Caprivi."

Ich stimmte ihm zu, gab aber zu bedenken, daß die beiden Männer wohl zu einer Zeit aufgebrochen seien, da der Fürst noch im Amt und in Berlin gewesen. Dann fügte ich an, unser Kongoabenteuer sei freilich auch unter einem Reichskanzler Caprivi eine äußerst ungewöhnliche Lage.

"Ganz meine Meinung!" versetzte Dr.Stoltenberg. "Habe mir deshalb erlaubt, dies hier sicherzustellen." Er holte aus seiner Rocktasche ein kleines Paket hervor, welches sorgsam in ein Schnupftuch gehüllt war, und schlug es auf. Der hölzerne Fetisch! Er hatte ihn also. Sein plötzliches Verschwinden hatte mich schon die ganze Zeit beunruhigt ...

"Gleich nach Tisch habe ich die Figur unbemerkt an mich nehmen können!"

Ich stand nicht ab, meiner Befriedigung über diesen geglückten Coup Ausdruck zu verleihen.

"Sehen Sie, Schüttauf, das ist und bleibt der Dreh- und Angelpunkt! Möglich nämlich, daß der Fetisch sich doch wieder funktionabel machen läßt."

Ich sah den Minister erstaunt an. Dieser rückte den Hut zurecht, den Omar der Affe auf seiner Schulter verschoben hatte, und erwiderte dann: "Es gibt bekanntlich mehr Dinge zwischen Himmel und Erde, Schüttauf, na, Sie wissen schon. Und außerdem, sehen Sie, hier - -"

Er hatte währenddessen den Kopf der roten Figur abgeschraubt. Als ich hinzutrat, konnte ich feststellen, daß der Fetisch innen gänzlich hohl war. Gerhard Stoltenberg drehte ihn herum, hieß mich die Hand ausstrecken und schüttete den Inhalt darauf.

Ich betrachtete nachdenklich das welke Blatt, den bunten Kieselstein und die kleine Kugel. Sie verströmte einen beißenden Geruch, war aus Erde und Gräsern geformt und erinnerte mich an das Gewölle einer Eule, an jenes Gebilde also, in dem dieser Vogel die Unverdaulichkeiten seiner Mahlzeit hervorwürgt.

"Augenscheinlich alles Dinge aus dieser Gegend, Schüttauf - sonst wären wir nicht hier! Ich setze den Fall, wir täten nun unsererseits etwas, was mit dem Kanzleramt zu tun hat, dort hinein und fänden in Balulu einen Mann, der sich auf derlei Zauber verstände - nun, wie gesagt, ich setze den Fall, Schüttauf - wer weiß, wer weiß, ob unser Haus nicht schon ein Jahrhundert früher in Bonn eintrifft als jene Truppe, die den Weg unbedingt über Jambuja nehmen will, aber nicht einmal die nötigen Devisen für die Fahrkarte nach Léopoldville hat - und deshalb wohl erst *ad Calendas graecas* in Bonn ankommen wird."

Der Minister gab die drei Dinge wieder in die Figur. Dann nahm er Omar von der Schulter, strich dem Tier über den klugen Kopf und wies auf das Halsband. "Ich habe mir außerdem erlaubt, bereits eine solche Ingredienz zu requirieren, Schüttauf!"

Des Kanzlers Hosenstoff! Also deshalb hatte er ihn gestern abgeschnitten!

Nein, ich konnte nicht umhin, die kühle Strategie zu bewundern, die der Minister bei seinem Vorgehen an den Tag gelegt hatte. Und wenn uns Zauberei an den Luhali gebracht hatte, konnte es dann falsch sein, Zauberei als Weg für eine Rückkehr nach Bonn ganz außer acht zu lassen? Ich schöpfte augenblicklich neue Hoffnung.

"Aber sagen Sie den andern nichts davon. Und, Schüttauf", er faßte mich am Jackenknopf und sah mich ernst an, "falls mir etwas zustößt, sei's ein Pfeil, sei's ein Reptil, bitte, winken Sie nicht ab, Schüttauf!" Gerhard Stoltenberg ließ ein Räuspern vernehmen. "Sie sind mir für Omar und diesen Fetisch verantwortlich!"

Ich suchte nach seiner Hand und drückte sie mit Rührung. Wir sahen uns an und schwiegen beide für den Augenblick.

"Ach, übrigens, Schüttauf", der Minister ließ plötzlich ein mir ungewohntes Schmunzeln sehen, "das Buch über Stanley, das Sie erwähnten, ich habe es auch zu Weihnachten bekommen. Allerdings schon im Jahre 1939."

Ich muß wohl so verblüfft dreingesehen haben, daß der Minister sogar kurz auflachte.

"Ja, können Sie sich nicht denken, Schüttauf, daß der Quintaner Stoltenberg nach seinen Studien in der Fetischkunde für das Afrikanische an sich ein Faible fassen mußte? Ich brauche Ihnen also nicht zu sagen, wie das Buch seinerzeit auf meinen Wunschzettel gekommen ist, nicht wahr?"

Es freute mich, daß der Minister affabel war, und so nutzte ich die Gunst der Stunde, um jene Frage zu stellen, die mich seit der Minute beschäftigte, da ich das unselige Datum von Gorilla Monsoon erfahren hatte.

"Wieso 1891? Wieso nicht 1831? Wieso nicht 1747? Schüttauf, das nenne ich eine ausgezeichnete Frage!" Gerhard Stoltenberg nickte mir anerkennend zu. "Lassen Sie mich dazu vorderhand eine Vermutung anstellen: Es ist wohl heuer das Jahr, in dem von uns noch unbekannter Hand das Blatt, der Kiesel und die Kugel in den Fetisch getan ward! Und zwar hier in der Nähe!"

Wir waren während dieses bedeutsamen Gespräches weit zurückgeblieben, so daß ich schon besorgte, die anderen Herren verloren zu haben. Der Wald war zunehmend dichter geworden, und es dauerte eine Weile, bis wir in dem Dunkel ausmachen konnten, welche Richtung man genommen hatte. Schließlich entdeckten wir sie unter den Büscheln riesiger Farne, wo sie in einer Gruppe beisammen standen. War denn der Luhali bereits erreicht? Ich hielt die Hand an das Ohr. In der Tat, mir war so, als rausche irgendwo dort hinter den Bäumen ein mächtiger Strom. Nun, dann trennten sich hier also unsere Wege, und man würde, wie Dr.Stoltenberg melancholisch anmerkte, ("Einstweilen, Schüttauf, einstweilen!") unter der Führung von Helmut Kohl nach Jambuja zu reisen haben.

Und so waren es, als wir die anderen wieder erreicht hatten, durchaus gemischte Gefühle, mit denen wir dem Chinesen als erstem die Hand gaben.

"Auf Wiedersehen, Herr Feng!"

"Noch zu fruh", flüsterte dieser, "prächtige Fremdlinge mögen ihr erhabenes Auge auf Affenbrotbaum werfen."

Dr.Blüm wies mit der stumpfen Spitze seines Speeres ins Gebüsch. "Da - Schüttauf! Einheimische!" Er war überaus erregt.

Ich bog vorsichtig einen mächtigen Wedel beiseite. Das einzige, was in dem Dunkel zu sehen war, waren jedoch weitere Farne.

"Alsfort weiter!" zischte er. "Es is, wie der Li Feng sagt - hinten durch, beim Affenbrotbaum, da ist alles voller Frauen!"

Ich gab dem Bundesminister für Arbeit und Soziales zu verstehen, daß ich mich, was diese Frage beträfe, ganz auf seine bereits eingeholten Erkundigungen verließe und wollte eben bescheiden ins Glied treten, als mir Gerhard Stoltenberg durch eine Kopfbewegung bedeutete, daß er die Lage nicht nur persönlich in Augenschein zu nehmen wünschte, sondern sich auch auf diesem Erkundungsgange gerne von mir begleitet sähe. Was blieb mir also übrig, als mit der gebotenen Umsicht auch die nächsten Farne beiseite zu schieben und Schritt um Schritt in die gewiesene Richtung vorzudringen ...

Mit jedem Meter, den wir weiter vordrangen, fanden wir uns auf eigentümliche Weise verkleinert, denn der Farn, in unseren Breiten kaum über Brusthöhe hinausgehend, wuchs sich zunehmend über jedes Menschenmaß aus, hielt jedoch - und dies war irritant - von der Form die wohlvertraute Gestalt bei. Wie in unseren Wäldern hatten sich am Wurzelstock die Blätter im Knospenzustand spiralig eingerollt, und wo die Stiele bereits groß und ragend, zeigten sich auch hier die bekannten braunen Punkte und rötlichen Schuppen, welchen den Reiz dieser Pflanzen ausmachen und sie nicht selten wie bepudert aussehen lassen. Freilich, durch ihre Größe schienen die Gewächse, deren Rispenwedel hoch über unseren Köpfen zitterten, eher einer vorweltlichen Vegetationsperiode zugehörig als dem 19.Jahrhundert. Es bildete dieser merkwürdige Farnwald offensichtlich den Saum des Urwalds, denn nach etwa fünfzig Schritten waren wir bereits an seinem Ende angekommen, und uns empfing so gleißendes Licht, daß wir geblendet die Augen schlossen.

Nachdem wir uns an die Helligkeit gewöhnt hatten, bot sich unserem Blick ein ausgesprochen friedliches Bild. Die große, halbrunde Lichtung war im Gegensatz zu derjenigen, die wir heute morgen verlassen hatten, gründlich gerodet und ausgeräumt. Es gab umzäunte Felder, geharkte Gärten, kleinere Plantagen, und selbst die Vogelscheuchen zeugten von menschlichem Fleiß und Ordnungssinn. Die Lichtung grenzte mit ihrer uns gegenüberliegenden Seite an einen breiten Strom. Die grauen Wasser strömten träge dahin. Dies also war der Luhali!

Die dazugehörende Ansiedlung mußte Balulu sein. Das Dorf lag wohl zu unserer Linken, zu sehen war es jedoch nicht, da die Stauden eines großen Bananenfeldes den Blick in diese Richtung verstellten. Wir spähten weiter nach dem, was man uns als "Affenbrotbaum" avisiert hatte, aus und sollten diesen erst nach einer Weile entdecken. Er befand sich überraschenderweise ganz in der Nähe und zwar rechts von uns, am Rande des Urwalds, war diesem mehr zugehörig als der Lichtung - ein Baum von mäßiger Höhe, der Stamm jedoch von bedeutendem Umfang. Seine starken Äste streckten sich weit aus und hingen da und dort bis auf den Boden. Er war in voller Blüte und über und über mit winzigen schneeweißen Punkten bedeckt.

Und unter diesem Patriarchen fanden wir sie schließlich - gut fünfzig nackte schwarze Gestalten - Frauen, Mädchen, Kinder, dicht aneinandergedrängt, zitternd, und sie alle starrten uns mit aufgerissenen Augen an! Zu meinem Schrecken ließen sich plötzlich hinter dem Bananenfeld Trommeln vernehmen, und dann fielen sogar einige Schüsse. Dr.Stoltenberg blies augenblicklich zur Retraite, und wir waren kaum einige Schritte in den Farnwald zurückgelaufen, als wir auch schon den anderen Herren begegneten.

"Well, Gentlemen", versetzte Mr.Monsoon grimmig und entsicherte sein Gewehr, "wollte Gott, daß ich mich irre - aber das alles riecht ganz danach, als machten Sklavenjäger Balulu einen Besuch!"

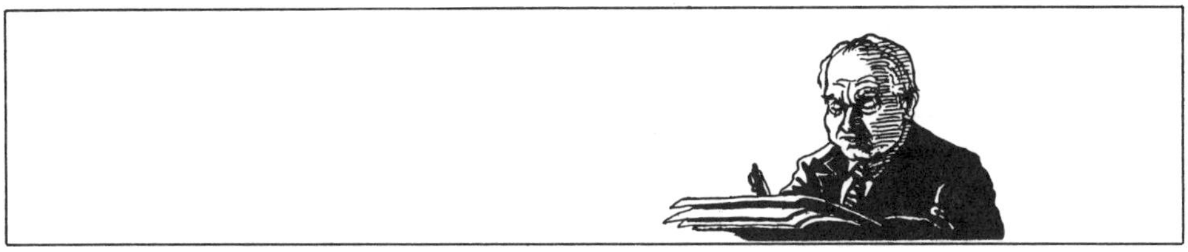

DIE GRAUEN NEBEL HAT DAS LICHT DURCHDRUNGEN

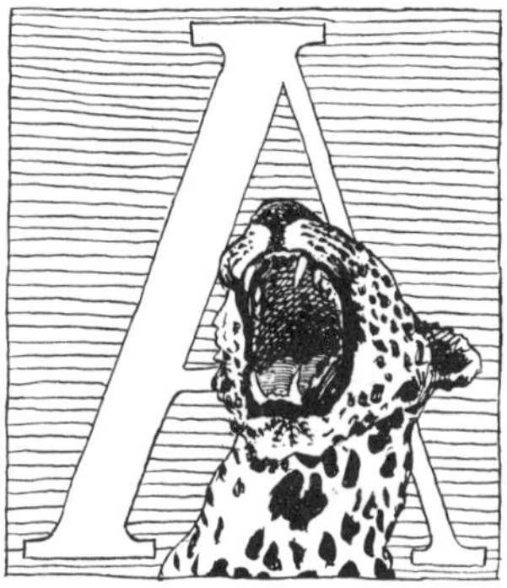

Aber mit denen müßten Sie doch spielend fertig werden, Herr Monsoon! Es sind doch nur Frauen und Kinder!"

Gerhard Stoltenberg warf dem Außenminister, der angesichts der neuen Lage leichenblaß geworden war, einen strengen Blick zu.

"Sie haben die gesamte Situation, Kollege Genscher, völlig verkannt, hat sich doch das Volk der Frauen zu nichts anderem unter diesen Baum geflüchtet, als den Männern den Kampf im Dorfe zu überlassen."

"Psst, Gentlemen! Mr.Stoltenberg hat recht. Und erschreckt Ihr die Girls durch Eure Reden noch mehr, so sind wir alle verloren! Habe nämlich keine Ahnung, wieviele Sklavenjäger dahinten im Dorfe sind. Müssen den Burschen einen Hinterhalt stellen."

Gorilla Monsoon trat aus dem Farnwald, legte sein Gewehr auf den Boden und ging dann behutsam auf den Baum zu. Er wechselte einige Worte mit den Frauen, worauf diese aufgeregt in die Richtung des Bananenfeldes wiesen. Als er wieder bei uns anlangte, war sein Gesicht ernst und angespannt.

"Die Trommeln gestern nacht, Mr.Schüttauf, Ihr erinnert Euch? Well, habe mich wohl getäuscht, es war kein Fest. Das Tam-Tam hat böse Nachrichten den Luhali heraufgebracht. Sklavenjäger - Kilonga Longa und seine Manjemas sind unterwegs. Üble Burschen das! Die Frauen von Balulu sind noch in der Nacht aus dem Dorf geflohen."

Sklavenjäger! Hans-Dietrich Genscher nahm dies als Stichwort, um augenblicklich nach dem Farnwald zu streben.

"Sorry, falsche Richtung, Mr.Gensch!" Gorilla Monsoon hielt ihn am Ärmel fest und zeigte dann in die Lichtung. "Hurry up, Gentlemen, auf den Affenbrotbaum!"

Wahrhaftig, es sollte uns nicht wenig Mühe kosten, diesem Wunsch zu willfahren: Ganz unten, auf einer Astgabel, hielt sich der Bundeskanzler. Das ärgste Hindernis, den glatten Stamm, hatte er allein durch die Hilfe der weiblichen Jugend zu überwinden vermocht, die ihn, verständig von unten schiebend und drückend, bis zu jener ersten Astgabel hochgebracht hatte. Dort hockte er nun, der Weisung Li Fengs folgend, mit angezogenen Beinen, und blickte über seine Schuhspitzen hinweg recht nachdenklich auf das Gewirr aus wolligen Köpfen und bloßen Schultern. Hans-Dietrich Genscher, von Gorilla Monsoon zunächst auf benachbartem Ast eingewiesen, bestand jedoch nervös darauf, einen höhereren und damit sichereren Standort zu erhalten, wobei es Norbert Blüm war, der ihn nicht nur nach Kräften unterstützte, sondern es auch übernahm, den wie Espenlaub zitternden Hallenser mit dem Gürtel am Stamm zu sichern.

Was nun Gerhard Stoltenberg betraf, so schien dieser zunächst entschlossen, das Klettern im Baume Omar dem Affen nachzutun, gab aber zu meiner Erleichterung dieses hohe Ziel, nachdem ein dünner Ast bedenklich geächzt, auf. Er begnügte sich schließlich neben dem Tiere auf einer stabilen Gabelung Posto zu fassen.

Ich billigte diese Beschränkung umso mehr, als ich - die vorhin getane Äußerung des Ministers dahingehend auffassend, daß unser Haus ("Dies wären also ich, Omar und Sie, Schüttauf!") stets als eine Mannschaft auftreten müsse - mich veranlaßt gefunden hatte, ebenfalls Anteil an der gewagten Kletterpartie zu nehmen.

Zwischen uns allen aber turnte Norbert Blüm mit staunenswerter Behendigkeit. Bald schnallte er den Außenminister, der insgesamt wenig glücklich wirkte, fester an, bald brachte er von unten die Frage des Kanzlers nach oben, wann es denn losgehe und ob die eingezogenen Füße nicht doch etwa zu sehen wären, so daß Mr.Monsoon, der mit Li Feng in dem Geäst die Spitze eingenommen hatte, dem Rüsselsheimer schließlich befehlen mußte, im Interesse der Sache endlich ebenfalls einen festen Ast einzunehmen.

Die Ruhe sollte jedoch nicht lange währen. Bald meldete sich Dr. Blüm wieder zu Wort. "Der Kilonga Longa - - "

Unten, am Fuße des Baumes, erscholl bei Nennung des gefährlichen Mädchenräubers vielstimmiges Wehgeschrei.

"Mr.Bloom, seid Ihr toll? Wollt uns alle umbringen, was?" zischte Mr.Monsoon.

"Prächtige Fremdlinge ungunstigen Namen nur flustern!"

"Ei, ich wollt doch nur wissen", versetzte der Gescholtene kleinlaut, was das für einer ist, der - - hummhummhumm hummhumm", die bedrohlichen Silben jetzt in gutturales Gebrumm wandelnd.

Hans-Dietrich Genscher reckte den Kopf zu uns hoch. "Würde mich freilich auch interessieren, Herr Monsoon!"

"Bin dem einäugigen Schuft damals mit Stanley begegnet", brummte der Amerikaner nach einer Weile. "Ein Manjema-Araber. Gebietet über insgesamt 200 Männer, alle mit modernen Gewehren. Hatten ihr Hauptlager damals in Ipoto aufgeschlagen, ungefähr 60 Tagesreisen flußaufwärts von hier. Mr.Stanley kam auf seine Weise gut mit diesen Burschen zurecht."

"Auf seine Weise, Herr Monsuhn?" faßte Gerhard Stoltenberg interessiert nach.

"Well, Mr.Stanley hatte zwei Schnellfeuergeschütze bei sich. Schoß ein paar Salven in die Luft, und der Manjema zeigte sich sogleich von seiner angenehmsten Seite!"

Zwei Kanonen gegen 200 Gewehre! Der Minister setzte die Miene des Fachmanns auf und nickte mir bedeutsam zu: "Wenn es denn anders nicht geht, Schüttauf!"

Hans-Dietrich Genscher erkundigte sich nach dem derzeitigen Stand der Sklavensache.

"Wundere mich ein wenig über Eure Frage, Sir. Ihr werdet doch in Europa genug davon gehört haben", antwortete der Amerikaner.

"Nur das nötigste", hüstelte der Minister verlegen.

"Hat sich wenig geändert am Kongo, auch nicht, seitdem die Belgier hier sind. Natürlich - gehen längst nicht mehr über den Atlantik, die Sklavenschiffe, so wie früher nach den Staaten oder nach Brasilien. Seitdem Mr. Mahdi die Ägypter aber im Sudan vertrieben hat, stehen Sklavenjagd und Mädchenhandel wieder in schönster Blüte. Diese Schufte bringen ihre Beute auf die Märkte von Kasala, Suakin, Dongola, Fascher, Abeschr, Masenja, Kismaju, Mombasa, Mogadischu, Kuka, Kano, Sokoto - was weiß ich! Dort tauscht man die Girls gegen Gewehre und Munition. Fürchte, Ihr werdet gleich erleben, was das für Leute sind."

"Ach, sagen Sie, Herr Monsoon - keine Männer, nur Mädchen?" In der Stimme des Außenministers schwang die Spur einer leisen Hoffnung ...

"Exactly, Mr.Gensch! Den Männern schneiden sie gleich hier Kopf ab, denn nur die Mädchen kann man in den Frauenhäusern brauchen." Er zog ein angewidertes Gesicht. Freilich, gelegentlich mache man aus einigen Boys auch Haremswärter, wenn wir wüßten, was das bedeute.

Ob denn gegen dieses üble Treiben gar nichts zu unternehmen sei, frug empört Norbert Blüm.

Der Amerikaner lachte lautlos. "Könnt gleich damit anfangen, Gentlemen. Schreibt nach Berlin - ein Teil der Schuld liegt ja bei Euch selbst!"

Der Kanzler ließ sich gereizt von unten vernehmen, seines Wissen habe er noch keine Sklavin gekauft oder einen Knaben entmannt und gedächte im übrigen, dies auch in Zukunft so zu halten.

"Nehmt es nicht persönlich, Mr.Kouhl! Aber würden die Italiener, die Engländer, die Franzosen, die Belgier - ja, auch die Deutschen - kein Schießpulver nach Afrika liefern und wäre Euer altes Europa nicht so verrückt nach Elfenbein ..."

Minister Stoltenberg warf mir einen vielsagenden Blick zu. Ähnliche Vorwürfe waren uns - *mutatis mutandis* - auch vom Jahre 1991 nicht unbekannt.

"Seht, Sir - jedes Pfund Elfenbein, das auf Euren Märkten landet, hat hier im Kongogebiet das Leben eines Menschen gekostet, für fünf Pfund hat man ein ganzes Dorf niedergebrannt und für fünfzig einen ganzen Distrikt!"

"Ich sag's nochmal! Dagegen muß mer was tun! Und zwar hier, am Kongo - also vor Ort!" Norbert Blüm war nachhaltig empört. "Die Müdigkeit und die Schläfrigkeit der Guten, des ist doch die größte aller Gefahren! Es ist allerhöchste Eisenbahn!"

Es schien ganz so, als ob diese Redensart weder in Amerika noch China gebräuchlich und bekannt war, und erst später sollten wir erfahren, was hinter der unverhüllten Mißbilligung steckte, mit der die beiden jene Herzensregung Norbert Blüms aufnahmen. Li Feng gab einen zischenden Laut des Unmuts von sich, und Gorilla Monsoon knurrte so verstimmt "Wollt wohl wie Gordon Pascha in Khartum enden - was, Mr.Bloom?", so daß das interessante Gespräch sofort versiegte.

Die Minuten verstrichen ...

Wir hockten indessen oben schweigend in den Ästen, unten standen die Frauen und die Kinder und lauschten zitternd, welche Entwicklung die Dinge in Balulu wohl nähmen. Ich selbst empfand die Stille, die nun über der Lichtung lastete, weitaus greulicher als den Lärm, den die Schüsse und die Trommeln verursacht hatten. Nur die Natur blieb von allem menschlichen Leid unberührt und schlug ihren eigenen Takt - die Wasser des Luhali rauschten immer weiter, die Fliegen und die Mücken stachen wie eh und je, und was die Vögel betraf, so ließen diese nach ihrer Art entweder süßen Gesang oder mißtönendes Krächzen vernehmen.

Ich überlegte gerade, wie merkwürdig es doch war, daß sich ein großer Teil unserer afrikanischen Abenteuer auf und unter Bäumen abspielte, als plötzlich etwas höchst Beunruhigendes zu hören war - es raschelte nämlich in den Bananen. Das große Feld lag unserem Baume gegenüber und war von diesem nur durch einen schmalen Acker getrennt.

Nein, es war nicht der Wind oder ein Tier - es war ein böses, gewalttätiges Rascheln, das Rascheln von Menschen, die sich mit fürchterlichen Messern den Weg durch die verblühten Stauden bahnten. Waren es die Männer von Balulu, waren es die Sklavenjäger? Die Ungewißheit hielt uns in höchster Spannung.

"Don't shoot - nicht schießen, Li Feng", flüsterte Mr.Monsoon, "laß sie erst ganz aus dem Feld herauskommen."

Und da waren sie - ein halbes Dutzend Männer, braune Gestalten mit harten Gesichtern, gehüllt in wallende Gewänder, auf dem Kopf das vielfach geschlungene Tuch, in der einen Hand den blitzenden Krummsäbel, in der anderen die Büchse! Sogleich wies einer auf unseren Baum und schrie mit entsetzlichem Triumph: "Sibaijât, Sibaijât! - Mädchen, Mädchen! Oh Sangaremi, gepriesen sei Allâh, daß er dein Kanu an dieses Ufer gelenkt hat!"

Die Mädchen von Balulu stießen einen hohen Klagelaut aus, rückten enger zusammen und - -

- - mißglückt!

Gorillas Plan war fehlgeschlagen! Die Sklavenjäger gingen zu schnell auf ihre Beute los! Standen die Männer erst einmal unter dem Baum, wäre kein einziger Schuß abzugeben, ohne daß entweder wir selbst oder aber diejenigen getroffen werden würden, zu deren Schutz wir unsere Plätze eingenommen hatten. Unzweifelhaft wäre alles verloren gewesen, wenn in diesem Augenblick nicht vom unteren Ast der Kanzler eingegriffen hätte. Sei's, daß er sich durch die nahende Bedrohung zu einem wehrhaften Tritt veranlaßt gesehen, sei's, daß es ihm eingeschlafen - einerlei, auf jeden Fall klappte das so lange eingezogen gehaltene Bein mit derartiger Vehemenz nach unten, daß der Schuh den festen Halt verlor und in hohem Bogen davonsegelte, was in den Linien des Feindes beträchtliche Verwirrung stiftete - "Mâschallâ! Sâk! Ein Bein! Mâschallâ! Kundra! Ein Schuh!" - und so seinem Vormarsch fürs erste ein Ziel steckte.

Gorilla Monsoon und Li Feng hatten jedoch nicht gezögert. Keiner ihrer sechs Schüsse war fehlgegangen. Der scharfe Knall, der weiße Pulverdampf, der gräßliche Schrei der Getroffenen, das rote Blut, das aus der zerissenen Brust strömte - wen konnte es wundern, daß wir, die wir an derlei Dinge nicht gewöhnt, erst nach wiederholtem Zuruf von Mr.Monsoon unsere Betäubung überwanden und nach und nach vom Baume stiegen, um uns weisungsgemäß der Waffen des toten Feindes zu bemächtigen?

Freilich tat man recht daran - wußte doch niemand, ob jene Männer, welche vor uns lagen, die gesamte Armee gewesen oder ob sich etwa hinten im Dorfe weitere dieser Mädchenräuber aufhielten.

Ich muß gestehen, daß es mir nicht leicht fiel, dem toten Manne, den sein Kumpane "Sangaremi" genannt hatte, die Waffe zu entwinden; und man mochte wohl merken, daß auch die anderen Herren in solchen Bräuchen wenig Übung hatten: Hans-Dietrich Genscher, der als junger Flakhelfer und Pionier in den letzten Kriegsmonaten das große Glück gehabt hatte, daß, wie er eben anführte, für den zu Wittenberg Stationierten die Abwehrschlacht gegen Eisenhower zu weit westlich und das verlustreiche Rückzugsgefecht gegen die Rote Armee zu weit östlich stattgefunden hatte, lehnte das erbeutete Gewehr sogleich gegen ein Gesträuch und zog es vor, den Kanzler bei der Suche nach seinem Schuh zu unterstützen.

"Da, Schüttauf - ich bin Kolping-Bruder!"

Auch Norbert Blüm, der sich im Geäst doch so bewährt hatte, drückte uns mit diesen Worten seinen Schießprügel in die Hand, so daß Gerhard Stoltenberg und ich mit jeweils drei Gewehren zwar als ausgezeichnet bewaffnet gelten durften, aber in der praktischen Handhabung naturgemäß recht behindert waren, so daß wir bis auf eine Flinte wieder alles fallen ließen.

"Allright, Mr.Bloom", seufzte der Amerikaner, "Bleibt bei den Frauen! Mr.Stoltenberg und Mr.Schüttauf, Ihr kommt mit mir."

"Ehrenwerter Herr Blum auch strenge Aufsicht über zwei andere prächtige Fremdlinge!"

Li Feng wies auf den Kanzler und den Vizekanzler, die immer noch zwischen den Stauden nach dem Schuh forschten.

So pirschten wir also vorsichtig durch die Plantage - Gorilla Monsoon, Li Feng, Dr.Stoltenberg und ich, der Ministerialrat Schüttauf. Omar den Affen hatte der Minister bei den anderen Herren gelassen, da er das Tier den zu gewärtigenden Gefahren nicht aussetzen wollte. Wir arbeiteten uns bis zu der Stelle vor, an der sich die Stauden langsam zu lichten begannen.

Mr.Monsoon entschloß sich nun zu meiner Erleichterung, von hier aus alleine nach Balulu vorzustoßen, um die Lage auszukundschaften. Er befahl uns, wieder in das Feld zurückzugehen und dort Stellung bis zu seiner Rückkehr zu beziehen.

Wir saßen zwei bange Viertelstunden zwischen den Bananen, bis Li Feng die Sache schließlich zu lang wurde. Er griff nach seinem Gewehr und machte sich auf die Suche nach seinem Gefährten. Wir sollten unter allen Umständen warten - ein Befehl, dem wir nur zu gerne oblagen, galt es doch, bevor wir selbst in weitere Kampfhandlungen eingreifen konnten, zunächst mit der erbeuteten Waffe bekannt zu werden.

Ich langte nach dem Gewehr und betrachtete es aufmerksam. Auf dem Schloß stand in verschlungener Schrift: "Fabrique Nationale d'Armée de Guerre, Herstal, Belgique", was einiges über die Richtigkeit der Theorien von Mr.Monsoon aussagte.

Ich überlegte, ob ausweislich der Stellung des kleinen Hebels die Waffe als "entsichert" gelten durfte und wandte mich nach dem Minister, um in dieser Frage Rat zu erhalten.

Indes, auch jenem schien der Hebel ein Rätsel aufzugeben; er legte ihn mehrfach hin und her und wollte sich für keine Position entscheiden, so daß mir nichts übrig blieb, als gleichermaßen zu verfahren, bis am Ende keiner von uns mehr wußte, wie die ursprüngliche Stellung gewesen.

Wir legten also die Gewehre fürs erste beiseite. Dr.Stoltenberg entdeckte nun an einer Pflanze einige Früchte, kümmerliche Exemplare zwar, von der Größe her nicht über einen Zeigefinger gehend. Man hatte sie wohl bei der Ernte übersehen. Er kroch zu der

Staude, riß sie ab, reichte mir eine und merkte, da er meine Bangnis wohl bemerkte, aufmunternd an: "Bananen, Schüttauf! Sie machen nicht nur satt, sondern stillen auch den brennendsten Durst und kühlen Hals und Gaumen auf das köstlichste, viel besser als jedes Getränk, das nur die Schweißbildung vermehrt und daher mehr oder minder Schlaffheit verursacht."

Dann verzehrten wir die Früchte mit Genuß.

Wir warteten nun schon eine geraume Weile auf die Rückkehr der beiden Männer. Dr.Stoltenberg waren inzwischen die Augen zugefallen, und ich überlegte gerade, ob es nicht doch tunlich sei, ihn aufzuwecken und sodann zu den anderen Herren zurückzukehren, als ich ein Geräusch vernahm. Ich langte eilig nach meinem Gewehr und stieß dabei den Minister erschrocken an. Dieser schrak entsetzt hoch und hatte die Waffe noch nicht recht gefunden, als auch schon Omar der Affe auf seine Schulter gesprungen war und seinem Herrn durch allerlei Liebkosungen anzeigte, wie sehr er ihn vermißt hatte. Nachdem auch Omar eine Banane empfangen hatte, entdeckte der Minister plötzlich an seinem Halsband einen Zettel.

Dr.Stoltenberg entfaltete ihn, überlas die Nachricht rasch und reichte sie dann befremdet an mich weiter. "'Es gibt für uns Deutsche keine Nische in der Weltpolitik' - werden Sie daraus schlau, Schüttauf?"

Ich warf einen Blick auf das Papier mit der sauberen Schreibmaschinenschrift. Nun, offenbar war es ein Blatt aus den Akten des Kanzlers. Ich drehte den Zettel um. Auf der Rückseite stand mit Kugelschreiber: "Bei uns alles in Butter. Und bei euch? N. Blüm."

Ich zuckte mit den Schultern und wollte gerade Anstalten treffen, den Zettel wegzuwerfen, doch das Leuchten, welches plötzlich über das Gesicht des Ministers ging, hielt mich davon ab. Gerhard Stoltenberg wies zunächst auf Omars Halsband, erbat sich dann das Papier und hielt es wie einen teuren Schatz in die Höhe: "Die zweite Ingredienz, Schüttauf. Wir kommen der Sache und damit Bonn näher."

Bevor ich mich zu dieser glücklichen Fügung äußern konnte, stand Li Feng plötzlich vor uns, was den Minister ungemein ärgerte, denn keiner von uns hatte ihn kommen hören.

"Prächtige Fremdlinge mögen Li Feng folgen!"

Der Zettel ward augenblicklich in einer sicheren Tasche versorgt. Dann erhoben wir uns und folgten dem Chinesen durch die verdorrten Stauden, bis wir schließlich den Rand des Feldes erreichten. Von hier aus war auch das Dorf zu sehen. Balulu war eine größere Ansiedlung von gut fünfzig Hütten, die man zu beiden Seiten des breiten Hauptweges errichtet hatte. Es waren schön gestaltete Bauten, und hatten sie auch unterschiedlichen Umfang, so zeichnete sie doch alle das bekannte spitze Dach aus. Neben den Hütten standen kleine runde Speicher, die auf Stelzen ruhten und mit ihrer Vielzahl von dem Fleiß der Bewohner erzählten. Doch diese waren alle verschwunden. Ein unheimliches Schweigen lag über diesem Dorf, dessen Ställe und Pferche leer, dessen Gassen und Wege verlassen und deren Feuer sämtlich verloschen waren.

Der Weg durch das Dorf öffnete sich unten am Ufer in einen weiten Platz. Ich konnte einige größere Kanus ausmachen. Den Platz aber beherrschte ein ausgehöhlter Baumstamm von über zwei Metern Länge und etwa anderthalb Metern Dicke, der auf einem Holzblock ruhte. Das war wohl das Tam-Tam, welches die schlimmen Nachrichten in der vergangenen Nacht gebracht hatte.

"Niemand zu sehen! Ehrenwerter Gorilla verschwunden!" flüsterte der Chinese besorgt.

"Was nun, Herr Feng?"

"Herr Schuttauf geht auf linke Seite, Herr Stoltenberg geht auf rechte Seite von Dorf, und wenn Li Feng das Zeichen gibt und wie Reisbuffel grunzt, mögen beide prächtige Fremdlinge das Gewehr mehrfach abfeuern. Aber bloß in Luft!"

"Der Reisbüffel", der Minister ließ ein gedämpftes Räuspern vernehmen, "ist in diesen Breiten an sich nicht heimisch, Herr Feng!"

Der Chinese bedachte dies mit einem Seufzen, schlich sich dann an der Rückseite des Dorfes zwischen den Ställen hindurch und war alsbald hinter einem hohen Pferch verschwunden, so daß auch wir uns eilten, unsere Plätze einzunehmen.

Ich denke, ich habe schon gelegentlich erwähnt, daß sich meine Bekanntschaft mit Gerhard Stoltenberg von den Tagen im Bundesfinanzministerium herschrieb, als sich das von mir geleitete Referat in der Frage der Ergänzungsausgleichsabgabe derartige Verdienste erwarb, daß der Minister im April 1989 den Wechsel von der Rheindorfer Straße auf die Hardthöhe nicht ohne mich antreten wollte und mir zu meiner Freude gestattete, Frau Klövekorn und den verläßlichen Oberregierungsrat Selbach mitzunehmen.

Meine Abteilung hatte sich dann im Vorfeld des Einigungsvertrages erneut auszeichnen können, und die Paragraphen 5 und 6, die im Kapitel 19 jenes großartigen Vertragswerkes die Besoldung und Heilfürsorge für Soldaten auf Zeit der ehemaligen Nationalen Volksarmee regelten, galten sicher nicht zu Unrecht als Muster an geglückter Formulierung und solidem Sachverstand.

Ich durfte also angesichts dieser Verdienste darauf rechnen, daß der Minister meine Entscheidung in der fachfremden Hebelsache deshalb nicht so ungünstig aufnahm wie der chinesische Herr, zumal sich Gerhard Stoltenberg in dieser Grundsatzfrage offensichtlich ebenfalls falsch entschieden hatte. Nachdem Li Feng zum dritten Mal flehentlich gegrunzt hatte und unsere Flinten immer noch kein Feuer geben wollten, suchte der Minister freilich beherzter als ich den Ausgleich, als er durch eine Schußimitation den gewünschten Effekt anstrebte und mehrfach laut "Feuerio!" ausrief.

Um so erleicherter waren wir alle, als sich gleich in einer der ersten Hütten ein Vorhang beiseite schob und Mr.Monsoon mit der Büchse im Anschlag erschien, um nach dem Grund für diesen seltsamen Lärm zu forschen.

In der Hütte lagen ungefähr zwanzig schwarze Männer auf dem Boden. Man hatte ihnen Augen und Mund mit einem Fetzen Tuch verbunden, Hände und Füße mit derben Strikken zusammengeschnürt und den Hals in eine schauderhafte hölzerne Gabel gesteckt, deren Ende mit einer ebensolchen verknüpft war, so daß immer zwei aneinander gefesselt waren.

"Hm! Viele Hutten, wenig Männer!" versetzte der Chinese, der inzwischen ebenfalls herbeigeeilt war, und stieß mit dem Fuß gegen einen der Gefesselten. "Besser Vorsicht!"

Den Minister empörte diese Rohheit, und er schickte sich an, den Gefangenen die Bande zu lösen.

"No, no, Mr.Stoltenberg! Bindet sie nicht los!" zischte Mr.Monsoon.

"Aus welchem Grunde, Herr Monsuhn?"

"Laßt sie erst sehen, daß nicht wir die Sklavenjäger sind, Sir!"

Nun, dieses leuchte ein. Waren die ersten Männer einmal losgebunden, dann konnten sie sich in dem Irrtum, sie würden von uns in die Sklaverei abgeführt, möglicherweise gegen ihre eigenen Befreier wenden.

"Ehrenwerter Herr Stoltenberg erst Augenbinde abnehmen!" sagte Li Feng. Wir bückten uns also über die Gefesselten und versuchten, ihre Tücher aufzuknoten.

Es war kein leichtes Unterfangen! Die Bedauernswerten sträubten sich gegen jede Berührung und zogen damit ihre Fesseln immer enger zusammen, so daß uns gar nichts anderes übrig blieb, als zu ihrer Befreiung die Messer zu Hilfe zu nehmen. Als die ersten Binden aber gefallen waren und jene Männer den blanken Stahl in unseren Händen sahen, wanden sie sich in begreiflicher, aber unsinniger Angst derart, daß wir die Messer wegstecken mußten, wollten wir uns und ihnen nicht ernstliche Verletzungen zufügen!

"Ihr Halstuch, Schüttauf, rasch!"

Dr.Stoltenbergs Ton duldete keinen Widerspruch. Noch ahnte ich nicht, was der Minister beabsichtigte, als er uns beiden nach arabischer Art die Tücher um den Kopf schlang, einen lauten Schrei ausstieß und alle Anstalten traf, sich mit gezücktem Dolch auf die schwarzen Männer zu stürzen.

"Nun also aufgepaßt, Herr Monsuhn, Herr Feng!"

Doch sogleich offenbarte sich sein Plan. Das Messer schon in der Luft, wies er die beiden an, sich ihm mit der Büchse entgegenzustellen und ihn dramatisch in die Knie zu zwingen, um den entsetzt Starrenden solcherart unsere ehrlichen Absichten deutlich zu machen.

Es sollte jedoch nicht zu diesem zweiten Teil des Planes kommen, denn Omar der Affe ließ ein nervöses Keckern vernehmen und entwich nach dem hinteren Teil der Hütte, die teils ent-, teils verhüllten Köpfe der Bewohner des Dorfes dabei als Treppenstufen nützend. Ich dachte zunächst, Omar könne sich nicht entscheiden, welchen Part er in der Aufführung übernehmen solle, fand mich jedoch eine Sekunde später belehrt, daß das kluge Tier nur vor einer Gefahr geflüchtet war, die wir selbst noch gar nicht bemerkt hatten. Auch der Minister hatte den Affen zunächst nicht recht begriffen und ihm beruhigend zugerufen: "Es ist dies ganze doch nur eine Pantomime, Omar!"

Man wird mir das Wortspiel verzeihen - aber es war allein der Neigung des Ministers zu seinem Tiere zu danken, daß Gerhard Stoltenberg davon bewahrt blieb, um den Preis seines Lebens die Rolle des Arabers gegeben zu haben. Er neigte sich nämlich nach dem Affen, und so ging der Speer, der in jenem Moment durch die Hütte schoß, fehl und durchschlug statt des Abgeordneten aus Rendsburg-Eckernförde die Rückwand der Hütte.

Oh, Li Feng, der vorsichtige chinesische Herr, er hatte also recht behalten - es waren nicht alle Männer von Balulu gewesen, die hier gefesselt lagen! Der Stamm mußte sich geteilt haben, und so, wie man im Dorfe den Sklavenjägern unterlegen war, so hatte man wohl auswärts mit Erfolg gekämpft. Das siegreiche Batallion hatte sich also leise angeschlichen, um nach den Überlebenden zu sehen, und ich konnte die Männer nicht schelten, daß sie das blitzende Messer in Gerhard Stoltenbergs Hand so gründlich mißverstanden hatten.

Der fehlgegangene Speer wurde indes nicht als ein Götterzeichen für unsere Unschuld aufgefaßt, im Gegenteil - man traf unverzüglich alle Vorbereitungen, unserem Leben anderweitig ein Ende zu setzen. Im Nu waren wir niedergeworfen und überwältigt, hundert schwarze Arme griffen nach uns und zerrten uns auf den Platz vor der Hütte, vielstimmiges Geschrei erklang, ich erhielt einige üble Schläge und dann verlor ich die Besinnung.

Als ich die Augen wieder aufschlug, kniete über mir ein schwarzer Mann, hielt mir eine Lanzenspitze an die Kehle, und es sah ganz so aus, als zögere er nicht, diese jeden Moment zu durchbohren.

Es liegt in der Natur von Aufzeichnungen, daß derjenige, der Protokoll führt, dies nicht über den Zeitpunkt hinaus tun kann, an dem sein Lebenslicht bereits erloschen ist. Schon als Kind hatte ich dieses Prinzip hellsichtig bei den Abenteuern des Robinson als ein unumstößliches erkannt und nicht wenig Trost daraus gezogen, daß dem Schiffbrüchigen die Niederschrift doch unmöglich gelungen sein konnte, falls ihn die Kannibalen in dem Kapitel, welches ich gerade las, am Spieße braten sollten.

Ähnliche Überlegungen werden die Klügeren unter meinen Lesern längst angestellt haben, und doch gebe ich diesen zu bedenken, daß mir aus meiner damaligen Sicht nichts anderes übrig bleiben konnte, als die Schüttauf-Papiere für geschlossen zu erklären, der Welt Lebewohl zu sagen und den Tod zu erwarten.

Merkwürdigerweise trat mir in dem Augenblick, da ich mich anschickte, aus dem Leben zu scheiden, ausgerechnet das Bild Wolfgang Mischnicks vor Augen, in dessen Vertriebenenministerium ich 1961 - nachdem ich zuvor als Assessor im Ministerium für gesamtdeutsche Fragen unter Ernst Lemmer erste Erfahrungen hatte sammeln können - in der Hoffnung übergewechselt war, dort mein Glück zu machen.

Es sollte indes keine gute Zeit werden, welche ich in den engen Amtsräumen der Bonner Husarenstraße zubrachte. Denn gleich zu Beginn meiner Tätigkeit widerfuhr mir etwas, was in Einrichtungen, in denen es ein Oben und ein Unten gibt, nicht nur wenig geschätzt, sondern regelrecht gefürchtet wird: Ich begegnete dem Minister allein im Aufzug.

Und so fand ich mich in ein Gespräch verwickelt, in dem sich Mischnick zunächst recht leger gab und nach den Qualifikationen des jungen Regierungsrates fragte - Auskünfte, die ich nur zu gerne gab. Dann aber stellte sich Mischnick vor mich und hinderte, seinen Fuß zwischen Fahrstuhltür und Flur schiebend, mein Weiterfahren wie mein Aussteigen, um mich mit einem befremdlichen Eifer über Kenntnisse in den Regelwerken des Skats und Fußballs auszuforschen - Kenntnisse, über die ich naturgemäß nicht verfügen konnte. Und bald machte in den Abteilungen des Ministeriums das Ondit die Runde, daß der sportfrohe Freidemokrat stets die Lippen stürze, wenn in seinem Hause die Rede auf den Dr.Schüttauf komme.

Und als ob mit Mischnick der Pfropf von einer Flasche gezogen worden sei, in der die Dämonen meines Lebens verborgen gewesen, so drängte sich als nächster der unglückselige Lauritz Lauritzen herbei und dann Kurt Gscheidle, der Postminister Helmut Schmidts. Zu Lauritzen, einem Mann ohne alle Fortüne, war ich 1973 als Regierungsdirektor ins Verkehrsministerium gekommen, in Gscheidles Amt 1979 als Ministerialrat.

Verdrossen nahm ich wahr, daß es mir wohl bestimmt war, in den letzten Sekunden meines Lebens jene Männer um mich zu haben, die mich doch wahrhaftig genug ennuyiert hatten! War es denn meine Schuld, daß ich so lange denjenigen gedient hatte, die stets in zweiter Reihe standen?

Warum fehlten die Lichtgestalten? Wo blieb Frau Klövekorn - Monika Klövekorn, wo der Oberregierungsrat Selbach? Und vor allem: Wo war Dr.Stoltenberg? Warum fiel mir Wolfgang Mischnick ein und nicht der 10. Oktober 1982, der Tag, an dem ich ins Finanzministerium gekommen war und somit endlich, nach langem Irren, Menschen gefunden hatte, in deren Adern sich verwandtes Blut regte?

Wie lange ich so auf dem Boden lag, ich weiß es nicht. In solchen Situationen werden Sekunden zu Stunden - allein, ich wurde plötzlich hochgerissen und nach dem Platze am Ufer gestoßen. Dort hatten sich die Krieger mit den befreiten Gefangenen um jenen gehöhlten Baumstamm vereint, der das Tam-Tam vorstellte und brauchten es nach Art des Landes anhaltend und laut.

Es mußte wohl einer jener Männer gewesen sein, welcher, vorhin noch gefesselt und geknebelt, mir jetzt den Kopf an den Haaren hochriß und solcherart Rache an dem vermeintlichen Sklavenjäger nahm. Er präsentierte mich mit diesem Griff einem Mann, den der hohe Stuhl, auf dem er Platz genommen, die schöne Mütze sowie die große Würde, mit der er sich trug, als Häuptling von Balulu auswies. Er musterte mich finster, faßte sich in den grauen Bart, in welchen lauter kleine Perlen eingeflochten waren, und gab dann mit der Hand ein Winkzeichen.

Sogleich fesselte man mir die Hände auf dem Rücken, und dann wurde ich zu meinen Gefährten gestoßen, die mit gesenktem Kopf mitten auf dem Platz knieten. Junge Trommelknaben umkreisten uns in langer Reihe und rührten die Hände auf straff gespanntem Fell, am Rande des Platzes schwangen die Krieger ihre Schilde und Speere und riefen einem merkwürdig gekleideten Mann mit einem Beile Ermunterungen zu, diese schreckliche Waffe endlich zu gebrauchen. Wie dieser dazu stand, war nicht auszumachen, denn er hatte eine hölzerne Maske vorgebunden, doch deren beide Hörner wiesen darauf hin, daß er sich wohl berufen fühle, als Teufel tätig zu werden. Da nun die Trommelschläge immer dichter fielen, so wollten auch die am Rande Stehenden nicht weiter abstehen und mischten sich unter die Tänzer, und bald sprangen und hüpften sämtliche Krieger von Balulu mit einer Wildheit um uns herum, so daß - jedenfalls was mich anging - eine Opferung bald nicht mehr nötig gewesen wäre, drohten mir von dem ohrenbetäubenden Lärm doch die Sinne für immer zu schwinden.

Gerhard Stoltenberg mußte dies wohl gemerkt haben, denn er rief mir aufmunternd zu: "Kopf hoch, Herr Ministerialrat!"

"Habt uns mit dem Cabaret in eine verteufelte Lage gebracht, Sir!" brüllte ihn Mr.Monsoon an.

"Sie hätten mich in der Hütte rascher erschießen müssen, Herr Monsuhn!"

"Well, next time - no doubt about that, Sir!"

"Möge dich fremden Teufel die Hyänen zerreissen! Fallen sollst du in tausend Messer! Auf giftige Nattern mögest du treten! Blitze sollen dich verbrennen, Speere dich durchbohren, alle wilden Tiere dich jagen, du Dieb der Mädchen von Balulu!"

Die Verwünschungen und Flüche, die der Medizinmann gegen Gerhard Stoltenberg ausstieß - ich empfand sie umso schmerzlicher, als sie doch jeder Grundlage entbehrten! Und wie gerne hätte ich das Wort ergriffen und den Männern von Balulu begreiflich gemacht, daß er nicht als Räuber, sondern als Befreier ihrer Frauen und Töchter gekommen war!

Aber die Situation war nicht danach, schwenkte man doch bereits das nach bedenklichem Kult aussehende Beil über des Ministers Kopf. Nachdem der Medizinmann geendigt, erhob sich der Häuptling von seinem Sessel, trat vor uns und winkte einige Lanzenträger heran. Diese stellten sich vor uns auf, und jeder der Männer zielte mit seinem Speer nach einer Brust.

Der Häuptling hob den Arm, die Trommeln verstummten, die wilden Tänzer hielten atemlos inne, und dann ließ er sich das Beil reichen und - -

"Ohr von Li Feng hört, was Verstand von Li Feng nicht glaubt."

Ich mußte dem Chinesen recht geben, denn vom Eingang des Dorfes ertönte vielstimmer Gesang, und es war eine wohlbekannte Stimme, die da, hoch über den anderen liegend, den Vorsänger machte.

Der Häuptling ließ verblüfft das Beil sinken und signalisierte hastig, man möge die Zeremonie aussetzen, doch hatten sich die Lanzenträger längst wie alle Trommler und Tänzer umgewandt, und als sich der Medizinmann die gehörnte Maske vom Kopf riß, um besser sehen zu können, nahmen wir dies als Zeichen, daß auch wir die Köpfe heben durften - und so starrte alles die Hauptstraße von Balulu hinunter, wo sich soeben die welken Stauden des Bananenfeldes teilten und machtvoll eine neue Strophe angestimmt ward:

"Die grauen Nebel hat das Licht durchdrungen
und die düstern Tage sind dahin.
Wir sehen eine graue Schar von Jungen
an der lauten Stadt vorüberziehn.
Komm, komm, lockt der Schritt,
komm, wir marschieren mit!"

"Heavens - - Bloom!"

Jawohl, es war Norbert Blüm, der St.Georgs-Pfadfinder aus Rüsselsheim! Doch er war nicht alleine! Inmitten von fünfzig nackten Schönen schritt er auf uns zu, den selbstgeschnitzten Speer wie ein Tambour schwenkend, und die Anmut, mit der die Mädchen ihre schlanken Arme im Rhythmus des Fahrtenliedes über den wolligen Köpfen schwangen - oh, sie war unbeschreiblich!

Am Schluß dieser denkwürdigen Karawane, schwer beladen mit den erbeuteten Gewehren und Säbeln, schritten Kanzler und Vizekanzler und sangen nach Kräften mit:

"Sie lassen alles in der Tiefe liegen,
bringen nur sich selbst hinauf zum Licht.
Sie wollen in den klaren Höhen siegen,
einen Weg nach unten gibt es nicht!"

Und als die Mädchen abermals in den Refrain einfielen,

"Komma, komma, lockta Schritta,
komma, marschiera mitt!"

warfen die Männer von Balulu Speer, Beil und Messer beiseit, um die bereits Verlorengeglaubten in die Arme zu schließen.

DIE AFRIKANISCHE BRUST

Kaum daß sie uns kniend gefunden, hatten die Mädchen auch schon Zeugnis davon abgelegt, daß niemand anders als diese weißen Männer sie von der arabischen Sklaverei errettet.

Sogleich sah man von unserer Opferung ab, zerschnitt die Fesseln und erklärte uns für werte Gäste im Dorfe Balulu. Im Mittelpunkt des Interesses fand sich, naturgemäß, Dr.Blüm. Wer wollte ihm verdenken, wenn er in dieser Nacht seinen Triumph bis zur Neige (und darüber hinaus) auskostete!

Mochten Kanzler und Außenminister auch ein und um das andere Mal erklären, daß auch die Nachhut ihre Verdienste trüge, es war doch vor allem sein beherzter Auftritt, der uns das Leben gerettet! Ein ums andere Mal erzählte er uns, wie er zunächst dem Kanzler ins Gewissen geredet hatte, und dann, als dieser für einen Entsatz gewonnen war, den heftigen Widerstand Hans-Dietrich Genschers dadurch gebrochen hatte, daß er ihm listig anbot, er, der Genscher, könne gerne alleine unter dem Affenbrotbaume zurückbleiben ...

"Und siehste, da hatt ich ihn auf einmal, Schüttauf! Aber jetzt - die Mädchen! Ich geh also auf die zu und sag zu der einen, der Mbuyi - des ist die Große da mit der schlanken Figur, ja, genau die - ich sag also: Paß acht, Mbuyi, jetzt werd mer des alles zu bunt, jetzt schauen wir mal, was hinten im Dorf eigentlich los is."

"- - Mbuyi?"

"Ja, es spricht sich schwer, Herr Stoltenberg! 'Mufu' ist an sich leichter!" bestätigte Norbert Blüm, "Mufu, der Tote."

Dr.Stoltenberg zeigte sich beeindruckt von diesen schönen Kenntnissen und nickte anerkennend mit dem Kopf. "Ausgezeichnet, Blüm!"

"Naja, ich hab halt die Mbuyi erstmal nur nach dem ganzen Zeug gefragt, was drüben unter dem Baum auch zu sehen war: mufu - der Tote, banza mpuya - der bösartige Affe, und, naja ...", er zögerte und wies nach dem Kanzler, "der mukelenge - der hohe Herr."

Nacht fiel über Balulu. Man feierte an den Feuern den Sieg über die Sklavenjäger, freilich in bescheidenem Rahmen, denn es hatte sich erwiesen, daß dies nur ein versprengter Trupp von Kilonga Longas Leuten gewesen sein konnte. Die Krieger hatten draußen im Walde sieben weitere Männer getötet. Trotz des Sieges waren das keine beruhigenden Nachrichten. Irgendwo im großen Walde mußte sie liegen, die Hauptstreitmacht des Sklavenjägers und Mädchenräubers. Also war man vorsichtig, hatte Wachen aufgestellt, und, was vor allem den Minister interessierte ("Nur wirksam bei bloßem Sohlengang, Schüttauf!"), vergiftete Holzspäne auf allen Wegen *extra muros* ausgelegt. Das ganze Dorf aber summte noch immer vor Aufregung über einen Vorfall, der genausogut das Ende aller seiner Bewohner hätte bedeuten können.

Das Opferbesteck war längst abgeräumt, und wenn die Fluten des Luhali rötlich schimmerten, so war es nicht von unserem Blute, sondern vom Widerschein der Feuer. Wir hockten auf dem freien Platz am Ufer und füllten unsere Mägen, denn man hatte uns Speisen und Getränke vorgesetzt, welchen wir umso herzlicher zusprachen, als wir die Ernährung in den zwei Tagen unseres afrikanischen Aufenthaltes vorzüglich auf das Vegetabilische beschränkt gefunden hatten.

Das Verhältnis zu unseren beiden neuen Gefährten war durch die aufregenden Vorfälle ein herzlicheres geworden, man näherte sich an, stand auf vertrautem Fuße, was sich in vielen kleinen Dingen äußerte. Und dennoch - ihr Verhalten blieb mir insgesamt ein Rätsel!

Warum wollten sie partout nichts über unsere Herkunft wissen? Gut, sie hätte uns in arge Verlegenheit gebracht, diese Frage, aber daß sie so ganz unterblieb, war mir noch verstörender. Das einzige, was sie einigermaßen zu interessieren schien, war, ob wir über Jambuja oder über die Berge im Osten gekommen waren. Die Frage war angesichts des Umstandes, daß wir unseren Aufenthalt im Afrika eines falschen Jahrhunderts genommen hatten, wahrhaftig gering genug. Überhaupt - welche Berge meinten sie? Lag dort nicht irgendwo auch Deutsch-Ostafrika? Oh, ich mußte den Minister bei nächster Gelegenheit nach den kolonialen Angelegenheiten des Deutschen Reiches ausfragen. Man hatte diese afrikanischen Dinge einfach nicht mehr so präsent wie etwa die Erstürmung der Düppeler Schanzen!

Schade, daß man diese brisanten Fragen nicht jetzt erörtern konnte, aber es saßen Mr.Monsoon und Li Feng in unmittelbarer Nähe und hielten sich wie wir an die vollen Näpfe und Schalen.

"Auf ein Wort, Herr Monsuhn", versetzte Dr.Stoltenberg, "es kommt mir so vor, als wäre das Benehmen der Einheimischen gegenüber der Gruppe Kohl - Blüm - Genscher ein anderes, freieres als gegenüber unserer Abteilung."

"Tatsächlich, Sir?"

"Aber ja. Man schiebt mir den Topf mit Mubisi, dem hierorts gebrauten Bier, mit einem Stock zu, während ihn der Kollege Blüm soeben aus Mbuyis Hand erhält."

"Nicht, daß es mich stört, Sir - aber möglicherweise liebt man in Balulu keine Affen beim Essen."

Der Chinese schüttelte den Kopf. "Ehrenwerter Gorilla irrt. Abneigung nicht wegen Omar. Kommt von Fluch." Er sah den Minister mitleidig an. "Prächtiger Fremdling leider verloren. Li Feng bewundert jedoch bei Herrn Stoltenberg feinfuhlige Seele."

Es erstaunte mich nicht, daß der Minister auf diese an sich recht beunruhigende Mitteilung sofort ein gänzlich anderes Thema anschlug - war es mir doch nicht entgangen, daß er es sogar bei den Vorbereitungen, die man zu seiner eigenen Hinrichtung traf, nicht

"Habt uns mit dem Cabaret in eine verteufelte Lage gebracht, Sir!" zischte Mr.Monsoon Dr.Stoltenberg zu.

verabsäumt hatte, den Medizinmann mit Interesse zu betrachten. Und die Art, in der er nun das Wort nahm, deutete darauf hin, daß er alle Dinge, die mit Zauberei, Fluch und Fetischwesen zu tun hatten, als die ausschließliche Angelegenheit unseres Hauses behandelt zu sehen wünschte.

"Feinfuhlig?" fragte der Minister nämlich und wandte sich mit einer Aufmerksamkeit, die vielleicht ein wenig zu gespielt war, dem Chinesen zu.

"Feinfühlig, Herr Feng. Schauen Sie, schauen Sie auf meine Lippen: ü! Es ist ganz leicht auszusprechen: ü, ü, ü!"

"'Fuhlig' besser fur Humor. Zuhörer lacht so mehr uber Sohn des Himmels."

Der Minister faßte den Chinesen nach dieser Auskunft scharf ins Auge. Nun, es schien, als müsse er in ihm seinen Meister finden.

Dieser verzog indes keine Miene und setzte hinzu: "Li Feng spricht 'ü' deshalb falsch aus, weil das hier eine deutsche Geschichte. Muster jedoch altbekannt: in chinesischer Geschichte sprechen prächtige Langnasen immer falsch."

"Was Sie nicht sagen, Herr Feng!"

"Dann sehr amusant fur Chinesen."

"Sorry, Li Feng", meldete sich nun Mr.Monsoon zu Wort und wies mit dem Knochen, an dem er bislang herumgebissen, auf Gerhard Stoltenberg, "aber - warum soll der Gentleman hier verloren sein? Doch nicht wegen des Fluches?"

Li Feng nickte. "Fluch von schwarzem Teufel sehr stark!"

"Aber du glaubst doch nicht etwa daran?"

"Li Feng unruhig, weil schwarzer Teufel daran glaubt!"

"Pah! Aberglauben, Herr Feng!" winkte der Minister hastig ab.

"Li Feng nicht so dumm wie prächtiger Herr Lafayette, der weiße Vater von Mission in Jambuja ist." Der Chinese schwieg für einen Augenblick. Dann fuhr er nachdenklich fort: "Ehrenwerter Heiland am Kreuz ist vielleicht gunstig in Jerusalem. Dort kein Urwald - alles ubersichtlich und See Genezareth bestimmt sehr flach. Aber hier am Kongo viel zu viele Bäume fur zwölf Apostel und einen einzigen Herrn Jesus. Deshalb denkt Li Feng, fur schwarzen Teufel ungunstig, wenn er nicht an viele Götter und Geister glaubt! Laßt viele Blumen bluhen!"

Ich konnte nicht umhin, dieser ebenso scharfsinnigen wie pointiert vorgetragenen Kritik vom Standpunkte der Naturreligion zuzustimmen, enthielt mich jedoch des Beifalls, da ich nicht in Erfahrung hatte bringen können, wie weit Gerhard Stoltenbergs bislang entschiedener Protestantismus bereits hinter den afrikanischen Fetischglauben zurückgetreten war.

Nachdem wir unser Mahl verzehrt hatten, erhoben wir uns, um mit den anderen Herren über das Nachtlager zu verhandeln. Wir hatten sie eben erreicht, als ein lautes Bellen zu vernehmen war. Es kam von den Feldern her, und dann erscholl ein gräßliches Scheppern. In den Schein des Feuers sprang ein großer Hund. Nachdem er sein mit Holzrasseln besetztes Halsband genugsam geschüttelt hatte, trat auch sein Herr aus der Dunkelheit hervor.

"Da, ein Zwerg!"

So sehr auch der Einwurf von seiner Seite befremden mußte, der Sache nach hatte Dr.Blüm völlig recht.

"Eo mwa! Willkommen, willkommen!"

Es war tatsächlich ein sehr kleiner Mann, der von den Männern von Balulu mit lauten Rufen wohlaufgenommen wurde. Gänzlich bloß zwar, aber mit gutschnittenem, klugen Kopf trat der Pygmäe - um ein solchen handelte es sich zweifellos - ohne Scheu an die Feuerstelle, hockte sich hin und wärmte seine Hände, denn die Feuchtigkeit der Nacht hatte die Luft stark abgekühlt.

"Eo vidye! Dank dir!" antwortete dieser auf den Gruß.

"Die Männer von Balulu wachen die ganze Nacht! Erzähl uns eine deiner Geschichten, du Sohn des Waldes!"

"Ja, sag uns, wie es kommt, daß auch bei euch kleinen Leuten die Feuer in der Nacht brennen!"

Der Pygmäe erhob sich und begann mit seiner Geschichte, die er ab und an mit einem kehligen "Ayee, ayee" versah.

> "Telelai! Hört zu! Eines Tages, Aberio-der-mit-den-Pfeilen-jagt streift durch den großen Wald, weit von den Hütten seiner Väter. Da sieht er im Wald ein Feuer, ayee, ayee.
>
> Aberio-der-mit-den-Pfeilen-jagt tritt näher. Es sind die weisen Affen, die dort ihr Lager haben. Aberio-der-mit-den-Pfeilen-jagt gefällt das Feuer. Die rote Flamme ist warm, die rote Flamme tanzt, die rote Flamme vertreibt die bösen Geister. Ayee, ayee - wenn Aberio-der-mit-den-Pfeilen-jagt es doch mitnehmen könnte zu den Hütten seiner Väter!
>
> Aber das Volk der Affen bewacht streng und gut das Feuer. Eines Tages sind nur die Affenkinder da. Alte Affen pflanzen Bananen.
>
> 'Vidye kalombo, Aberio-der-mit-den-Pfeilen jagt, sei gegrüßt!' Alle Affenkinder lachen: 'Aber wie siehst du aus! Einen langen Schwanz hast du heute wie wir vom Volk der Affen!'
>
> Ayee, ayee - es stimmt, denn Aberio-der-mit-den-Pfeilen-jagt hat den ganzen Tag Rinde geschlagen und sich an seinen Gürtel eine lange Schleppe gehängt. Aberio-der-mit-den-Pfeilen jagt setzt sich ganz nah ans Feuer.
>
> 'Gib acht, deine murumba, deine Schleppe, sie fängt Feuer!' rufen die Affenkinder.
>
> 'Ayee, ayee, ich brenne!' Aberio-der-mit-den-Pfeilen-jagt macht so, als ob er Angst hat und läuft schnell davon.
>
> Da kommen die alten Affen von den Feldern gelaufen. Aber Aberio-der-

mit-den-Pfeilen-jagt ist schon durch den großen Wald bis zu den Hütten seiner Väter geeilt.

Als die Affen in sein Dorf kommen, klingen die matumbas schon und überall brennen die Feuer! Zu spät! Zu Spät!

Die Affen wenden sich traurig ab: 'Tala, tala! So ist Aberio-der-mit-den-Pfeilen-jagt, so sind die Menschen, ke i amo po ni, ist es nicht so, meine Brüder?'

Seit dieser Zeit - kein weiser Affe mag mehr das Feuer haben. Was der Mensch besitzt, ist ohne Wert. Wohnen lieber auf den Bäumen und essen kalte Bananen."

Die Männer von Balulu lachten und zollten dem kleinen Mann Beifall. Und es wollte ganz so scheinen, als ob die Geschichte des kleinen Waldmenschen auch auf uns ihren Eindruck gemacht hatte! *Quid novi ex Africa* - denn welch heitere Auffassung von der Welt, wo der listenreiche Dieb auf den nachgebenden Affen trifft!

Gerhard Stoltenberg, der sich wie ich gewünscht haben mochte, daß man im August 1990 drunten, am Persischen Golf, in diesem Sinne verfahren wäre, nickte mir nachdenklich zu: "Da haben Sie freilich einen ganz anderen Prometheus als bei uns im Abendland, Schüttauf!"

"Prometheus?" fragte der Kanzler. "Wieso dann?"

"Er kennt den Prometheus nicht, Schüttauf!" versetzte der Minister leise und musterte den Kanzler mit einer Miene, die ein Außenstehender als Muster gänzlicher Freiheit von jeder menschlichen Anteilnahme gedeutet haben würde - so geschlossen hielt sich der Mund, so unbewegt schimmerte das nordische Auge - die aber dem, der täglichen Umgang mit Gerhard Stoltenberg pflog, nur zu gut als Zeichen des höchsten Mißfallens bekannt war.

"Nach griechischer Überlieferung, Herr Dr.Kohl, soll ein gewisser Prometheus das Feuer vom Himmel gestohlen haben und den Menschen den Gebrauch desselben gelehrt haben."

Dieser hatte sich jedoch längst abgewandt, um abermals von den gerösteten Bananen zu nehmen, so daß die Belehrung notwendigerweise fehlgehen mußte, jene Profanierung der reinen Himmelskraft habe Zeus veranlaßt, den Prometheus dahingehend abzustrafen, daß man, so Dr. Stoltenberg wörtlich, "vermittels eines hinzugezogenen Adlers", ihm täglich die Leber abfressen ließ - worauf der Kanzler sich kurz umwandte und, wohl aufgrund eines Hörfehlers, erwiderte: "Nein danke, mir geht es ausgezeichnet!"

Man hatte uns für die Nacht zwei Hütten angewiesen. In der einen sollten der Kanzler, der Außenminister und Norbert Blüm, in der anderen wir vier nebst Omar dem Affen Unterkunft finden. Die erstgenannten Herren erfreuten sich eines recht geräumigen Baus, indes der unsere ein stickiges Hüttchen war - und was immer man vorher darin gelagert hatte, es mußte entweder übermäßig lebendig oder des längeren tot gewesen sein. Selbst Omar, dem Animalischen an sich eher verbunden, stob augenblicklich davon, so daß Gerhard Stoltenberg verdrossen eilte, den Reisekameraden einzufangen.

Wir hatten uns seufzend eingerichtet und fragten uns gerade, wo wir bloß den Minister und den Affen unterbringen sollten, so elend war das Hüttchen, als wir die beiden auch schon vor dem Eingang hörten. Sie hatten jedoch zu unserer Überraschung einen Mann mitgebracht. Mr.Monsoon äußerte sehr entschieden, er könne beim besten Willen nicht sehen, wie auch diesem noch Raum zu schaffen sei.

Nebenan wurde es nun ebenfalls laut, und den Bewohnern der prächtigen Hütte gefiel es, uns ein wenig zu necken. Der Kanzler brummte, man möge still sein, weil er des Schlafs bedürftig. Dr.Blüm rief streng: "Ruhe im Kuhstall, die Ochsen haben Durchfall!"

Der Außenminister, dem dieser betagte Spaß wohl neu gewesen, kicherte darauf anhaltend. Dr.Stoltenberg enthielt sich jeden Kommentares und stellte uns stattdessen den schwarzen Hünen als eben jenen Herrn vor, der ihn am Nachmittag so wortgewandt verwünscht hatte.

Noch überraschter waren wir aber, als der Medizinmann und Zauberer dem Mann aus Rendsburg-Eckernförde mit ausgesuchtem Respekt begegnete und die Blümsche Truppe barsch anwies, die prächtige Hütte zu verlassen, was jener übrigens mit "Napela, napela - nein, ich will nicht!" quittierte.

Es half ihnen jedoch nichts, denn schon hatte er die drei in den Stall geschoben und uns in die große Hütte umquartiert. Dann verbeugte er sich vor Dr.Stoltenberg, wünschte uns eine angenehme Nachtruhe, trat im Abgehen kräftig gegen die Stallwand und war auch schon verschwunden. Bei welcher Gelegenheit die schöne Mbuyi den Arbeits- und Sozialminister jenes geheimnisvolle "napela, napela" hatte hören lassen, mußte mich als Chronist unserer afrikanischen Erlebnisse naturgemäß interessieren. Freilich wandte sich die allgemeine Aufmerksamkeit meinem Minister zu, so daß ich es für geraten hielt, die Klärung dieser Frage auf einen späteren Zeitpunkt zu verschieben.

"Sagt, Mr.Stoltenberg, wie ist Euch bloß dies Kunststück gelungen?" lachte Mr.Monsoon und streckte sich behaglich auf einer Matte aus. Es war deutlich zu sehen, wie der Minister um eine Antwort verlegen war, und wer weiß, wie die Sache für ihn ausgegangen wäre, wenn es in diesem Augenblick nebenan nicht derart rumort hätte und wir vergnügt belauschten, wie man sich drüben um die Plätze balgte.

"Als wär's der Abort von ganz Balulu!" schrie Dr.Blüm, worauf der Kanzler rief, daß er sich diese Ungezogenheit verbitte, denn sein kleines Malheur röche man eh nicht "in diesem ganzen Ambiente".

"For heavens sake - so kommt herüber, Mr.Kouhl, Mr.Bloom und natürlich auch Ihr, Mr.Gensch!"

Nein, ich glaubte nicht, daß es aus Gutmütigkeit geschah, als der Amerikaner dieses Angebot hinüber rief. Es ging ihm wohl darum, uns alle in einer Hütte versammelt zu sehen. Ich sollte alsbald meine Vermutung bestätigt finden. Doch zunächst bewegte sich der Vorhang unseres Domiziles, und die drei Herren traten recht kleinlaut ein.

"Li Feng sehr erfreut, prächtige Fremdlinge zu sehen!"

"Nett von Ihnen, Feng!" brummte der Kanzler mit düsterer Miene, die sich noch mehr verfinsterte, als er sah, daß man seinen alten Platz auf der Matte eingenommen hatte.

"Li Feng bloß betrubt, daß uble Geruchsgeister ebenfalls mitgekommen. Ehrenwerter Herr Kohl Jacke bitte draußen lassen!

Der Kanzler murrte zunächst, entsprach dann aber doch zur allgemeinen Erleichterung dem Wunsch des Chinesen und hängte sein Jackett draußen an den Eingang. Diesen Augenblick der Unruhe nutzte mein Minister, um mir einen bedeutsamen Blick zuzuwerfen, wobei er unauffällig auf seine Jackentasche klopfte und mir so signalisierte, daß er in Angelegenheiten des Fetischs nicht ohne Erfolg unterwegs gewesen sei.

Es war, wie ich es vorausgesehen hatte - Mr.Monsoon wünschte eine Mitteilung zu machen. Kaum hatten wir alle Platz gefunden, so begann er auch schon mit seiner Rede: "Well, da wären wir also in Balulu. Nochmals meinen Glückwunsch, Mr.Bloom. Habt gute Arbeit geleistet. Stehen tief in Eurer Schuld! Li Feng und ich werden uns morgen weiter aufmachen, Ihr wißt schon - Stanleys Kisten. Wollen sehen, ob wir nicht doch etwas Brauchbares finden."

Er zeigte auf die beiden belgischen Gewehre, die der Minister und ich mit uns führten: "Well, sehe, seid jetzt besser ausgerüstet als gestern, da wir euch in der Lichtung fanden. Habe Euch für den Hebel übrigens ein kleine Kerbe in den Schaft gemacht."

Ich wurde rot, der Minister räusperte sich, Mr.Monsoon aber lächelte freundlich und fuhr in sanftem Tone fort: "Bittet den Häuptling morgen um ein Kanu der Sklavenjäger und fahrt den Fluß immer hinunter, aber achtet auf Stromschnellen und Nilpferde! Haltet Euch immer in der Mitte des Flusses, damit euch die Pfeile nicht treffen. Die Avisibba sind immer noch Kannibalen! And god only knows, wo sich Kilonga Longa aufhält!"

Der Kanzler schnaufte und machte eine bedenkliche Miene. Hatte er uns gestern noch selbst nach Jambuja führen wollen, so schien es, als sei er jetzt in seinem Vorsatz schwankend geworden.

"Aber wem sage ich das, Gentlemen. Ihr habt ja schon eine weite Reise hinter Euch, nicht wahr! Wo sagtet Ihr, seid Ihr aufgebrochen an der Ostküste? Von Port Mombasa?"

"Euer minderer Diener Li Feng sehr neugierig, welches Gebirge damals prächtige Fremdlinge genau uberquert haben!"

Der Kanzler tat einen weiteren Seufzer und erhob die Hände. Dann ließ er sie wieder in den Schoß fallen dergestalt darstellend, daß die Geschichte unserer Anreise nur als die Geschichte eines einzigartigen Aufstiegs und eines einzigartigen Falles zu begreifen sei, zu dem er im übrigen leider auch nicht mehr sagen könne. Statt seiner nahm Hans-Dietrich Genscher das Wort.

"Stromschnellen, Nilpferde, Kannibalen ...." Er schüttelte den Kopf. "Hören Sie, meine Herren, was halten Sie davon, wenn Sie uns auch noch nach Jambuja brächten?"

"Genau!" rief Dr.Blüm freudig. "Was meinen Sie, Herr Dr. Kohl?"

Der Kanzler nickte. "Einverstanden. Machen Sie den Scout für uns, Monsoon." Dann beugte er sich vor und berührte angelegentlich dessen Knie. "Es soll Ihr Schade nicht sein. Bringen Sie mich und die vier Herren nach Jambuja!"

Es war nicht recht auszumachen, wie sich Gorilla Monsoon zu diesem Vorschlag verhielt. Er hatte sich in das Dunkel zurückgelehnt, und das wenige Licht, das von den Feuern in unsere Hütte fiel, beleuchtete seine gekreuzten Beine an der Stelle, die der Kanzler eben berührt hatte. Mir war jedoch, als sei, bevor er im Schatten verschwunden war, ein triumphierendes Lächeln über seine Züge geglitten, aber ich konnte mich auch getäuscht haben.

Statt Mr.Monsoon sprach nun Li Feng. Ich muß gestehen, daß ich die Äußerungen des chinesischen Herrn stets mit Sympathie verfolgt hatte. Mir ist das Fremde nie verächtlich gewesen, sondern nur das Laute, Schrille, und wenn ich eines bislang wahrhaftig begrüßt hatte auf dieser afrikanischen Reise, so war es das Fehlen von Flugzeuglärm und von Menschen, die man bei uns gemeinhin als "die jungen Leute" bezeichnet.

"Jambuja nicht weit. Kaum zwanzig Tage! Euer minderer Diener Li Feng ist sehr erfreut, daß die prächtigen Fremdlinge unter Fuhrung von ehrenwertem Herrn Kohl und unter unbedeutender Hilfe von prächtigem Gorilla schon so gut wie angekommen sind in Jambuja."

Der Kanzler winkte bescheiden ab.

"Li Feng bloß betrubt, daß alle funf Herren dort bleiben mussen!"

"Und warum, Herr Feng?" frug der Kanzler erstaunt.

"Verfugt ehrenwerter Herr Kohl uber Kaurimuschel?"

Kaurimuschel- -? Das Wort nahm sich so eigentümlich im Munde des Chinesen aus, daß wir mehrfach nachfragen mußten, bis wir es endlich richtig verstanden hatten. Der Kanzler schüttelte hierauf verblüfft den Kopf, und wir empfingen die Belehrung, daß hierorts die Kaurimuschel als Geldersatz üblich war, weitaus lieber aber Mariatheresientaler oder andere goldenen Münzen genommen würden von den weißen Männern in Jambuja, die die Fahrkarten für den Dampfer verkauften.

"Geld! Jesses, Geld!" schrie Dr.Blüm entsetzt auf. "Ei, ich hab doch die ganze Zeit gewußt, irgendwas fehlt uns, Herr Dr. Kohl!"

Ich konnte nicht umhin, meinem Minister einen Blick der Bewunderung zuzuwerfen. Er hatte ein Gesicht aufgesetzt, aus dem die kühle Überlegenheit eines Mannes sprach, der alles dies längst vorhergesehen hatte.

Der Chinese griff in seine Taschen und legte eine Rolle blanker amerikanischer Golddollars auf den Boden. "Li Feng bereit, für Kaurimuschel zu sorgen, wenn Herr Kohl ihm eine Sicherheit bietet."

"Sicherheit?" Der Kanzler sah auf das Gold. Dann überlegte er einen Augenblick. "Die Mark Brandenburg. Und zwar die ganze, Herr Feng!" Er streckte ihm die Hand hin. "Da, mein Wort drauf."

Nach diesem folgenreichen Gespräch sollte der Abend Gelegenheit bieten, mich mit dem Minister in der Frage des Fetischs und der Kolonien auszutauschen. Dr.Stoltenberg schuf den Rahmen für ein Privatissimum dergestalt, daß er sich erhob und Omar eines kleinen Ganges durch das Dorf für bedürftig erklärte, worauf er, nachdem er mehrfach gehustet, anfügte, auch dem Ministerialrat Schüttauf könne es kaum schaden, wenn dieser sich nach Tisch die Beine ein wenig verträte.

Wir verließen also die Hütte und begaben uns hinaus in die Nacht. Überall brannten die Feuer, denn die Männer von Balulu waren weiterhin auf der Hut vor Kilonga Longa, dem Sklavenjäger.

Als man uns bemerkte, rückte man beiseite, und das kühle Benehmen, mit dem man uns vorhin die Speisen mit dem Stock zugereicht hatte, wich ehrfurchtsvoller Scheu. Man schob uns eine schöngeflochtene Matte unter, legte uns eine Decke über und zog sich dann vorsichtig zurück.

Der Minister schloß den obersten Kragenknopf, richtete die Krawatte und versetzte nach einer bedeutsamen Pause: "Jambuja, Schüttauf, jawohl: Jambuja. Wir müssen uns ebenfalls nach diesem Orte orientieren."

Ich gab meiner Überraschung Ausdruck und fragte, ob er sich nun etwa doch der Gruppe Kohl anzuschließen wünsche. Dr.Stoltenberg schüttelte den Kopf. "Wo denken Sie hin, Schüttauf. Lassen Sie die drei Herren ruhig mit dem Dampfboot nach Léopoldville fahren und dort ihr Waterloo finden. Wir werden uns in Jambuja an Makupete den Buckligen halten, der mir von dem ortsansässigen Medizinmann nachdrücklich empfohlen worden ist!"

Der Minister setzte erläuternd hinzu, daß er vorhin bei der Suche nach Omar ganz zufällig auf den Medizinmann von Balulu gestoßen sei. Erst habe er ihn gar nicht erkannt, da er nicht in dem Kostüm gewesen, welches er bei unserer projektierten Opferung getragen hatte. Dann habe er, Dr.Stoltenberg, jedoch die Gelegenheit sogleich beim Schopf ergriffen, um ihn in der Fetischfrage auszuhören. Der Mann habe ihn sogleich eines großen Zaubers teilhaftig erklärt, alle Angaben des "Kosmos"-Heftchens bestätigt, sich jedoch außerstande gesehen, in dieser Angelegenheit selbst tätig zu werden und ihm stattdessen jenen Makupete genannt, welcher - "landauf, landab, Schüttauf!" - allgemein als Autorität auf diesem Gebiete gelte und an seinem Mißwuchs leicht zu erkennen sei.

Makupete, der Bucklige!

Nun, dies schien auch mir eine geeignetere Perspektive als der Tausch der Mark Brandenburg gegen fünf Fahrkarten nach Léopoldville. Ich äußerte mich in diese Richtung gegen den Minister, worauf jener kühl bemerkte, auch er könne nicht erkennen, wie die Lösung der strittigen Eigentumsfragen in jenem an sich schönen neuen Bundesland ausgerechnet durch eine Verschreibung an Li Feng zu erwarten sei.

Ich schlug nun die Frage der Kolonien an.

Der Minister meinte dazu, daß der Osten wohl seit 1885 - "Stichwort Afrika-Konferenz in Berlin" - deutsch sei, aber wenn er sich recht erinnere, so sei dieses Deutschtum nicht etwa in dem Sinne zu verstehen, daß man überall gleich auf Landsleute träfe, sondern daß der Neger doch an seiner Natur, seinem Land und seinen Gebräuchen festhalte, wie man ja an Sklavenjagd und Fetischwesen sehen könne. "Ein gleiches gilt im übrigen für Togo, Kamerun und Deutsch-Südwest!" Er, Dr.Stoltenberg, rate jedoch dringend davor ab, die Begegnung mit den deutschen Kolonialherren zu suchen, denn, stünde man erst einmal vor diesen, dann setze es nichts außer "Fragen, Fragen, Fragen"!

Ich stimmte ihm lebhaft zu, ohne freilich zu ahnen, welche prophetische Kraft den Worten des Minister innewohnte. Dann erhoben wir uns, um in die Hütte zurückzukehren. Als wir am Eingang angekommen waren, hielt mich der Minister zurück und flüsterte:

"Ach, noch etwas, Schüttauf - die dritte Ingredienz, Sie wissen schon, wir sollten uns um ein Büschel Haare bemühen!"

Ich muß wohl sehr erstaunt ausgesehen haben, denn Dr.Stoltenberg fügte streng an: "Nein, nicht von mir. Vom Kanzler!"

Am nächsten Morgen galt es, Abschied zu nehmen von Balulu. Nach Verhandlungen, bei denen Gerhard Stoltenberg eine nicht unbedeutende Rolle gespielt hatte, überließ man uns das größte Kanu der Sklavenjäger, ein leicht gebautes, aber geräumiges Gefährt. Unsere Ausrüstung war durch die erbeuteten Waffen der Araber ergänzt worden, zudem hatten wir einige Nahrungsmittel an Bord bringen dürfen, und so konnten wir unter der Führung von Mr.Monsoon den hundert Meilen bis Jambuja mit einiger Gelassenheit entgegensehen.

Ich wollte eben einige zusammengerollte Blätter, welche ein schmackhaftes schwarzes Wurzelmus enthielten, zum Kanu tragen, als ich unseren Scout dort unter einem Baum sitzend sah.

Er hatte das kleine Buch, aus dem er uns bei unserem ersten Zusammentreffen das Datum genannt hatte, zur Hand genommen und nahm anscheinend gerade einige Eintragungen vor. Er hatte mich nicht bemerkt, und plötzlich kam mir in den Sinn, daß es durchaus nützlich wäre, wenn es mir gelänge, Aufschluß über die Art der Notizen zu erhalten. Mochte mein Verdacht gegen die beiden Männer auch hundertfachen Anhalt gefunden haben, so wollte die Summe jener Merkwürdigkeiten immer noch in keine bestimmte Richtung weisen: Die beiden waren stets hilfsbereit, hatten uns unterstützt, wo es ihnen nur möglich war, und unfehlbar wären wir ohne sie längst verloren gewesen. Aber lag hinter der Art, wie sie uns erst gestern wieder unter die Arme gegriffen hatten, nicht vielmehr die Sorge, uns aus den Augen zu verlieren? Und war Li Feng wirklich der Mann, der eine Rolle Gold für eine Mark Brandenburg eintauschte?

Ich legte meine Last vorsichtig beiseite und schlich mich, so gut ich konnte, an den Amerikaner heran - ein Unternehmen, welches leider nicht nur mißlang, sondern mich auch in die Verlegenheit setzte, aus einem gebückten Pirschgang ein unbefangenes Herantreten werden zu lassen, so daß ich mir nicht anders zu helfen wußte, als ein freundliches Gesicht aufzusetzen und Mr.Monsoon geradeheraus nach der Natur jener geheimnisvollen Notizen zu fragen.

Jener schloß rasch das Büchlein - zu rasch, wie mir schien - und lud mich herzlich ein, neben sich Platz zu nehmen.

"Ah, Mr. Schüttauf, freue mich, Euch wohl zu sehen. Kommt und setzt Euch ein wenig zu mir. Ihr nehmt mir meinen kleinen Spaß von gestern abend mit dem unseligen Hebel nicht übel, nicht wahr? Denke, die Kerbe wird Euch in Zukunft hilfreich sein, wenn Ihr einen guten Schuß tun wollt. Wie geht es Eurem Mr. Stoltenberg? Und was macht Omar der Affe? Mr.Kouhl wohlauf? Aber sagt mir vor allem - wo steckt eigentlich Mr.Bloom? Habe ihn seit heute früh nicht mehr gesehen!"

Ich antwortete, so gut es ging, auf alle diese Fragen, erlaubte mir aber dann, mich erneut nach seinem Buche zu erkundigen.

"Well, Sir, was die Notizen betrifft - sagen wir: eine Art Logbuch. Ein seemännischer Brauch, nicht mehr."

Ich wies nach unserem Kanu und versetzte, daß ich es durchaus zu billigen wüßte, falls Mr.Monsoon als unser Scout, obwohl die Flußfahrt noch nicht begonnen, bereits jetzt allerlei Nautisches in seine Akten aufnähme.

"Flußfahrt? Nautisches?"

Mr.Monsoon sah mich groß an. Dann lachte er. "Oh, Ihr glaubt wohl, Mr.Schüttauf, in diesem Buch stehen Dinge über den Fluß und über das Land? Pläne, Landkarten, Aufzeichnungen, was?"

In diesem Augenblick traten einige junge Mädchen aus den Hütten, begaben sich zum Fluß, um dort, ohne Zwang und Gêne, ihre Toilette vorzunehmen. Mr.Monsoon sah sinnend zu, wie sie auch die wenigen Schnüre, die ihr Gewand vorstellten, ablegten. Dann tat er einen tiefen Seufzer und begann, mir Auskunft auf meine Frage zu erteilen ...

Ich zögere, während ich diese Zeilen schreibe, ob ich jenen Vortrag, den ich damals am Ufer von Balulu von Mr.Monsoon empfing, wirklich in meinen Bericht aufnehmen soll. Wenn ich mich dennoch dazu entschließe, so geschieht dies allein aus dem Grunde, daß die Lücke, die durch eine Auslassung entstünde, zwar eine Lektüre *ad usum Delphini* schüfe, zugleich aber die Frage aufwürfe, ob mein Protokoll womöglich insgesamt eingekürzt und unvollständig wäre!

Es galt der Vortrag von Mr.Monsoon nämlich *der afrikanischen Brust.*

Als Seemann daran gewohnt, tagtäglich seine Aufzeichnungen zu führen, so begann der Clippermaat ein wenig umständlich, sei er beim ersten afrikanischen Landgang in Ermangelung entsprechender Gegebenheiten zunächst recht unglücklich gewesen - keine Spur von Stangen, Baken, Bojen, Ankerplätzen oder Klippen!

Ich frug - nicht ahnend, was mich gleich erwarten sollte - arglos nach Käfern und Pflanzen. Nein, so schüttelte der Seemann den Kopf, damit wisse er insgesamt wenig anzufangen. Zudem brauche es Vorkenntnisse in der Botanik. Er sei vielmehr eines Tages darauf gekommen, das Augenmerk auf die Beschaffenheit eines Körperteils zu richten, der, wie ich vielleicht schon bemerkt hätte, hierorts sichtbarlich getragen werde. Schon nach den ersten Eintragungen habe er merken können, daß dort, wo er bislang nur das eine gesehen, indes Vielfalt und Reichtum von ungeahntem Ausmaße herrsche. Diese Erfahrung sei ja, so fuhr er fort und wandte sich höflich nach mir, übrigens auch von den Leuten des Festlandes bekannt, welche in der sich immer ändernden See "nur eine Menge Wasser sehen, Sir!"

Ich stimmte ihm in der Hoffnung, daß sich das Gespräch nun in eine andere Richtung wenden würde, zu, fand mich aber getäuscht.

"Ihr fragt mich also, was ich vorhin eingetragen habe, Sir?" Er schlug das Buch auf. "Well, let me see - 19. Januar 1891, Balulu. Oval und prall in der Jugend, Torsobildung sehr gefällig."

In dem Augenblick, da ich mich vorbeugte und einen Blick in die Seiten tun wollte, schloß er das Buch und zeigte hinunter zum Fluß. Ich sah in die angegebene Richtung und konnte nicht umhin, die Angaben des Amerikaners bestätigt zu finden. Ob sie freilich auch in dem Büchlein standen, war, so sehr ich mich auch gemüht hatte, nicht auszumachen gewesen. Mr.Monsoon hing jedoch bereits anderen Erinnerungen nach.

"Oben am Albert-See - Ihr wißt, wo wir den Emin trafen - ist sie rund und groß, oben etwas abgeflacht und vorn wie unten schön gewölbt, was einen hübschen Gesamteindruck macht."

Mein Wunsch, etwas über den Emin Pascha zu hören, blieb unerfüllt, denn Mr.Monsoon bewegte sich jetzt im Fahrwasser seiner Liebhaberei mit einiger Vehemenz. Er hatte das Buch wieder geöffnet und blätterte rasch hin und her.

"Was die Pygmäengirls betrifft, Mr.Schüttauf", er hielt die Blätter dicht vor die Augen, "schöne Ziegenbrust, in gemildertem Grad, klein und zierlich!"

Ob er wohl bemerkt hatte, an was mir wirklich gelegen war? Ich wußte es nicht mit Sicherheit zu sagen. Auf jeden Fall klappte er das verwünschte Buch wieder zu, ließ die Seiten über den Daumen laufen und sah mich freundlich an: "Freue mich aufrichtig über Eure Anteilnahme, Sir - sollt deshalb alles wissen, was hier in meinem Buche steht."

Er steckte seine Nase sogleich wieder zwischen die engbeschriebenen Seiten: "Ipoto, Ipoto, laßt mich sehen, wie die Dinge in Ipoto stehen. Ah, hier! Fand die Brust dort in der Regel klein, zugespitzt, mit vortretender Brustwarze, well, und der Warzenhof überragte die Oberfläche nur wenig. Konnte übrigens nirgendwo in ganz Ipoto die Formschönheit der jungfräulicher Töchter des Bakumu-Landes bemerken."

Er schüttelte betrübt den Kopf und blätterte weiter.

"Aber hier! Nehmt dagegen die Brust eines jungen Wanyamuesi-Mädchens, Sir!" Seine Miene hellte sich auf. "Werft einen ersten Blick auf die ganze Geschichte - und was seht Ihr? Well, im großen Ganzen: strotzend! Doch tut dann den zweiten Blick, Mr.Schüttauf! Und nun stellt Ihr mit einem Male fest, daß die Basis der ganzen Angelegenheit zwar kleiner als bei unseren Frauen ist, die Brustwarze aber mit dem Warzenhof den Ansatz zu einer zweiten Brust ausbildet, so daß diese wie eine zweite Brust auf der ersten sitzt - wenn Ihr versteht, was ich meine."

Ich seufzte still in mich hinein. Standen diese unerhörten Dinge wirklich in jenen Blättern, oder gefiel es Mr.Monsoon, mich mit diesen ganzen *mammaelaria* zum Narren zu halten? Und wenn es an dem war, welcher Art waren dann seine Eintragungen?

"Sollt, bevor Ihr nach Jambuja geht, unbedingt einen Abstecher zu den Bakumu machen, Mr.Schüttauf!" Gorilla Monsoon klappte das Buch zu und nickte mir vertraulich zu. Die Handbewegungen, die er darauf vollführte - nein, sie waren zu barock, als daß ich länger hätte bleiben können.

Ich stand auf und dankte ihm gemessen für die Belehrungen, wurde jedoch erst entlassen, als ich ihm das Versprechen gab, in diesem Sinne die Augen ebenfalls offenzuhalten, wozu sich leider sogleich die Gelegenheit bieten sollte. Denn kaum hatte ich das Kanu erreicht, als die Badenden das Wasser verließen und mich durch ihr bloßes Ebenmaß, das ich jetzt freilich mit anderen Augen betrachten mußte, nicht wenig verwirrten.

"Ach, Mr.Schüttauf?"

Froh, mich abwenden zu können, drehte ich mich nach Mr.Monsoon um.

"Forget about Bakumu, Sir", er hielt mir das verwünschte Buch aus sicherer Entfernung offen hin und brüllte so laut, daß es überall zu hören war, "geht lieber nach Wamanga und dann wißt Ihr, warum ich mir hier auf dieser Seite zwei dicke Kreuze gemacht habe!"

Es sollte an diesem Morgen noch einen weiteren Zwischenfall geben, der mit dem schönen Geschlecht zusammenhing, und es war Norbert Blüm, der dabei fast sein Capua gefunden hätte. Die Frauen des Dorfes hatten ihre Grabstöcke aufgenommen und setzten sich eben in Marsch, die nahen Felder aufzusuchen, als jener hastig aus der Hütte strebte, seinen Speer schulterte und uns zurief: "Ich geh dann grad der Mbuyi zur Hand!"

Trotz des Protestes, der sich daraufhin erhob - schließlich wollten vor unserem Aufbruch viele Dinge bedacht und getan werden - war er alsbald verschwunden, und wir sahen ihn erst nach einer Weile wieder drüben auf den Feldern stehen, wo er sich neben den Frauen merkwürdig genug ausnahm.

Der Bundeskanzler machte ihm Zeichen, rief auch laut seinen Namen, doch Dr.Stoltenberg winkte ab und versetzte launig: "Lassen wir den Mann, meine Herren -

Doch wer bei schöner Schnittrin steht,
dem mag man lange winken!"

Als Dr.Blüm nach einer halben Stunde jedoch zurückkehrte, in der Hütte von Mbuyis Familie verschwand, um alsbald mit einem kleinen Korb auf dem Rücken, der durch ein breites Band auf seiner Stirn festgehalten wurde, abermals nach den Feldern aufzubrechen, war es Li Feng, der sanft nach seinem Ärmel griff. "Herr Blums Schwester sehr tuchtig?"

"Schwester? Nein, Herr Feng, ich hab nur einen Bruder, den Hans-Peter!"

"Aya! Hans-Peter! Ungunstig."

Nachdem Li Feng dies kurz bedacht hatte, holte er eine weitere Erkundigung ein: "Herr Blum vielleicht Tochter - -?"

"Ei ja, die Katrin und die Anett! Ich muß fort, Herr Feng, lassen Sie mich gehen, die Leut von der Mbuyi wollen an den Korb!"

Der Sohn des Himmels gab den Ärmel jedoch nicht frei. Die doppelte Töchtervaterschaft schien ihm zu gefallen. Er nickte zufrieden. "Ehrenwerter Herr Blum wird Vater vom Mbuyi die Katrin oder die Anett geben müssen!"

"Ei, wie käm ich dann zu dem Blödsinn?"

"Kein Blödsinn. Herr Blum irrt! Wenn Mann Mädchen aus Familie nimmt, so muß er der Familie Ersatz geben. Schwester oder Tochter, gleichgultig. Deshalb wichtig, daß die Anett tuchtig." Er seufzte. "Immer viel Arbeit in Balulu!"

"Des is in Rüsselsheim an sich nicht üblich, Herr Feng!" versetzte Dr.Blüm kläglich und sah sich hilfesuchend nach uns um. Wir freilich hielten die ernste Miene bei, und Dr.Stoltenberg bedeutete seinem Kollegen, daß unbedingt nach den Gewohnheiten des Landes zu verfahren sei, falls Kollege Blüm sich denn nuptial zu verbinden dächte - was Li Feng seinerseits durch die enzyklopädische Bemerkung unterstützte: "In Babunda, Bakukua, Balulu, Batundu, Bubua, Bumbwa, Bukumiri, Bwamburi und in allen anderen Dörfer auch - uberall Brauch am Luhali. Wenn Herr Blum nicht nach Sitte verfährt, dann erscheint der Molimo!"

"Der Molimo?"

"Molimo, der Waldgeist." Li Feng wackelte mehrmals bedenklich mit dem Kopf. "Nimmt Herrn Blum mit und - - Li Feng sehr betrubt. Vermißt Herrn Blum sehr!"

Derart aufgeklärt über die Sitten und den Molimo, konnte es nicht wundern, wenn Norbert Blüm an jenem Morgen besonders eilig von Balulu wegstrebte. Er hielt sich bis zu unserer Abfahrt in der kleinen Hütte verborgen, sprang erst im letzten Augenblick in das Kanu, und war eine ganze halbe Stunde sehr schweigsam.

"In den Ozean treibt mit tausend Masten der Jüngling.
Still, auf gerettetem Boot, treibt in den Hafen der Greis."

Der Ozean! Weit genug lag er ja entfernt! Ich hatte mich in dem Boot ein wenig ausgestreckt und hing meinen Gedanken nach. Ich mußte an die Karte denken, die uns Gorilla Monsoon vor zwei Tagen unterm Stelzenbaum in den Boden geritzt hatte. Der Kongo hatte sich in mächtigem Bogen durch den halben Kontinent gezogen, bevor er unterhalb des Äquators in das atlantische Meer floß. Und der Luhali war nichts weiter als ein kleines, gewundenes Band, das dem großen Strome irgendwo in seiner Mitte angeknüpft gewesen war. Viermal weiter indes, wie mein Minister ("Überschlägig, Schüttauf, überschlägig!") errechnet hatte, war es bis zum nächsten deutschen Hafen, und selbst wenn wir ihn irgendwann erreicht hätten, wären wir immer noch um einhundert Jahre zurück hinter jener Zeit, der wir nach Maßgabe unserer Eltern zugehörten! Nein, niemals, so schoß es mir durch den Kopf, hätte es die Billigung des Kammerpräsidenten Wilhelm Schüttauf gefunden, daß ich, Robert, als einziger Sohn und achtunddreißig Jahre vor der eigenen Geburt auf dem Luhali dahintrieb!

Was nun den Jüngling, was den Greis in jenem Distichon anging - wie konnte man sich auch verjüngen, wenn man auf dem Zeitstrang des eigenen Lebens erst einmal hinter den Punkt Null geraten war? Wäre über den neunten Monat hinaus überhaupt etwas zu erwarten gewesen?

So war es also gut, daß wir die nämlichen geblieben, und wenn sich selbst an Omars klugem Kopfe Silberfäden fanden, so schied vom Greisentume uns doch der Wille zum Leben - und deshalb ruderte man und hielt sich füglich in der Mitte des Stromes.

Der Luhali strömte mit mäßiger Bewegung dahin. Gleich hinter Balulu hatte sich ein rechter Irrgarten aufgetan, und unfehlbar wären wir hinter der ersten Flußbiegung zwischen all den Inseln und Seitenbächen verloren gegangen, wenn die Natur nicht selbst auf wunderbare Art uns den Weg gewiesen hätte! Es stieß nämlich dort, wo anderes Gewässer in den Luhali floß, nicht nur das Nebensächliche mit dem Hauptsächlichen zusammen, sondern auch das Bunte mit dem Grauen: Gelb und schwarz, braun und milchweiß, ultramarinblau und lehmigrot - so waren sie gefärbt, die vielen Wasser. Und es brauchte eine Weile, bis alles das, was von links und rechts in den Luhali strömte, sich zu jenem stumpfen, summarisch grauen Hauptton vermischt hatte, der uns verläßlich den Pfad durch das Labyrinth wies. Was sich durch grüne Entengrütze als stehendes Wasser auswies, wurde ebenso umfahren wie jener kleine See, auf dem weißblühendes Gewächs zu einer riesig glatten Fläche sich vereinte.

Nichts aber ist beständiger als der Wechsel - kaum daß wir nämlich Ariadnes graues Garn richtig gefaßt und damit auch Vergnügen an jenem Farbenspiele gefunden hatten, verschwanden mit einem Male die vielen Inseln und bunten Nebenflüsse, und der Fluß ließ sich von überschaubarem Ufer begleiten.

Wir passierten zierliche Wälder aus gefächerten Palmen, fuhren unter weit überhängendem Laubdach dahin, sahen niedrige, sumpfige Ufer, in denen ernst und sinnig schwarze Störche stolzierten, staunten über hohe Einstürze, bei denen die Uferwand zwanzig Meter senkrecht in den Fluß abfiel und die Wasser gegen roten Sandstein strömten, genossen den Reichtum und Wohlgeruch der Blüten und schlugen unsere Krägen hoch, als fauler Dunst aus morastigen Wasserlöchern stieg.

Hier, auf dem Luhali-Flusse, sollten wir zum ersten Male auch in vollem Umfang erfahren, mit welcher Welt des Kanzlers Wunsch nach blühender Landschaft uns in Berührung gebracht hatte - es zeigten sich nämlich die Tiere von Belgisch Kongo! Mochten sie im Urwald auch den Menschen fliehen, so schienen sie ihn doch ertragen zu können, wenn er im schmalen Boot die Wässer befuhr, denen er als Molchfisch und Amphibium vor undenklichen Zeiten ja selbst einmal entstiegen war. Also fanden wir den Vorhang geöffnet, sahen vom Boote aus auf die grün bewachsene Bühne und staunten nicht schlecht über das Leben und Treiben in den Kulissen und Soffitten.

Es waren vorzüglich die Vögel, die diese besetzt hielten und in allen Etagen ihren vollen Reichtum und ihre Mannigfaltigkeit entfalteten. Hoch oben in den Wipfeln saßen blauschwarze Rabenvögel in den Nestern und gaben mit nasalem Klagelaut kund, daß sie ihren Teil am Fortbestand der Art als erledigt betrachtet wissen wollten, während auf benachbartem Gezweig die törichten Tauben das Fortpflanzungsgeschäft noch mit verheißungsvollem Gurren und Flattern angingen. Die grauen Papageien, die überall jodelten und krächzten, wollten sich offenbar für keine Beschäftigung in dieser Richtung gewinnen lassen, sie waren zu sehr mit sich und ihren endlosen Pirouetten beschäftigt.

In einem unteren Stockwerk lebte das lange Volk der Reiher. Es waren die einzigen Vögel, denen wir unwillkommen waren, zeigten diese schreckhafte Gesellen doch, wenn sie von ihrem Sitze abstrichen, mit regem Stoffwechsel an, was sie von dieser Störung hielten.

Weitaus ruhiger verhielt sich der weißköpfige Geier, der auf nacktem Ast hockte, den Kopf mit dem kahlen Hals zwischen die Flügel gesteckt hatte und, mit großem Vertrauen in die Endlichkeit allen Lebens, abwartete, bis die Reihe an ihn gekommen war.

Als Weltbürger wies sich erstaunlicherweise der scheue Kuckuck aus, der sich in Belgisch Kongo so wenig wie im deutschen Walde sehen ließ, womit er übrigens schon den großen Goethe geärgert hatte, der in Jena am 8. Oktober 1827 seinem Eckermann sagte:

"Er ist eine höchst problematische Natur, ein offenbares Geheimnis, das aber nichtsdestoweniger schwer zu lösen, weil es offenbar ist."

Leider stand mir damals am Luhali das genaue Wort nicht zu Gebote, sonst hätte ich mich mit dem Minister darüber austauschen können. So unterließ ich dies, denn Dr.Stoltenberg liebte das Halbe so wenig wie das Ungegründete, nahm mir aber vor, erst einmal wieder zu Hause, es nachzuschlagen, was hiermit geschehen ist. Die vertraute Stimme des Kuckucks stimmte uns alle ein wenig melancholisch, bloß Dr.Blüm schüttelte, dem alten Volksglauben folgend, heiter seine Geldbörse, die freilich nichts weiter enthielt als seine Kreditkarte.

Das Zwischenreich von Luft und Wasser nahmen - türkis die Schwingen, die Brust rostrot - die prächtigen Eisvögel ein, die von ihrem Aste aus mit scharfem hellen Ruf dicht über die Wasserfläche schossen, für einen Moment völlig unter der Wasseroberfläche verschwanden, um mit der zappelnden Beute im Schnabel wieder aufzutauchen.

Ganz unten, im Erdgeschoß hauste der würdige Pelikan. Regungslos, der Beute harrend, so hockte er vereinzelt am Ufer, und nur wenige dieser Vögel sahen wir die großen Schwingen breiten und im schönen Flug über die Wasserfläche streichen. Andere dieser mythischen Vögel lebten hingegen in großen Gruppen, sonnten sich, putzten mit dem merkwürdigen Schnabel das Gefieder oder schritten mit aufrecht getragenem Leibe langsam und wankend über schwimmende Inselchen aus Rohr und Schilf.

Fanden sich kleinere Felsen im Strome, bewohnte diese oft in geselliger Schar der Kormoran. Das Gefieder schwarzgrün, der Schnabel spitz und lang, so saß er, zu Reihen geordnet auf dem vom Kote weißen Gestein und vollführte in eigentümlichem Gleichtakt drehende, wendende Bewegungen mit Hals und Flügeln.

Die Welt der Insekten ließ sich nicht nur durch prächtige Libellen und Schmetterlinge vertreten, sondern leider auch durch eine große schwarze Bremse von Hornissengröße, und wann immer das scharfe Singen der Moskitos zu hören war, so kam Unruhe in unser Boot.

Und was die wilden Tiere betraf - so war ab und an vom Ufer her ein mächtiges Grunzen zu vernehmen. Gottlob waren es aber keine Flußpferde, sondern nur wilde Schweine, welche am Ufer stöberten - Sauen, die Frischlinge führten, starke Eber, die die Ihren durch das Zeigen der mächtigen Hauer und ein bedeutendes Schnauben so hinreichend beschützt sahen, daß sie darüber hinaus keinerlei Neigung zeigten, sich in das Wasser zu stürzen und unser Boot zum Kentern zu bringen. Bis auf ein Exemplar, welches sich schlafend im Schlamme hielt, waren wir dem schrecklichen Behemoth, dem Flußpferd aus dem Buche Hiob, zu unserer Erleichterung nicht begegnet.

Einmal sahen wir auch auf einem Baume einen Panther. Das schöngezeichnete Tier hielt sich unbeweglich im Geäst und sprang mit einem geschmeidigen Satz erst davon, als wir an ihm vorbeigefahren waren - in einem Boot, das uns nicht gehörte und welches uns nach Jambuja bringen sollte, wo wir genauso fremd und unbekannt waren ...

Und dennoch - es kam damals über mich, den Ministerialrat Schüttauf, ein denkwürdiger Seelenfrieden, als wir so dahintrieben auf den Wassern des Luhali, und ich stellte mir für einen Augenblick vor, wie es wäre, wenn der Minister und ich hierblieben und Anker würfen in dieser Welt, der lauter Mopedlärm genauso fremd war wie die entbehrliche Schlagermusik. Und ließe sich unser Schuldbuch einfacher vernichten als durch einen neuen Anfang, einhundert Jahre zuvor! Ich beschloß, diesen interessanten Gedanken gelegentlich dem Minister vorzutragen, und richtete mich dann auf, um mich wieder meinen Reisegefährten zuzuwenden.

Mr.Monsoon hatte den Platz im Heck eingenommen und hielt mit dem Ruder das Boot in der Mitte des Stromes. Li Feng saß ganz vorne, die Büchse auf den Knien. Hinter ihm hockten die beiden Ruderer, Hans-Dietrich Genscher und Norbert Blüm, danach folgten, wie der ehemalige Gefährte Mbuyis mit wiedergewonnem Witz anzumerken beliebte, "die Drei von der Hardthöh", also Gerhard Stoltenberg, Omar der Affe und ich. Zwischen uns und Mr.Monsoon hatte der Kanzler seinen Sitz mit einer Auflage zugewiesen erhalten, strengstes Gleichgewicht zu halten - eine Aufgabe, der er sich mit umso größerer Gewissenhaftigkeit unterzog, als gleich nach dem Ablegen etwas an uns vorbeigetrieben war, was zunächst wie ein vermoderter Baumstamm aussah, dann aber, nachdem es zackige Rückenschuppen aufgestellt und herzlich gegähnt hatte, als Krokodil bestimmt worden war.

Caelum non animum mutant, qui trans mare currunt - es hatte ganz den Anschein, als sei der Außenminister auch im Kanu der alte geblieben. "Sklavenjäger", versetzte dieser nämlich leise und sah sich schaudernd um, "daß es sowas überhaupt noch gibt, Blüm!"

"Bei all der guten Missionsarbeit! Unglaublich!"

"Schuld von altem Noah."

Norbert Blüm hielt mit dem Rudern inne und sah verblüfft zu Li Feng. Der chinesische Herr wandte sich nach hinten um, hob den Finger und versetzte mit deutlichem Tadel:

"Alter Noah damals sehr betrunken in Hutte. Puh! Sein Sohn Ham kommt herein: Aya - Vater ohne Hose! Ehrenwerter Ham denkt: Ungunstig. Ehrwurdiger Noah muß zugedeckt werden. Ruft andere Söhne. Alle kommen gelaufen und breiten Kleid uber Vater. Als Noah wieder wach, ist er seinem Sohn Ham nicht dankbar, sondern spricht Fluch über Hams Söhne und Li Feng danach viel Prugel von ehrwurdigem Pater Franziscus."

"Prügel - ja, wieso dann?"

"Li Feng sehr gelacht damals in Missionsschule uber alten Noah."

Der Arbeitsminister riß für den Augenblick den Mund auf. Er holte tief Luft, als wolle er zu einer langen Replik ansetzen, doch dann stieß er bloß das Ruder ins Wasser - freilich so heftig, daß wir außer Kurs gerieten und alle "Oho!" riefen, bis es Mr.Monsoon wieder gelang, dem Boot die gewünschte Richtung zu geben.

Und so dauerte es eine Weile, bis sich die leidenschaftliche Diskussion darüber entspinnen konnte, ob denn Noahs Fluch, mit dem die Nachkommen Hams - als solche galten nach biblischem Wort die afrikanischen Völkerstämme - zu Knechten aller Knechte gemacht wurden, als ursächlich für die hiesige Sklaverei gelten durfte. Mein Minister hielt ohne Erfolg dagegen, daß Kilonga Longa schwerlich aus der Bibel geschöpft hätte, und Norbert Blüm verwies ein ums andere Mal auf die frohe Botschaft der Bergpredigt. Alles dies aber wurde von Li Feng kategorisch zurückgewiesen: "Altes Testament großer Unfug."

Erst als Dr.Blüm konzedierte, daß namentlich die Sache mit Noahs Hose nicht in Ordnung gewesen, mochte sich auch Li Feng zu dem Geständnis bewegen lassen, die Behandlung des Neuen Testamentes sei erst nach seinem vorzeitigem Abgang von der Missionsschule in Foo Chow erfolgt; er zog sich darauf jedoch in eigensinniges Schweigen zurück - was dem Kanzler, der diese Auseinandersetzung mit wachsender Ungeduld verfolgt, gleichwohl aber die Hände nicht vom Bootsrand zu nehmen gewagt hatte, endlich die Gelegenheit zu der wichtigen Frage gab, ob dies Jambuja denn eine größere Ortschaft sei.

"Eine Reihe von Dörfern, Sir!" erwiderte Mr.Monsoon. "Eine Kirche, ein verrückter preacher man, vielleicht fünfhundert Hütten. Stanley ließ vor vier Jahren ein kleines Fort mit einem Palisadenzaun errichten. Schätze, daß sich die Belgier mittlerweile dort niedergelassen haben. Unten am Fluß dann die Anlegestelle für den Dampfer..."

"Fährt der nach Fahrplan?"

"Wo denkt Ihr hin, Sir! Wenn Ihr Pech habt, werdet Ihr eine Weile warten müssen. Richtet Euch also getrost auf ein, zwei Monate in Jambuja ein, bis Ihr weiter nach Léopoldville könnt!"

Dem Kanzler war die Enttäuschung sichtlich anzumerken, daß seine Bonner Pläne fürs erste einer Zurückstellung bedurften. Gerhard Stoltenberg warf mir jedoch einen erregten Blick zu. Es muß wohl in diesen Stunden, da wir auf dem Luhali ruderten, gewesen sein, als es mir zum ersten Male in den Sinn kam, wie wenig begreiflich es doch war, daß diejenigen Dinge, die der Minister als "die Ingredienzien" zu bezeichnen pflegte, vom Kanzler selbst zu stammen hatten.

Ja, warum genügte es nicht, wenn Gerhard Stoltenberg ein Stück von seiner Krawatte, einen Zinken seines Kammes oder eine Locke seines Schopfes in die Fetisch-Puppe steckte? Dies alles war doch auch ein Stück Bonn und wahrlich nicht das schlechteste. Auffällig auch, daß er immer von einer Rückkehr ins Kanzleramt sprach. Wollte denn der Abgeordnete aus Rendsburg-Eckernförde dort einen Platz einnehmen, welchen der eigentliche Amtsinhaber von Léopoldville aus nie erreichen würde? War denn der Minister - mein Minister! - womöglich eine catilinarische Existenz und von usurpatorischer Neigung? Gerhard Stoltenberg ein Mann vom Schlage des Deveroux, des Macdonald? Ja, sollte die schwere Krisis, in der ich ihn vor drei Tagen unterm Stelzenbaume aufgefunden, doch Folgen gezeitigt haben, die mir bislang verborgen geblieben waren?

Ich fand mich aufs äußerste beunruhigt und unterzog ihn sofort einer Musterung. Allein, so wie er da vor mir saß und auf Omar dem Affen einsprach, wirkte er durchaus gesund und in sich ruhend. Die Haut war leicht gebräunt, die Bewegung gelenk und flink, und obwohl ihm der achterliche Wind die Haare immer wieder in die Stirn wehte, hielt er den äußeren Menschen sehr in Ordnung und säumte nie, den Taschenkamm in den Fluß zu halten und die Frisur mit Sorgfalt nachzuziehen. War dies das Gebaren eines Mannes, der nach Königsmord und Amtsanmaßung strebte?

Semper aliquit haeret - so sehr ich mich dagegen auch sträubte, es blieb doch ein Verdacht zurück. Ich seufzte und beschloß, die Anzahl meiner Sorgen um eine bedeutende vermehrt sehend, auch auf diese Entwicklung ein Auge zu halten.

"Ehrenwerter Gorilla möge aufpassen: Li Feng hört sturzendes Wasser!"

Wahrhaftig! Auch wir vernahmen in einiger Entfernung ein Brausen und Rauschen. Der Luhali, dessen träge, braune Fluten uns bislang gemächlich getragen hatten, strömte nun rascher dahin. Kleine Gebilde aus Gras und Blättern trieben wirbelnd am Bootsrand vorbei. Der Bug unseres Kanus hob sich und klatschte spritzend auf das Wasser.

"Backbord! Mr.Gensch, Mr.Bloom, seid so gut und steuert auf das Ufer zu. Aber nein, Sir - links, links!"

"Von uns aus links oder von Ihnen?" schrie Dr.Blüm und wandte sich hilfesuchend um.

"Herr Blum Kopf nach vorne, dann gleiches links", zischte der Chinese, der den Streit um Noahs Hose nicht vergessen hatte. Der Kanzler wollte dem Minister gerade nervös deutlichere Weisung geben, fand sich jedoch sogleich von Mr.Monsoon ermahnt: "No, no, Mr. Kouhl - Ihr haltet Euch vollständig ruhig, Sir!"

Noch waren die Stromschnellen nicht zu sehen, denn der Fluß vollzog jetzt eine scharfe Biegung. Mit großer Geschwindigkeit schoß das Boot ans linke Ufer, welches jetzt für eine Landung immer ungeeigneter wurde - zu weit hingen die Zweige in das Wasser hinein. Wenn wir unter sie gerieten, mußten wir unfehlbar umschlagen. Gottlob lag das andere Ufer tiefer und war ohne dichten Bewuchs.

"Ufer ebenfalls ungunstig!" Es war einer der wenigen Fälle, in denen Li Fengs Stimme deutliche Erregung verriet.

"Heavens, Hippos!" Aus Gorilla Monsoons Stimme sprach das blanke Entsetzen.

Flußpferde! Es dauerte eine Weile, bis auch wir die Tiere im trüben Wasser ausmachen konnten. Es mochte eine ganze Herde dieser mächtigen blaugrauen Gesellen sein, die ausgerechnet an der Stelle, wo wir anlanden wollten, ihr Bad nahmen. Nur die plumpen Schädel ragten zur Hälfte aus dem Wasser, und sie spritzten brüllend und prustend aus Nase und Mund kurze Fontänen in die Luft. Omar der Affe stieß einen schrillen Schrei aus, und auch der Kanzler zeigte sich beunruhigt: "Was warten Sie denn, Herr Feng, so schießen Sie doch!"

Der freilich drehte sich nicht einmal um, so wenig hilfreich mochte ihm dieser Vorschlag scheinen. Stattdessen hatte auch er ein Paddel ergriffen, und es gelang uns schließlich, das Boot zu wenden und zu einer kleinen, baumlosen Insel zu steuern, welche sich mitten im Fluß befand.

Bevor wir uns noch erheben und das Boot verlassen konnten, war Li Feng bereits an Land gesprungen, hatte nach dem anderen Ufer ausgespäht und sodann in einem Tone, der keinen Widerspruch duldete, gerufen: "Ehrenwerter Herr Kohl möge aufstehen! Rasch, rasch!"

Es hätte des Befehles nicht gebraucht - der Kanzler, ohnehin mit einer Leidenschaft für alles Lange und Ragende behaftet, eilte sich, dem Wunsche unseres Kochs zu willfahren, und mochte auch das Boot, das nur mit dem Bug auf dem Sande lag, bedenklich schwanken, so stand er doch bald zur vollen Größe aufgerichtet.

Es geschah dies keine Sekunde zu früh - ein kapitaler Bulle, den wir bislang nicht bemerken hatten können, war durch das Gebüsch gebrochen, hatte mit plumpen Galoppsprüngen den Strand überwunden und hielt nun schwimmend auf uns zu. Gurgelnd spülten kleine Schaumwellen um das mächtige Maul, und wir alle waren über die große Geschwindigkeit erschrocken, mit dem sich dieser walzenförmige Koloß gegen die Strömung durchs Wasser schob. Zum Glück erwies sich das Mittel von Li Feng als probat: Mochte das Flußpferd das schwimmende Boot auch für einen unliebsamen Konkurrenten gehalten haben, so drehte es doch, nachdem der Kanzler sich im Vertikalen gezeigt und also eines besseren belehrt hatte, mit einem Grunzlaut ab.

"Flußpferd bösartig und gemein", seufzte der Sohn des Himmels erleichtert auf. "Li Feng erlaubt sich Anfrage an Herrn Blum, ob unbedingt notwendig, daß alter Noah auch Flußpferde auf Arche genommen ... Gleiche Frage ubrigens betreffs Mucken und Fliegen."

Gespannt, welchen Vers Norbert Blüm diesmal aus der Bergpredigt replizieren würde, wandten wir uns alle nach dem Rüsselsheimer. Der hatte jedoch ein verblüfftes Gesicht aufgesetzt und wies ratlos nach unserem amerikanischen Gefährten. Gorilla Monsoon lag hinter uns flach im Sande. Er starrte nach dem Ufer und flüsterte: "Over there, Gentlemen!"

Und dann sahen wir sie auch. Hoch oben, am linken Steilufer, zwischen dichtem Laub, standen sie - gut zwanzig Männer, gehüllt in weiße wallende Gewänder. Auf dem Kopf trugen sie das vielfach geschlungene Tuch des Arabers und über der Brust den reichgefüllten Patronengurt. Der Leib war mit einem farbigen Schal gegürtet, in welchem Revolver und schwere Säbel steckten, und was ihre langläufigen Flinten betraf, so hielten sie diese sämtlich auf uns gerichtet.

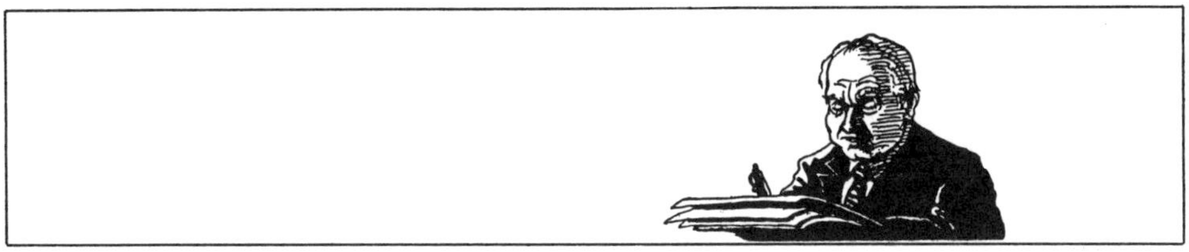

BEN THEO HASSAN

So eilten wir uns, dem Beispiel Mr.Monsoons zu folgen. Deckung bot allein ein kleiner Felsen, der sich mitten auf der Insel befand und eine erstaunliche Ähnlichkeit mit der Spitze des Matterhorns aufwies, nur war er zu unserem Bedauern unendlich viel kleiner.

"Verteufelte Lage, Gentlemen!" flüsterte der Amerikaner. "Sind ihnen in the trap, in die Falle gegangen."

"Was sind denn des für Menschen?" fragte der Kanzler ungehalten.

"Seht Ihr den großen Kerl da mit der Augenklappe, Mr.Kouhl?"

Auch ich hob vorsichtig den Kopf über die Felsenkante und sah nach drüben. Der Fluß hatte an dieser Stelle ein Teil des Ufers weggerissen. Zwischen den Zweigen stand ein schwarzer Herkules mit einem dichten Bart. Er war einäugig - und es machte merkwürdigerweise gerade dieses Gebrechen, daß er mir irgendwie bekannt vorkam. Er hatte die Hand an den Säbel gelegt und trug sich in der Art eines Mannes, der seiner Sache völlig sicher geht.

"Das ist Kilonga Longa, der Sklavenjäger."

Bei so bewandten Umständen saßen wir tatsächlich in der Falle. Auf dem Fluß konnten wir wegen der Stromschnellen nicht weiter, vom linken Ufer hielt der Manjema die Flinte, vom rechten das Flußpferd das Auge auf uns, und zu allem Unglück lagen, bis auf Li Fengs Gewehr, alle unsere Waffen in dem Kanu - insgesamt also eine Lage, die den Außenminister bewog, die Kapitulation anzuraten.

"Wenn Sie, Herr Monsuhn", versetzte darauf Dr.Stoltenberg, "aus berufenerem Munde die ballistische Prognose hören wollen, so lassen Sie sich gesagt sein: Hier, hinter diesem Felsen, dürften uns die Kugeln des Feindes kaum erreichen."

Gorilla Monsoon nickte. "Schätze, Ihr habt recht, Sir!"

Wir kamen also überein, uns fürs erste nicht vom Fleck zu rühren und verbargen uns hinter jenem Felsen - was insgesamt wenig behagte, denn das streng Abgezirkelte, mit dem man gewöhnlich die eigene Persönlichkeit umgab, ward zugunsten einer drangvollen Enge aufgegeben, und auch das Wort vom eigenen Dunstkreis wirkte nun in ursprünglichster Bedeutung.

Der Zufall fügte es, daß des Kanzlers Fuß mit dem langen Bugseil des Kanus durch eine Schlinge verbunden war, so daß es uns vielleicht gelingen konnte, an unsere Gewehre und Vorräte zu kommen, ohne den Schutz des Felsens verlassen zu müssen. Und hatten wir erst ein zweites Gewehr, so konnten wir aus der Deckung heraus operieren und diesen Schuften womöglich die eine oder andere Kugel auf den Pelz brennen - so jedenfalls Dr.Stoltenberg.

Li Feng, der schon die ganze Zeit auf eigentümliche Weise herumgeschnobert und -geschnüffelt hatte, was ich zunächst auf die Ausdünstungen jenes Mannes zurückführte, welcher, aus Gründen, die bereits Erwähnung gefunden, als einziger der morgendlichen Waschung ferngeblieben und ohne diese ins Kanu gesprungen war, Li Feng also bedeutete uns indes, mit Anstrengungen in dieser Richtung nicht weiter fortzufahren: "Euer minderer Diener Li Feng erlaubt sich Vorschlag, die ehrenwerten Reisekameraden mögen das Boot liegen lassen, weil alles fruchtlos!"

"Ja, wieso dann?" frug der Kanzler und zog heftig weiter an dem Seil.

"Vernimmt ehrenwerter Herr Kohl nicht ublen Geruch?"

Der Kanzler schmiß das Seilende weg, richtete sich trotz des engen Rahmens, den uns den Felsen setzte, auf und knurrte gereizt: "Also, langsam bin ich des chinesische Gemurre gründlich satt. Jetzt klar und deutlich und raus mit der Sprache: Was ist los, Herr Feng?"

Die neue Platzverteilung sollte meinen Minister insofern in Bedrängnis bringen, als seine Schulter (und damit auch Omar der Affe) aus der Deckung ragte. Er bückte sich vor und flüsterte vom Außenrand dem Chinesen zu: "Nehmen Sie's ihm nicht übel, Kollege Feng, er hat seinerzeit die Promotionsarbeit über die Pfalz und nichts als die Pfalz abgeliefert! Fahren Sie also getrost mit Ihren an sich interessanten Ausführungen fort!"

Dieser setzte jedoch eine verschlossene Miene auf und war erst nach einer Weile zu einer weiteren Anmerkung zu bewegen: "Li Feng befurchtet schon geraume Zeit, daß Flußpferde nach ihrem Bad ein wenig ruhen möchten."

"Na und?" brummte der Kanzler unversöhnt.

Bevor der Streit erneut aufleben konnte, hatte Hans-Dietrich Genscher den Ausgleich gesucht, indem er dem Kanzler ein ungeduldiges Zeichen gab und sich nun selbst an den chinesischen Herrn wandte. "Wir wollen sie daran keineswegs hindern, Herr Feng."

"Vor Schlaf aber immer prächtige Verdauung."

"Auch daran nicht, Herr Feng, auch daran nicht!"

Li Feng schüttelte traurig den Kopf. "Euer minderer Diener Li Feng äußerst betrubt, daß ehrwurdiger Herr Genscher ihn so wenig zu verstehen geruht: Verdauung hier - hier auf dieser Insel!"

Dann wies er mit dem Flintenlauf nach der stromaufwärts gelegenen Spitze des Inselchens. Wir spähten vorsichtig in die angegebene Richtung und entdeckten einige riesige braune Kugeln, welche in der Tat einen unangenehmen Duft ausströmten.

"Ei, Sie haben recht, Herr Feng! Da! Da! Sie kommen schon!" Norbert Blüm wäre fast hochgesprungen, besann sich aber auf die Männer von Kilonga Longa und drückte sich dichter an den Felsen.

Wahrhaftig - drüben, am anderen Ufer, waren die Nilpferde bereits losgeschwommen. Ein gutes Dutzend kleinerer und größerer Köpfe mit steil aufgerichteten Ohren trieb auf uns zu, allen voran der Bulle, das rosa Maul mit den kräftigen Hauern weit aufgerissen. Und in der Mitte des Stromes entrang sich dem biblischen Untier ein derartiger Höllenlaut, daß der Außenminister seine Fingernägel in den Arm seines Nachbarn grub, worauf jener laut psalmodierte:

" Siehe da den Behemoth!
Er frisset Gras wie ein Ochse.
Siehe, seine Kraft ist in seinen Lenden,
und sein Vermögen in den Sehnen seines Bauchs.
Sein Schwanz strecket sich wie eine Zeder,
die Sehnen seiner Schenkel sind dicht geflochten.
Seine Knochen sind wie eherne Röhren,
seine Gebeine sind wie eiserne Stäbe - - "

Dr.Stoltenberg winkte ärgerlich ab. "Ruhe, Kollege Blüm! Sie sehen doch, daß das Tier nicht zugänglich ist!"

Es sollte sich freilich vom anderen Ufer auch die andere Weltreligion zu Wort melden. Zunächst erscholl ein vielstimmiges Triumphgeheul, und dann rief eine Stimme: "Kulli schê elham' do lillâh 'ala châtiri - alles geht nach Allâhs Wunsch, meine Brüder!"

Oh, unsere Lage war aussichtlos! Aber - hatten wir nicht schon einmal in Erfahrung bringen können, daß die Flußpferde nur das, was schwamm oder lag, als ihren Feind begriffen? Wir sahen Helmut Kohl an. Hans-Dietrich Genscher rang flehentlich die Hände, Dr.Blüm nickte ihm aufmunternd zu und selbst Gerhard Stoltenberg ließ erkennen, daß er es nicht ungern sähe, wenn der Kanzler nun ohne weiteren Verzug aufstände, um sich abermals den Tieren zu zeigen. Der Kanzler jedoch riß Li Feng, ehe dieser sich recht dagegen zur Wehr setzen konnte, die Waffe aus der Hand und legte zum zweiten Male in seinen afrikanischen Tagen die Büchse an.

"Das Gewehr weg, Sir!" brüllte Mr.Monsoon sofort. "Reizt die Burschen durch einen einzigen Schuß und wir sind alle verloren!" Dann stieß er ihn mit dem Ellenbogen in die Seite und fügte ermunternd hinzu: "Come on, wißt doch, was zu tun ist, nicht wahr, Sir? Steht auf, Mr. Kouhl, steht auf!"

"Genau, Helmut", flehte der Vizekanzler, "dich kennen sie!"

Ich glaube, es war Pater Basilius Streithofen, der bekannte Gesellschaftswissenschaftler aus Walberberg, den ich in Bonn einmal die *docibilitas* - also die Tugend der Gelehrigkeit oder besser: Belehrbarkeit - an Helmut Kohl hatte rühmen hören. Ob sich der Kanzler nun auf dieses Wort des Dominikaners besann oder ob er der überraschenden Argumentation des Hallensers folgte - ich weiß es nicht.

Auf jeden Fall gab er Li Feng die Büchse zurück, erhob sich brummend und trat an den Strand, so daß die Flußpferde ihrem Ausflug abermals ein deutliches Ziel gesteckt fanden und erschrocken abdrehten. Wir waren gerettet, aber - um welchen Preis!

"Out of the frying-pan into the fire, Omar!"

Jawohl! Gerhard Stoltenberg hatte recht - waren auch die Nilpferde vertrieben, so mußten wir doch den Kanzler den Flinten der Sklavenjäger schutzlos ausgeliefert sehen, denn er hatte sich aus der Deckung des Felsens begeben.

Ihr Anführer brüllte uns zu: "Ihr ungläubigen Hunde, erhebt euch, legt eure Waffen nieder und greift nach dem Seile, das ich euch hinüberwerfe!"

Was blieb uns also übrig, als dem Befehl zu willfahren! Wir standen auf und schlangen das Seil um unseren Leib und ließen uns Mann um Mann durch das strudelnde Wasser von der Insel bis ans andere Ufer ziehen.

"Schauen Sie, Schüttauf, das treue Tier!"

Der Minister hatte, als die Reihe an ihn gekommen, den Affen in den Sand gesetzt, um ihm, bevor er selbst die gefährliche Reise durch die Wasser des Luhali antrat, die Freiheit zu geben, Omar war jedoch behende auf den Kopf seines Herrn gesprungen und zeigte so an, daß er seine Person von dem Gang in die Sklaverei nicht ausgeschlossen sehen wollte.

Schließlich standen wir alle am Rande der Klippe - naß, unbewaffnet, unserer gesamten Ausrüstung entblößt und mußten niederknien vor Kilonga Longa, dem gefürchteten Sklavenjäger.

Dieser ließ sofort unsere Taschen durchsuchen. Man fand das Gold des Chinesen,das Taschenmesser Dr.Blüms, unsere Taschenkämme, Armbanduhren, Kreditkarten und Kugelschreiber. Kilonga Longa ließ sein Auge mit Wohlgefallen auf dieser merkwürdigen Beute ruhen, nur das Büchlein von Mr.Monsoon beließ er diesem - wohl aus Geringschätzung des echten Wilden vor allem geschriebenen Wort.

Und was den Fetisch betraf, den er in Dr.Stoltenbergs Tasche entdeckte, so warf er ihn mit ebensolcher Verachtung ins Gebüsch, da ihm wohl andere Dinge heilig waren. Der Minister stieß darauf einen entsetzten Laut aus, empfing jedoch einen so derben Fußtritt, daß Omar von seiner Schulter fiel und sich fürs erste nicht mehr sehen ließ. Kilonga Longa griff nach seiner Peitsche, hielt den Knauf unter des Kanzlers Kinn und richtete an ihn genau die Frage, die ich am meisten befürchtet hatte ...

"Wie kommst du Hundesohn an das Kanu von Sangaremi? Hat er deshalb die Stunde versäumt, da er uns die Mädchen bringen wollte? Sprich, oder ich werde deine Zunge mit einhundert Hieben lösen!"

Sangaremi! Dies war der Mann gewesen, der gestern im Bananenfeld als erster getroffen niedergesunken war. Ich erinnerte mich des Namens. Und es war sein belgisches Gewehr, das ich in dem Bananenfeld hatte abfeuern wollen.

Als Kilonga Longa die Peitsche auf den Kanzler niedersausen ließ, nahm Li Feng für den Mißhandelten das Wort. "Wie ein Blatt trieb es dahin auf den Fluten des Luhali! Keine Muhe scheuten wir, um es dem prächtigen Häuptling der Manjema zuruckzubringen!"

Der Araber ließ von der weiteren Auspeitschung des Kanzlers ab und starrte den kleinen Mann mit seinem einen Auge verblüfft an. "Mâschallâh, ein gelber Teufel! Du Auswürfling mit dem langen Zopf, du schlechter Sohn des Schattens, du kommst mir bekannt vor!"

"Euer unwurdiger Diener bewundert das Gedächtnis von ehrenwertem Kilonga Longa, dem es gefällt, Li Feng, den minderen Leibkoch von Bula Matari, zu erkennen!"

"Ein Koch!" jubelte der Sklavenjäger, "Bula Mataris Koch! Tâ nigar'ribo - wir wollen ihn sogleich probieren. Wie groß muß seine Kunst sein, o meine Brüder, wenn er soviel Gold in der Tasche trägt. Schafft ihn ins Lager, daß er uns ein Festmahl bereite!"

Also wurde Li Feng aus unserer Mitte entfernt. Zwei Manjemas faßten den Chinesen unter den Armen und schleiften ihn eilig fort.

Kilonga Longa trat nun vor Gorilla Monsoon und hob sein Kinn mit der Peitsche. "Und dich, dich Sohn eines weißen Schakals, dich kenne ich auch!"

"Glaube kaum", versetzt jener kaltblütig, "daß Mr.Stanley sehr erfreut sein wird, seine besten Männer hier gefangen zu finden!"

"Elhaak mi'âk - da hast du recht, du Sohn einer räudiger Hündin! Nur", er schlug dabei ein gräßliches Lachen an, "nur wird es Bula Matari nie erfahren! Schon viele Jahre ist es her, daß er mit den großen Kanonen in den Himmel schoß, der Allâh doch allein gehört." Dann wandte er sich an uns.

"Und nun zu euch! Wo stehen sie, die stinkenden Hütten eurer nichtswürdigen Väter? Sprecht, sonst lasse ich euch mit Skorpionen züchtigen!"

"In Rüsselsheim, Sidi!" rief Dr.Blüm.

"Nein", verbesserte eilig der Hallenser, "wir sind Deutsche!"

"Almâni! Franken! Mâschallâh, welches Glück! O, meine Brüder, Allâh hat es gefallen, uns fünf weiße Mamelucken, einen gelben Teufel und einen Stanley-Mann zu schenken!" Er wies mit seiner Peitsche erneut auf den Kanzler. "Du da! Erhebe dich, zeige dich, steh endlich auf!"

War Kilonga Longa auch groß und von kräftigem Körperbau, so überragte ihn der Kanzler doch um eine halbe Haupteslänge. Der Sklavenjäger trat unwillkürlich einen Schritt zurück: "Wahrhaftig! Seht ihn an, meine Brüder - der letzte Riese vom verfluchten Stamme der Aad! Hat Allâh nicht alle verdorren lassen, da ihr Hunde nicht den wahren Glauben annehmen wolltet?"

In diesem Augenblick verdüsterte sich der Himmel, eine Wolke war vor die untergehende Sonne getreten. Und dann erklang - - ein Glockenspiel:

Rule Britannia! Britannia rule the waves!
Britons never shall be slaved!

Ich traute meinen Ohren nicht. Der Kanzler gab einen Laut der Verwunderung von sich, und auch die anderen Herren äußerten ihr Erstaunen. Aber es gab keinen Zweifel - es war die Melodie des schönen britischen Liedes, was aber noch verstörender war - sie schien mitten aus dem einäugigen Sklavenjäger zu kommen!

Kilonga Longa jedoch holte eine goldene Taschenuhr aus den verborgenen Falten seines Gewandes, ließ, nachdem der letzte Ton verklungen, den Deckel aufspringen und rief: "Es naht die Stunde des Gebets! Bringt die Ungläubigen fort aus meinen Augen und legt ihnen Fuß- und Handfesseln an! Wir werden morgen, o meine Brüder, das Messer an sie legen und sehen, was diese fränkischen Hunde dann Ben Theo Hassan wert sind!"

Auf schmalem Pfad trieb man uns durch das Gebüsch. Die schrecklichen Peitschen knallten, wir empfingen derbe Püffe und Hiebe, so daß wir uns eilten, die Lichtung zu erreichen, in der unsere Peiniger ihre Zelte aufgeschlagen hatten. Es war ein größeres Lager, zahlreiche Krieger liefen uns entgegen, schwangen wild die Waffen, erkundigten sich bei ihren Spießgesellen, wo und wie man die Ungläubigen eingefangen, und dankten, nachdem sie dieses erfahren, Allâh, daß er husân elbahr, das Nilpferd, geschickt hatte, um Kilonga Longa, dem großen Häuptling der Manjemas, solch schöne Beute zuzutreiben. Man zupfte an unseren Haaren, zwickte in unsere Arme und Beine, rieb prüfend an unserer weißen Haut und schrie und brüllte dabei ohne Unterlaß.

In diesem heillosen Durcheinander gelang es übrigens Omar, wieder den Anschluß an unsere Truppe zu finden. Er war uns wohl in den Zweigen gefolgt, denn von dort oben sprang er mit einem Satz auf die Schulter des Ministers, und ich entdeckte zu meiner großen Freude, daß das, was er in der schmalen Hand hielt, rot und holzgeschnitzt war. Der Fetisch! Omar der Affe hatte ihn also wieder aus dem Gebüsch mitgebracht! Augenblicklich war der wertvolle Fund in der Tasche des Ministers verschwunden.

In der Mitte des Lagers loderte ein gewaltiger Brand, und an eben dieses Feuer wurden wir nun gebracht. Ein rußiger Kerl fachte mit einem Blasebalg die Flamme tüchtig an, und dann ward der Hammer auf den Amboß geschlagen - -

"Großer Gott, Blüm", ächzte der Außenminister, "sehen Sie doch, man will uns offenbar Ketten anlegen!" Dieser nickte schmerzlich und wandte sich nach dem Manne um, der im November 1989 die Ketten einem ganzen Volk genommen hatte. Helmut Kohl indes wirkte blaß und angegriffen. Und auch Gorilla Monsoon, der amerikanische Scout, machte ein so bedenkliches Gesicht, als die Funken stoben und die Eisen glühten, daß auch in mir jede Hoffnung auf Rettung erstarb. Umso erstaunlicher die Kühnheit von Gerhard Stoltenberg, welcher, den Gang nach dem Eisenhammer als erster antretend, weithin vernehmbar ausrief:

"Frii es de Feskfang,
Frii es de Jaght,
Frii es de Strönthgang,
Frii es de See, de wilde See,
En de Hörnemmer Rhee!"

Einer der Manjemas drohte ihm darauf mit der Peitsche. "Uskut, uskut - Schweig, du Vater aller Affen!"

Und obwohl der gebürtige Kieler furchtlos dagegenhielt "Lewwer duad üs Slaav, Omar!", so mußte er dennoch den Kopf beugen und erhielt Kragen wie Krawatte abgerissen.

Der Kanzler in Banden! Das Kabinett gefangen und in Ketten!

Ja, man hatte auch uns die Halseisen angepaßt, unsere Füße und Hände in stählerne Ringe gelegt und alles mit zuverlässigen Schlössern versehen! Dann schwang man die Peitsche und trieb uns an den Rand der Lichtung unter einen großen Baum. Kilonga Longas Männer wanden eine lange schwere Kette um den Baum und zogen diese durch unsere Fußfesseln, wobei sie eigentümlicherweise die Anciennität bewahrten und also den Kanzler als ersten und den Ministerialrat nach Dr.Blüm, aber vor dem Amerikaner festmachten. Omar der Affe nahm insofern eine Sonderrolle ein, als seine Fußfessel mit dem Halseisen des Minister verbunden worden war, so daß das Wort von der Unzertrennlichkeit für die beiden einen neuen, wenn auch bitteren Beigeschmack erhielt.

Nachdem dies alles geschehen, zwackte und prügelte man uns ein bißchen und überließ uns dann für die Nacht unserem Schicksal. Posten aufzustellen, welche über ihre Gefangenen wachten, hielten die Manjemas für unnötig, waren doch die Ketten und Schlösser so beschaffen, daß sich schon der Gedanke an eine Flucht verbot.

Helmut Kohl, dessen mächtige Erscheinung zweimal genügt hatte, um ein Flußpferd in die Flucht zu schlagen, war ganz in sich zusammengesunken, Hans-Dietrich Genscher und Norbert Blüm lagen wie betäubt am Boden, und selbst Gorilla Monsoon, der unerschütterliche Clippermaat, sah so starr vor sich hin, daß niemand wagte, ihn anzusprechen. Nur Dr.Stoltenberg trug sich gerade, und ich denke, wir alle waren voller Bewunderung für den Mann, der es sich nicht hatte nehmen lassen, unsern morgenländischen Peinigern abermals mit jenem alten Friesenspruch zu antworten, da man auch Omar dem Affen das eiserne Band anlegte.

In der Mitte der Lichtung entzündete man immer neue Brände. Ihr heller Schein drang bis zu unserem elenden Lager vor. An einem dieser Feuer stand Li Feng, der chinesische Herr, und hantierte mit unbewegter Miene zwischen allerlei Töpfen und Tiegeln, in welche er teils Wasser goß, daß der Dampf aufzischte, teils aber auch größere Mengen einer hellen Substanz tat, die er einem Sack entnahm.

"Vielleicht kann uns Li Feng aus der Bredouille helfen!" Der Außenminister richtete sich mühsam auf.

"Genau." So schwach die Hoffnung auch sein mochte, der Kanzler wollte den Strohhalm nicht aus der Hand geben. "Es heißt doch irgendwo: Der gute Koch hat immer einen Wunsch frei!"

Mr.Monsoon seufzte. Und dann sagte er etwas, das - -

Nun, nicht, daß uns zuhause, in Bonn, im Verteidigungsministerium, Stunden voller Ungewißheit und äußerster Anspannung gänzlich vorenthalten geblieben wären: Nachdem - um nur ein Beispiel zu nennen - die Dinge im Osten seinerzeit in Wallung gekommen waren, hatte sich im Verlauf des Jahres 1989 so mancher Stab vor der Entscheidung gefunden, entweder an den alten, bewährten Aufmarschplänen festzuhalten und in aller Gelassenheit den weiteren Gang der unberechenbaren Frau Historia aus den Abendnachrichten zu entnehmen, oder aber nach Dienstschluß eilig neue Ausarbeitungen anzufertigen, die dann womöglich, durch einen neuerlichen Schlenker, nicht einmal mehr das Papier wert waren, auf dem sie standen.

Hüneburch, der integre Referatleiter aus den Tagen von Hans Apel, neigte zur ersten Anschauung, während Professor Nelles, der dynamische Seiteneinsteiger aus der Ära Wörner, sich mit dem zweiten Verfahren bei der anstehenden Neubesetzung des Staatssekretärpostens bessere Chancen ausrechnete. Und wohl erinnere ich mich jener vibrierenden Stunde, da der eigene Name genannt wurde, als es auf der Hardthöhe darum ging, den neuen Ministerialdirigenten für VIc zu bestimmen, und jenes Schmerzes, da ich aus dem Munde des verläßlichen Oberregierungsrates Selbach zum ersten Male das Gerücht vernahm, daß mit Josef C. Berbalk ein - *disons le mot* - ein Freidemokrat die Zimmer im 5. Stock beziehen sollte.

Dies alles mußte jedoch weit hinter der Überraschung zurückbleiben, welche uns Mr.Monsoon jetzt bereiten sollte...

"Guter Koch?" sagte nämlich dieser, "oh, vergeßt es, Mr.Kouhl! Li Feng ist so wenig ein Koch, wie ich jemals Stanleys Mann gewesen bin."

Was den chinesischen Teil dieser Eröffnung anging, so fanden sich nur Vermutungen bestätigt, die bereits nach jenem ersten Suppentopf des öfteren lautgeworden waren - was aber den amerikanischen Teil betraf, so fuhren unsere Köpfe derart herum, daß die

Halseisen klangen und man hinten am Feuer hochfuhr, um sich zu vergewissern, ob die Ungläubigen nicht etwa den Aufstand versuchten.

Wir mußten uns also eine Weile ruhig halten und hatten somit Muße, über diese Worte nachzudenken. Natürlich war mir längst alles eingefallen, was sich bislang an Verdacht angesammelt hatte - die nächtliche Hand in unseren Taschen, die fadenscheinigen Gründe, warum sie Henry Morton Stanley am Albert-See verlassen hatten, die ständigen Anspielungen auf unsere deutsche Abkunft, die Sache mit den afrikanischen Brüsten, der Tausch der Mark Brandenburg - am meisten aber beunruhigte mich, daß das Geständnis des Amerikaners dafür sprach, daß er unsere augenblickliche Situation wohl als eine auf Leben und Tod ansah!

"Allright, Gentlemen, allright - denke, es geht uns an den Kragen. Die scheußliche Lage macht es notwendig - sollt jetzt die ganze Wahrheit erfahren." Er schwieg für den Moment. Und dann setzte er hinzu: "Schätze, wir sind aus demselben Grund hier unten am Kongo wie Ihr, Mr.Kouhl!"

Begierig, diesen Grund endlich - endlich! - zu erfahren, hielt ich gebannt den Atem an und war nicht wenig ärgerlich, als Dr.Blüm sich zu einer Frage entschloß, die meinem Wunsche vorerst ein Ziel steckte: "Ei, hatten Sie dann auch einen Fetisch in Amerika?"

"Sowie einen starken Bedarf an blühenden Landschaften?" flüsterte mein Minister ungläubig. Der Außenminister wandte sich indes an seinen Nachbarn: "Eine außergewöhnliche Parallele, Helmut!"

Der Kanzler winkte, soweit es seine Fesseln erlaubten, müde ab. "Mich persönlich wundert gar nichts mehr, Hans-Dietrich!"

Mr.Monsoon schüttelte unwillig den Kopf. "Oh, come on, treibt die Dinge nicht zu weit und verschont mich wenigstens in einer Nacht wie dieser mit Eurer albernen Geschichte, Gentlemen!"

Weil ich besorgte, Mr.Monsoon könne, erst einmal in Verstimmung geraten, die starke Brust der Frauen von Wamanga erneut zum Thema machen, setzte ich rasch eine verständige Miene auf und fragte, mich dabei so allgemein wie möglich haltend, welche Interessen er hier am Kongo vertrete - und sollte damit genau den richtigen Ton treffen.

"Cleveland", erwiderte jener und sah mich dankbar an, "hat mich damals nach Afrika geschickt."

"Cleveland?"

"Mr.Stephen Grover Cleveland", ergänzte Mr.Monsoon, "aber ja, Mr. Schüttauf, the former President of the United States of America!"

"Der ... der Präsident?"

"Gottlob! Die Amerikaner!" Dr.Blüm sah sich in freudiger Erregung um, was den Tadel meines Ministers auf sich zog: "Schnickschnack, Blüm! Noch ist keiner zu sehen!"

Wie uns Gorilla Monsoon nun in knappen Worten auseinandersetzte, sei er von Mr.Cleveland im Jahre 1886 beauftragt worden, in geheimer Mission nach Sansibar zu reisen, um Stanley ein wenig auf die Finger zu sehen. Warum? Nun, man sei in Amerika ein wenig nervös geworden, weil das alte Europa den afrikanischen Kontinent offenbar ganz unter sich aufteilen wollte. Gut, die offizielle Politik sei zwar eine andere ...

"Wegen der Monroe-Doktrin!" unterbrach Hans-Dietrich Genscher.

"Yes, Sir!" Gorilla Monsoon nickte. "Sehe, Ihr wißt, worum es geht."

Man sei in Amerika also der Ansicht gewesen, daß Stanleys Expedition zum Entsatze des Emin Pascha, jenes geheimnisvollen Gouverneurs der Äquatorialprovinz, wohl keinen anderen Sinn haben konnte, als ausschließlich neue englische Ansprüche in Afrika zu befestigen. Und ihn, Gorilla Monsoon, den früheren Maat der Marine, habe man für diese *mission* ausgesucht, weil er doch damals Stanley im Bürgerkrieg begegnet sei. Nun, einen Teil dieser Geschichte hatten der Kanzler und ich ja schon unter dem Stelzenbaum zu hören bekommen. Freilich, wie sich nun zeigte, in einer recht unvollständigen Fassung!

"Was soll ich euch sagen, Gentlemen - Mr.Stanley erkennt mich sofort wieder und nimmt Li Feng und mich tatsächlich mit auf seine Reise. Verlassen also im Februar 1887 Sansibar, umfahren das Kap der guten Hoffnung, segeln bis an die Kongomündung, steigen in drei Flußdampfer um und sind Mitte Juni schon in Jambuja. Marschieren dann 160 Tage durch den verdammten Wald und treffen oben am Ituri-Fluß Mr.Kilonga Longa, dem Stanley seine goldene Uhr schenkte - natürlich erst, nachdem er sich uns ergeben hatte."

Stanleys Taschenuhr! Es war das Glockenspiel von Stanleys Uhr, das den Sklavenjäger vorhin an die Pflichten des Gebets erinnert hatte ...

"Ende Dezember erreichen wir den Albert-See, bloß Mr.Emin Pascha ist nirgendwo zu sehen. Gehen also wieder zurück in den Wald, um den Rest unserer Leute zu holen. Mußten dort nämlich die Kranken und Schwachen zurücklassen. Könnt mir gerne glauben, nicht nur ich habe Mr.Stanleys Energie hundertmal verflucht. Brechen also wieder auf und treffen in den letzten Apriltagen des Jahres 1888 endlich oben am Albert-Njassa Euren Landsmann, den Mr.Emin, der behaglich mit seinem Dampfboot aus Wadelai dahergefahren kommt."

Gorilla Monsoon unterbrach sich und blickte nach dem Feuer. Dort warf Li Feng gerade etwas in den Kessel, was zwar nach einer Knolle aussah, aber wie ein Kieselstein polternd aufschlug. Dann nahm der Sohn des Himmels einen Ast vom Boden auf und rührte damit, ohne ihn vorher gesäubert zu haben, kräftig in dem dampfenden Sud herum. Der Amerikaner seufzte abermals und setzte dann seinen Bericht fort.

"Werdet Euch denken, Gentlemen, daß ich jedesmal die Ohren spitze, wenn Mr.Stanley und Mr.Pascha zusammensitzen. Tun dies aber meistens auf dem Dampfboot! Nehme mir also einen Einbaum und rudere hinaus. Bevor ich aber irgendetwas erfahren kann, werde ich entdeckt. Man durchsucht mich, findet einige Notizen und legt mich als Spion in Fesseln. Kann mich aber befreien und fliehe mit Li Feng über die Berge zurück nach Sansibar. Well, nun seid Ihr mit Eurer Geschichte dran!"

Uns schwirrte der Kopf. Mr.Monsoon war also ein amerikanischer Agent - nun gut, aber Li Feng? Was aber war mit Li Feng? Nicht nur dem Kanzler kam dies verdächtig vor ...

"Ja, Moment mal, Entschuldigung, soweit sind wir noch nicht, der Li Feng - hat dann auch der Chinese Interessen hier am Kongo?"

"Ein alter Freund von mir. Müßt wissen, bin tatsächlich nach dem verdammten Krieg viele Jahre lang Seemann gewesen. Kenne Li Feng und seine Leute seit meiner Zeit in Foo Chow. Ist mir im Jahre 1880 nach Frisco gefolgt. Li Feng gehört die größte Wäscherei in der Stadt. Hätte aber gerne auch seine Söhne dort. Haben leider in den Staaten seit 1882 das Chinese Exclusion Law - lassen keinen Chinesen mehr ins Land. Dachte mir, es wäre eine gute Sache, bei dieser *mission* einen Sohn des Himmels dabei zu haben. Mr.Stanley hatte Li Feng als Buchhalter eingestellt."

Da wir alle verblüfft schwiegen, setzte er eindringlich hinzu: "Versteht doch, Gentlemen

- wenn unsere *mission* ein Erfolg gewesen wäre, wenn wir tatsächliche Beweise hätten bringen können, wonach unsere britischen Vettern ihre Hände im Osten Afrikas ausstrecken, dann hätten wir den Kongreß daran erinnern können, daß es ein amerikanischer Chinese war, der diese Informationen am Kongo eingesammelt hat. Hatten ja zu diesem Zweck eigens die Markierung an einigen dieser Kisten ausgetauscht. Stanley dachte, sie enthielten seine Wäsche. Well, traf für einen guten Teil auch zu, tragt die Sachen ja selber am Leib. In den anderen Kisten aber waren Karten, Pläne, geheime Unterlagen. Schätze, daß nicht weit von hier, hinter den Wasserfällen, weitere dieser Kisten liegen."

Was konnten wir anderes tun, als zu diesen erstaunlichen Eröffnungen zu nicken und abermals zu nicken, bis alle unsere Ketten klirrten, und jemand vom Feuer einen Stein nach uns warf! Es war also angeraten, sich abermals eine Weile ruhig zu verhalten. Dann flüsterte mein Minister: "Mit Verlaub, Herr Monsuhn, aber Ihre hochinteressante Geschichte endet mit dem Jahre 1888 in Sansibar."

"Allright, Gentlemen - sollt sogleich hören, wie es weiter geht. Telegraphierten also von Sansibar eine Nachricht nach Washington und erhalten - - "

"- - Telegraphieren? Von dem Sansibar aus?" Hoffnung schwang in des Kanzlers Stimme.

"Aber ja, Mr.Kouhl, das Kabel nach Aden lag ja schon damals." Mr.Monsoon nahm die Unterbrechung verwundert auf. "Wüßte freilich nicht, was uns das jetzt hilfe, Sir!"

Der Kanzler seufzte und schwieg, so daß Gorilla Monsoon weiter fortfahren konnte mit seinem erstaunlichen Bericht.

"Erhalten einige Wochen später die Nachricht, daß uns Mr.Harrison sprechen will."

"- - Harrison?"

"Mr.Benjamin Harrison, der neue Präsident. Nachfolger vom alten Mr.Cleveland", knurrte Gorilla Monsoon ungeduldig. "Wundere mich wirklich, daß Ihr so wenig im alten Europa über die Staaten wißt, Sir!"

Mein Minister bedeutete dem Kanzler durch einen strengen Blick, daß ihm an einer ungestörten Fortsetzung des Berichtes äußerst gelegen sei, was Mr.Monsoon dankbar aufnahm.

"Gehen also an Bord und stehen im Frühjahr 1889 in Washington vor dem Weißen Haus. Was aber tut Mr.Harrison? Er gibt uns kurz die Hand und schickt uns gleich wieder zurück nach Afrika. Sollen dort im Auftrag von Mr.Carnegie - oh, Ihr werdet mich jetzt nicht fragen, wer Mr.Andrew Carnegie ist, nicht wahr?"

"Carnegie? Der berühmte amerikanische Stahlmagnat und Multimillionär!" versetzte Gerhard Stoltenberg rasch, bevor auch nur einer von uns die entsprechende Frage stellen konnte. Gorilla Monsoon brummte zustimmend.

"Mr.Carnegie hat bekanntlich den Wahlkampf von Präsident Cleveland bezahlt. Will dafür natürlich einige Informationen. Hat nämlich vor, den Engländern die Schienen für die geplante Uganda-Eisenbahn zu liefern. Mußten also wieder los, auch wenn uns die ganze Sache inzwischen zum Hals heraus hing. Sollten uns ganz allgemein umsehen und auch nach den verdammten Kisten graben. Als wir aber im Sommer 90 wieder in Sansibar sind, hören wir, daß inzwischen ganz Afrika voll von euch Europäern ist - Belgier, Franzosen, Engländer, Deutsche!"

Nun, wir selbst waren ja der lebende Beweis dafür.

"Well, Gentlemen", flüsterte Gorilla Monsoon, "denke, wir können jetzt mit offenen Karten spielen. Gesteht es bloß ein, Ihr Deutsche habt mit dem Osten nicht genug, Ihr seid Leute von Wissmann!"

Wissmann! Da war er wieder, der geheimnisvolle Wissmann. Hans-Dietrich Genscher, der wie Dr.Kohl und Dr.Blüm bislang nichts von ihm gehört hatte, konnte sich leider nicht enthalten, den Namen leise zu wiederholen...

Der Amerikaner knurrte verstimmt: "Aber ja, Wissmann! Bin ihm selbst im letzten November begegnet. Droben in den Bergen. Schätze, Euer Mr.Wissmann sucht längst nach Euch! Sollt ihm vermutlich eine Nachricht von Mr.Bismarck bringen - was, Gentlemen?"

Es waren zwei Umstände, die uns davor bewahrten, das Vertrauen unseres amerikanischen Freundes dadurch zu entgelten, daß wir ihm erneut die zwar völlige törichte, aber dennoch leider nur allzu wahre Geschichte unserer Reise durch Zeit und Raum auftischten.

Erstens ergriff ich das Wort und rief also entgegen alle Gewohnheit so laut und deutlich, wie es unsere Lage zuließ, aus "Nicht von Fürst Bismarck, sondern vom Kaiser selbst!", was von Mr.Monsoon mit großer Befriedigung aufgenommen wurde.

Zweitens zeigte ein großer Lärm am Feuer an, daß in dieser Nacht der Enthüllungen auch Kilonga Longa etwas zuteil geworden war.

"Gib moije bâride lischschurb' - Wasser, bringt Wasser, meine Brüder, die Kehle brennt wie Feuer! Du bist niemals ein Koch! Legt den gelben Hund in Ketten! Tfû 'alek - beim Scheitan, welch Geschmack! In das Eisen mit dir, du Vater des üblen Topfes!"

Der Hammer ward also erneut auf den Amboß geschlagen und unsere Gruppe um Li Feng vermehrt. Er wurde gleich neben Dr. Blüm angehängt, und ich konnte bemerken, wie jener mit einer gewissen Scheu auf den Mann sah, der es unternommen hatte, zweimal in den Kongo zu reisen, um die Sache seiner chinesischen Brüder in den Vereinigten Staaten von Amerika zu fördern, ja - er streckte Li Feng sogar die Hand hin und drückte diese kräftig.

Nachdem ihn Gorilla Monsoon sowohl über die Aufklärung, die er uns gegeben, als auch über das, was er glaubte, von uns erfahren zu haben, in Kenntnis gesetzt hatte, warteten wir begierig darauf, was Li Feng drüben am Feuer vernommen hatte. Vor allem interessierte uns die Frage nach dem verheißenen Messer. Darüber hatte der Chinese leider nichts in Erfahrung bringen können, so daß Mr. Monsoon nach dem Manne mit dem merkwürdigen Namen fragte: "Hast du wenigstens gehört, wer dieser Ben Theo Hassan ist?"

"Ehrenwerter Kilonga Longa wird Ben Theo Hassan morgen erwarten. Muß ein prächtiger Fremdling sein, der große Gärten hat!"

"Sorry - Gärten?"

"Gärten, Gorilla, die nur im Winter bluhen und grunen."

"Im Winter? Am Kongo? Nonsense! Und mehr hast du nicht erfahren, Li Feng?"

"Doch!" Der Chinese schwieg für einen Augenblick. "Ehrenwerter Kilonga Longa Huter von uberaus empfindlicher Zunge."

Was uns in jener Nacht vor allem in den Köpfen herumspukte, waren weder die Sklavenketten noch die Enthüllungen über das Agententum und die afrikanische Eisenbahn des Mr.Carnegie, es waren weder die winterlichen Gärten des Ben Theo Hassan noch die Namen von Wissmann oder Bismarck - nein, es waren die Messer, welche Kilonga Longa, der einäugige Manjema, morgen für uns schleifen lassen wollte!

Ja, beabsichtigte man denn tatsächlich, Hand an uns zu legen, um uns für den Sklavendienst in einem Harem zu präparieren? Angesichts unseres Alters schien mir der Gedanke zu bizarr - allein, wenn die Sultanslaunen seit den Geschichten aus Tausendundeiner Nacht die nämlichen geblieben waren, dann würde man, wie Norbert Blüm sich nicht enthalten konnte anzumerken, auch in unserem Falle "auf Nummer sicher" gehen - eine recht überflüssige Bemerkung, die meinen Schlaf insgesamt nachteilig influierte.

Der nächste Tag, es war übrigens der 20. Januar 91 - auch heute noch zögere ich, während ich dies niederschreibe, die Ziffer, die das Jahrhundert angibt, voranzustellen - der nächste Tag also sollte nicht nur diese Frage einer überraschenden Lösung zuführen.

Man gab uns als Morgengruß zunächst einen Fußtritt und schob uns dann etwas zu essen hin. Nur kurz war der Blick, den Li Feng in die schmierige Schüssel warf, um sie sogleich weiterzugeben. Seiner Miene nach mußte es wohl das Gericht gewesen sein, welches er gestern abend selbst zubereitet hatte, und keiner von uns konnte, nachdem er davon genossen, umhin, Verständnis für die große Wut des Arabers zu zeigen.

Gleich neben unserem Lagerplatz wurde nun eine Menge angespitzer Pfähle und langer Stöcke abgeladen, so daß ich für einen entsetzlichen Augenblick besorgte, wir sollten aufgespießt werden. Die Hölzer wurden indes dicht nebeneinander in den Boden gerammt, und bald war ein hohes Geviert entstanden, das wie ein Pferch aussah, aber statt für Tiere offensichtlich für Menschen bestimmt war.

Mit einiger Bangnis fiel mir wieder jener Sangaremi ein, in dessen Kanu wir gekommen waren und auf den Kilonga Longa immer noch sehnsüchtig wartete, obwohl seinem Sklavenräubertum durch Gorillas Kugel längst ein Riegel vorgeschoben war. Und nun der Zaun! Oh, gewiß war er für die Mädchen von Balulu bestimmt...

Nachdem man den Bau beendet hatte, mußten wir feststellen, daß uns dieser den Blick in die Lichtung und das Lager leider völlig verstellte.

Man wird sich deshalb vorstellen können, wie wir erschraken, als plötzlich unsere Peiniger vor uns standen, uns die Halseisen abnahmen und uns unter allerlei Flüchen und Drohungen an das große Feuer stießen, wo ein Mohr mit scharfem Messer und heißem Wasser wartete - - und sich als der Barbier erwies.

Es hätte nicht viel gefehlt, und wir wären in schallendes Gelächter ausgebrochen. "Statt Matthäi am letzten", versetzte Dr.Stoltenberg, indem er sich an den Gefährten wandte, "nun also eine Rasur, Omar!"

Trugen wir auch "Stanleys Strumpfe", so fehlten uns doch die notwendigen Gegenstände zur täglichen Toilette und, wenn ich billigerweise das, was ich bei den anderen Herren sehen konnte, auch bei mir in Anschlag brachte, so mußten wir alle verwildert genug ausgesehen haben.

Zuerst kürzte man uns das Haar. Dabei sollte es zu einem merkwürdigen Zwischenfall kommen! Der Mohr hatte gerade das Messer an den Kanzler gelegt und Locke um Lokke fiel, als Dr.Stoltenberg, ich weiß nicht wie, ins Straucheln geriet, der Länge nach hinschlug und den Barbier damit derart in Überraschung setzte, daß dieser Helmut Kohl ins Ohr schnitt. Als ich mich bückte, um dem Minister aufzuhelfen, fand ich mich mit einem derart heftigen Wort ("Verschwinden Sie, Schüttauf, rasch, hauen Sie ab!") zurückgewiesen, daß ich mich betroffen von dem am Boden Liegenden abwandte und stattdessen nach dem blutenden Ohr des Kanzlers sah.

Dann seifte man uns der Reihe nach ein und schabte mit dem Messer hier und da herum, aber als wir uns vom Schaum befreiten, stellten wir zu unserer großen Verblüffung fest, daß man uns keineswegs glatt rasiert hatte!

Dem Kanzler ward der Grundstock für einen Schnauzbart, dem Außenminister für einen Knebelbart gelegt. Gerhard Stoltenberg hatte man für den Vollbart vorgesehen und, wenn mich meine tastenden Hände nicht trogen, auch seinen Ministerialrat, so daß unser Haus in einheitlicher Façon auftreten konnte, zielte doch auch Omars Bewuchs eher in diese Richtung. Norbert Blüm hatte der Geschmack des Mohren mit einem Kinnbart nach Art eines protestantischen Pastoren ausgestattet, was sich an einer katholischen Existenz wie der seinen doch fremd und eigentümlich ausnahm. Auch der Bart des amerikanischen Geheimagenten wurde da und dort beschnitten, und nur Li Feng, bartlos wie die meisten Chinesen, blieb von allen Eingriffen verschont und brauchte auch des Zopfes nicht zu entraten.

Nachdem er so mit uns verfahren, drehte der Mohr den Kessel herum, schlug mit dem Knauf seines Messers darauf und gab damit das Signal, daß er seine Arbeit in Augenschein genommen zu sehen wünsche. Sogleich strömten von allen Seiten die Manjemas herbei und sparten nicht mit Ausrufen des Entzückens und der Bewunderung, was den Mohren ungemein erfreute. Endlich erschien auch Kilonga Longa vor seinem Zelt und verlieh, nachdem er uns einer Musterung unterzogen hatte, seiner Zufriedenheit dadurch Ausdruck, daß er in die Hände klatschte und dem Barbier zurief:

"Allâh jin'im 'alêk - Gott lasse es dir wohlergehen, denn deine Kunst, Ismaili, versteht es wohl, aus einem Schakal einen Hund werden zu lassen. Doch Hunde sind es immer noch, die Sangaremis Kanu gestohlen haben. Werft die ungläubigen Hunde also ins Wasser, o meine Brüder, damit das Gewand der Anmut über ihre Glieder gegossen werde, und vergeßt mir vor allen Dingen nicht, den Vater des üblen Topfes tüchtig einzutauchen. Allâh allein weiß, wozu ihn Ben Theo Hassan in Gebrauch nehmen wird!"

Er war bei diesen Worten an Li Feng herangetreten, spie vor ihm aus, gab ihm einen tüchtigen Tritt und schrie: "Wahrlich, wahrlich, ich sage euch: Lang wird dem Liebenden die Nacht, wenn er fern von der Geliebten ruht! Länger aber wird sie dem, o meine Brüder, der einmal von der Speise dieses gelben Teufels gekostet!"

Der Sklavenjäger hob sodann die Hand, und drei, vier kräftige Burschen stürmten auf uns zu, knallten mit ihren Peitschen und trieben uns auf schmalem Pfade flußabwärts. Wir gelangten nach wenigen Minuten an ein steiles Ufer. Von unten brauste und dampfte das Wasser. Dies waren gewiß die Stromschnellen, welche die Flußfahrt aufgehalten und uns zur Landung auf der unseligen Insel gezwungen hatten.

Als wir an die Stelle kamen, wo uns Kilonga Longa gefangen genommen hatte, hörten wir, wie sich einige seiner Leute in dem dichten Buschwerk zu schaffen machten. Der Kanzler blieb kurz stehen und bog einen Zweig beiseite.

"Da - unsere ganzen Sachen!"

Tatsächlich - Kilonga Longas Leute mußten unser Boot wohl ans Ufer gezogen haben. Man trug nämlich unsere Vorräte davon, und eben trat einer der Männer aus dem Gebüsch und hielt triumphierend Sangaremis Gewehr empor. Hinter dem Manne war nun auch das Kanu zu erkennen.

"Die Stelle ist gemerkt, Leute!" zischte Dr.Kohl und setzte sich wieder in Trab. Dies war auch höchste Zeit, denn unsere Wärter wollten keinen weiteren Aufschub dulden. Sie schwangen ihre Peitschen über unseren Köpfen, riefen uns derbe Schimpfworte zu und stießen und schlugen uns.

Wir nahmen also ebenfalls die Beine in die Hand, bis wir schließlich einen steilen Abhang hinunterstolperten und uns in einer kleinen Bucht unterhalb des Kataraktes wiederfanden.

Sofort hielt man uns mit rohen Gesten an, die Kleidung sämtlich abzulegen und eine gründliche Waschung unserer Person vorzunehmen. Das friedliche Rauschen des Stromes, der an dieser Stelle gewiß fünf Meter über die roten Felsen abfiel, das flache, übersichtliche Ufer, das es unseren Bewachern ermöglichte, die Aufsicht von einem Felsen nachlässiger als im Dickicht des Waldes zu handhaben, ja, vielleicht auch der *genius loci* dieses herrlichen Fleckens - dies alles wirkte wohl zusammen, und so befanden wir uns der Lage, endlich ungestört einige Worte miteinander zu wechseln, denn waren uns auch Rasur und Wäsche gelegen, so mochten wir doch den Grund für dieses Procedere nicht recht begreifen.

Wir hatten uns in einem Halbkreis aufgestellt, hielten uns aber der Schicklichkeit wegen mit dem Rücken zueinander. Die Sonne stand hinter uns am Himmel, und unter anderen Umständen wäre es mir spaßhaft genug vorgekommen, welche unterschiedlichen Schatten wir in den hellen Ufersand warfen, in Sonderheit Omar den Platz auf des Ministers Schulter nicht aufgegeben hatte und so den Eindruck bewirkte, als verfüge Gerhard Stoltenbergs Schattenriß über zwei Köpfe - einen ruhigen, besonnenen und einen äußerst beweglichen.

"Was um alles in der Welt soll das bloß bedeuten, Herr Monsoon", seufzte der Außenminister, "erst das Messer und dann das Wasser."

"Well, schätze, sie werden der Ware, bevor sie auf dem Sklavenmarkt angeboten wird, erst einmal die nötige Politur geben wollen, Mr.Gensch!"

"Ja, wenn ich des richtig versteh, Herr Gorilla, dann wär's vielleicht besser, wir waschen uns jetzt nicht und machen uns lieber e bissi schmutzig!"

Dr.Blüms Schatten war plötzlich auf Koffermaß geschrumpft, und dann vernahmen wir ein so befremdliches Geräusch, daß keiner sich enthalten konnte, über die Schulter zu spähen, um nach der Ursache zu forschen. Wir fanden den Rüsselsheimer im Wasser sitzend, wobei er sich mit den Händen in den feuchten Grund eingrub und Schlick und Schlamm auf Haupt und Schultern häufte.

Vom Felsen her erscholl darauf ein scharfer Verweis, und die Nilpferdpeitsche hatte noch nicht zum dritten Male geknallt, als der Minister auch schon die Pfützen mit tieferen Wässern getauscht und in den Fluten des Luhali den Außenposten eingenommen hatte.

Wir nahmen dies als Zeichen, gleichermaßen zu verfahren und zogen alsbald schwimmend unsere Kreise. So sehr ich mich auch ohne meine Kleidung unwohl fühlte vor den Herren, die in unserem Staate die höchsten Ämter einnahmen - ich konnte nicht umhin, bezüglich meiner Person gewisse Anzeichen eines Wohlwollens festzustellen.

Daß ich gestern abend das Wort genommen und uns als im Auftrage des Kaisers reisend ausgegeben hatte - nun, man schien es mir nicht nachteilig anzurechnen. Mein Minister

Beabsichtigte man denn tatsächlich, Hand an uns zu legen, um uns für den Sklavendienst in einem Harem zu präparieren?

hatte die plötzliche Übellaune völlig überwunden und zeigte sich wieder glänzend disponiert, ja, er hatte mir auf dem Wege hierhin mehrfach zufrieden zugenickt, und nun war es der Kanzler selbst, welcher durch eine Kopfbewegung seinen Wunsch andeutete, mich ungestört sprechen zu können, so daß ich mich so lange in seine Richtung treiben ließ, bis wir uns von den anderen ein gutes Stück entfernt hatten.

"Schauen Sie, Schüttauf", sagte er mit der Kurzatmigkeit, die jedem längeren Gespräch unter Schwimmern eignet, "an meiner Wiege, nein, da stand es nicht geschrieben, daß ich der Bundeskanzler von der Bundesrepublik werden sollte! Nichts von der Wiedervereinigung und auch nichts von der Reise in den Belgisch Kongo! Aber des mit dem Wissmann und dem Kaiser, des ist eine Zukunftsperspektive! Großartige Arbeit!"

Ich schwieg beschämt und der Kanzler tauchte unter. Nach einer Weile erschien sein Kopf wieder über der Wasserfläche. Als er wieder zu Luft gekommen war, versetzte er: "Zwei Dinge noch, Schüttauf. Ganz im Vertrauen, wußten Sie, daß der Stoltenberg - und übrigens die ganze Zeit über - meinen Fetisch eingesteckt hatte? Und außerdem: Wer ist dann eigentlich dieser Wissmann?"

Der erste Punkt setzte mich in große Verlegenheit, da alles, was den Fetisch betraf, bekanntlich von meinem Minister zur Chefsache gemacht worden war. Es war dem Kanzler wie den anderen Herren doch in dem Trubel entgangen, daß Omar die Figur zurückgebracht hatte - oder etwa nicht? Dr.Kohl beantwortete diese Frage jedoch sogleich selbst, indem er eine kleine Wasserfontäne ausstieß und dann geringschätzig brummte: "Naja, jetzt liegt des verdammte Dings jedenfalls im Gebüsch. Nicht weiter schad drum."

Erleichtert eilte ich mich deshalb, den zweiten Punkt anzuschneiden und meine Vermutung vorzutragen, daß es sich bei Wissmann um einen deutschen Beamten handeln müsse, der für seinen Kaiser im Äquatorialen tätig sei. Stießen wir auf diesen Herren und seine Truppe, so sei zwar einerseits unserer Sklaverei gewiß ein Ziel gesteckt, denn wenn der Deutsche eines nicht leiden könne, so sei es der Landsmann in Ketten - -

"Genau!" Helmut Kohl, der in dieser Frage als Fachmann gelten mußte, nickte, so gut ihm dies im tiefen Wasser möglich war, und erkundigte sich dann nach meinen Bedenken. Andererseits, so fuhr ich also fort, könne es aber auch dazu kommen, daß man uns einige Fragen stellte - unliebsam deswegen, weil sie auf Identität und Reisezweck zielten...

Ihm werde zur rechten Zeit schon das rechte Wort einfallen, beruhigte mich der Kanzler. "Und was den Gorilla und den Chinesen angeht, da sind wir, denk ich, klug beraten, wenn wir sie in dem Glauben mit dem Auftrag vom Kaiser lassen - was, Schüttauf?"

Ich gab zur Antwort, daß auch mir dies am glücklichsten erscheine. Der Kanzler zeigte sich sehr zufrieden mit mir, zumal sich gleich Gelegenheit bot, die neue Richtlinie *in praxi* zu erproben. Es näherte sich nämlich uns mit kräftigen Zügen Gorilla Monsoon!

"Bin gestern nicht mehr dazu gekommen, Gentlemen. Ihr wißt schon, der Krach mit Li Feng am Feuer. Was ich also sagen will - werdet doch Euren alten Scout nicht vergessen wollen, falls wir auf Mr.Wissmann stoßen?"

Ich erbat kaltblütig weitere Auskünfte von dem Amerikaner. Der Kanzler warf mir einen anerkennenden Blick zu. Mr.Monsoon schnaufte wie ein Walroß und schwamm ganz nah zu mir heran.

"Seht, Sir, Stanleys Kisten - sollt sie für den Kaiser haben, wenn Mr.Wissmann auch mich und Li Feng aus der Sklaverei loskauft. Stanleys Kisten, Mr.Schüttauf, Stanleys Kisten - und Euch Deutschen gehört halb Afrika!"

Ich blickte gespannt nach dem Kanzler. Würde er auf das Angebot reagieren, auch hier in Afrika für die deutsche Sache tätig zu werden? Ich sah, wie seine Augen aufblitzten. Dann aber legte er den Kopf zurück, ließ sich tief nach hinten ins Wasser einsinken und schlug so lange mit den Armen, bis seine Zehen über der Wasserfläche erschienen.

Er sagte indes zu diesem erstaunlichen Angebot nichts, so daß Mr. Monsoon hastig anfügte: "Werden über kurz oder lang auf Euren Landsmann stoßen, glaubt mir, Sir. Hoffe bloß, er kommt, bevor uns Kilonga Longa in sein großes Lager nach Ipoto gebracht hat!"

Plötzlich erklang vom Ufer her lautes Geschrei. Unsere Bewacher waren aufgesprungen und machten uns die heftigsten Zeichen, sofort an Land zu kommen. Wir waren darüber nicht wenig erschrocken, mußten wir doch glauben, es nähere sich ein Krokodil oder ein Flußpferd. Dr.Blüm, der sich am weitesten von uns allen hinausgewagt hatte, pflügte mit erstaunlicher Geschwindigkeit an uns vorbei und überholte sogar meinen Minister, der, durch Omar behindert, sich die ganze Zeit in Ufernähe gehalten hatte, wo übrigens Hans-Dietrich Genscher zeigte, daß man als Brustschwimmer auch in flachstem Wasser beweglich bleiben konnte. Der Kanzler war in Rückenlage gefallen und holte bereits einige Längen vor mir mit mächtigen Armschlägen aus, so daß ich mich eilig daran erinnerte, wie ich als Streckentaucher gelegentlich der Sommerferien 1942 an der Rossitter Vogelwarte bei meiner Kusine einen ersten Akzent zu setzen gewußt hatte.

Als wir aber das Ufer erreicht hatten, fanden wir, daß die Ursache des Lärms gänzlich anderer Natur gewesen war. Hoch oben auf dem Felsen stand ein kleiner dicker Mann in europäischer Kleidung. Er trug einen hellen Jagdanzug mit geschnürten Stiefeln und einen großen Hut.

"Der Wissmann - -?" flüsterte mir hoffnungsvoll der Kanzler zu. Ich schüttelte erstaunt den Kopf. Auch wenn der starke Wunsch hinter seiner Frage nur zu begreiflich war, so hätte er doch nicht übersehen dürfen, daß der Mann auf dem Felsen für einen Wissmann allzu schwarz war.

Das Inkognito des Mannes sollte jedoch sogleich gelüftet werden - und damit auch ein weiteres Rätsel...

"Ihr ungläubigen Bettler, beugt eure Knie vor Ben Theo Hassan, dem Sâhib aus Sansibar", brüllte nämlich der eine unserer Peiniger und schoß dabei mit seiner Büchse in die Luft, "beugt sie vor Ben Theo Hassan, dem Agenten des Berliner Wintergartens!"

DER DAMENIMITATOR

Bevor ich in meinem Protokoll weiter fortfahre, denke ich, daß es vorzüglich für den kursiven Leser von Nutzen sein wird, wenn ich ihm an der Stelle, da der Name meiner geliebten Heimatstadt Berlin gefallen, einmal vorrechne, welche Zwischenbilanz sich aus meinem ersten Aufenthalt im Kanzleramt am 16. Januar 1991 ergeben hat:

Zu Buche standen bislang vier Nächte unter fremden Sternen: die erste unter dem Stelzenbaume, die zweite in einer Hütte mit spitzem Dach, die dritte als Gast in Balulu, die vierte als Sklave in Ketten.

Des weiteren - und ohne daß ich Anspruch auf Vollständigkeit erhebe - hatten mich in einer afrikanischen Lichtung Gedanken an Tod und Unsterblichkeit befallen. Ich litt mit Gerhard Stoltenberg während seiner Krise und freute mich an seiner Rekonvaleszenz, erlebte den Bundeskanzler in anhaltender Doppelohnmacht, erfuhr von Dr.Blüms Neigung zur Philosophie im allgemeinen und zum Solipsismus im besonderen, hatte ferner Gelegenheit, einige Korrekturen an meinem Bilde vom Außenminister der Bundesrepublik Deutschland anzubringen, den ich durchweg als sensibel und schreckhaft empfand, mußte in Omar dem Affen auf einen neuen Reisegefährten - ja auch Konkurrenten um die Gunst des Ministers - treffen, schloß Bekanntschaft mit Gorilla Monsoon und Li Feng, welche sich zuerst als "auf der Durchreise begriffen" vorzustellen beliebten und später als amerikanische Agenten zu erkennen gaben, mußte mich mit der Tatsache abfinden, daß man hierorts den 17. Januar 1891 schrieb, konnte danach längst versunkenes Wissen über Henry Morton Stanleys Abenteuer im Kongo nicht nur auffrischen, sondern sogar auf einen neuen Stand bringen, hatte mich mit dem überraschenden Fetischglauben des Protestanten Gerhard Stoltenberg auseinanderzusetzen und hörte ihn mehrfach den Namen von "Makupete dem Buckligen" nennen, sollte eines Mißverständnisses wegen geopfert werden, traf in Balulu den ersten Pygmäen meines Lebens an und erhielt an gleichem Orte die Augen über die afrikanische Brust und das in dieser Frage bedeutende Wamanga geöffnet, unternahm außerdem eine interessante Flußfahrt in Sangaremis Kanu, empfing zweimal die Belehrung, wie des Kanzlers Erscheinung auf das hier heimische Flußpferd wirkte, wurde fernerhin von Kilonga Longa, dem Manjema, in Eisen geschlossen, von einem Mohren rasiert, mußte mich im Luhali einer gründlichen Waschung unterziehen, warte sehnsüchtig auf Wissmann und fürchtete mich doch vor seinen Fragen, hatte schlußendlich Ben Theo Hassan als Reisenden aus Sansibar und Agenten des Berliner Wintergartens vorgestellt bekommen - wahrhaftig, der erstmalige Zugang zu jenem engeren Kreis im Kanzleramt, er war nicht ohne Folgen geblieben für Dr.Robert Schüttauf, damals noch im Dienste der Hardthöhe, heute indes Ministerialrat a.D.!

Vorerst kniete ich jedoch im Sande, hielt den Kopf gesenkt und schämte mich wie meine Gefährten nicht wenig der Blöße, die den Agenten des Berliner Wintergartens ebenfalls zu bekümmern schien, denn er gab sogleich zu verstehen, daß er den zweiten Augenschein erst nähme, nachdem man sich bedeckt hätte. Und gerne eilten wir, dem Wunsche zu willfahren.

"Hören Sie, Schüttauf", flüsterte Dr.Stoltenberg und streifte, bevor er selbst in das Beinkleid fuhr, hastig Omar das wertvolle Halsband um, welches - wie man sich erinnern wird - ganz aus des Kanzlers Hosenstoff gefertigt war und deshalb von dem Minister als "die erste Ingredienz" für die Verfertigung des Fetischzaubers betrachtet wurde, "hören Sie, etwas Schlimmeres kann uns nicht passieren als eine Reise nach Berlin, ohne uns vorher in Jambuja mit Makupete dem Buckligen ausgesprochen zu haben."

Der Minister hielt also an der Theorie fest, daß nur von dort die Rückreise in das Jahr 1991 angetreten werden könne. Die Augen der anderen Herren hatten indes geleuchtet, als der Name Berlins gefallen war.

Natürlich, auch ich hatte nichts gegen Berlin!

Aber mir kam die Begeisterung, die der Name dieser Stadt bei den drei Herren ausgelöst hatte, recht kurzsichtig vor. Was konnte uns denn eine Hauptstadt nützen, in der ein Herr von Caprivi Kanzler, ein Herr von Tirpitz Kriegsminister und alle anderen hohen Posten genauso anderweitig vergeben waren! Und ob der Ministerialrat Schüttauf sich als kompatibel zu dem Kommerzienrat Schüttauf erweisen würde, war ebenso zweifelhaft. Zudem hätte Dr.Kohl als Historiker doch wissen müssen, daß mit der Aufhebung des Sozialistengesetzes anno 1890 auch der Umgang mit der Opposition wieder schwierig geworden war. Nein, nein, das einzige, was uns in Berlin erwartete, waren unsere Großväter - das heißt, mein Großvater, denn ich allein war Berliner, stammte wohl auch aus gutem Hause - die drei Herren waren indes aus gänzlich anderen Verhältnissen ...

Ich mußte wohl in meiner Verwirrung die grundsätzliche Übereinstimmung mit den Ideen des Ministers nicht deutlich genug gezeigt haben, denn dieser setzte ärgerlich hinzu: "Aber so verstehen Sie doch, Schüttauf, ich habe mich endlich der Locke des Kanzlers bemächtigen können!"

Also deshalb! Deshalb hatte sich Gerhard Stoltenberg zu Boden sinken lassen, als man das Messer an das Haupt des Kanzlers legte! Ich staunte nicht schlecht über den Fintenreichtum des Abgeordneten aus Rendsburg-Eckernförde. Ja, wenn es um die Dinge derart bestellt war, dann mußten wir unbedingt nach Jambuja! Freilich war im Augenblick an eine Reise zu Makupete dem Buckligen so wenig zu denken wie an eine Reise nach Berlin, da wir noch in den Fängen Kilonga Longas waren ...

Mochte der Minister selbst einen Verkauf nach Berlin befürchten - mir persönlich kam der Erwerb unserer Gruppe durch diesen Ben Theo Hassan recht unwahrscheinlich vor - ganz davon abgesehen, daß bislang niemand wußte, was es mit diesem Menschen und seinem Agententum eigentlich auf sich hatte.

Als ich mein Hemd zuknöpfte, fand ich Gelegenheit, jenen Mann zu mustern, auf den sich naturgemäß alles Interesse gerichtet hatte.

Es war der dicke schwarze Herr aus Sansibar noch jung. Er zeigte gewinnendes Äußeres und elegante Umgangsform, und während ich darüber nachsann, warum sich in seinem Namen das Morgenländische mit dem Abendländischen so eigentümlich verbinden mochte, hatte ich auch schon seine blauen Augen entdeckt, und mir fiel plötzlich bei, daß es wohl eine ganz natürliche Art gewesen war, wie der "Hassan" in ihm zu dem "Theo" gekommen, hatte doch seine sansibaritische Heimat unter deutscher Schutzherrschaft gestanden.

Ob es der charakteristische Kinnbart oder der runde Schädel war, die pyknische Gestalt oder die evidente Kurzbeinigkeit - einerlei, auf jeden Fall erinnerte mich Ben Theo Hassan derart an den ehemaligen Regierungssprecher Hans Klein, daß sich mir ein ungeheuerlicher Gedanke aufdrängte, den ich freilich sofort wieder verwarf, als mir unsere verwickelten Zeitverhältnisse einfielen.

Ben Theo Hassan stand oben auf dem Felsen und fächelte sich mit einem kostbar gefaßten Wedel frische Luft zu. Seine Kleidung war für diesen, von jeder Zivilisation abgelegenen Ort erstaunlich - der helle Leinenanzug mit der farbigen Weste, das seidene Halstuch, die zierlichen Schnürstiefel aus gelbem Chromleder, der gut gearbeitete Panamahut, welchen statt des herkömmlichen Bandes ein Streifen Leopardenfell umlief - dies alles zeugte von gewissem Geschmack und Freude an guter Kleidung. Der Mann, dem wir zum Kaufe angeboten werden sollten, sah eine Weile zu uns herab, und es war mir, als nicke er ganz sacht mit dem Kopf. Dann klatschte er in die Hände.

Die Manjemas traten respektvoll zur Seite, um Raum zu geben für das Gefolge von Ben Theo Hassan. Zunächst erschienen zwei Gewehrträger, die ihre Waffen präsentierten, dann trat ein kleiner Knabe von blauschwarzer Hautfarbe auf, neigte artig den Kopf mit dem weißen Turban und winkte vier Männer herbei. Diese vier, kräftige Burschen allesamt, trugen einen eigenartigen Gegenstand, welcher jenem großen Stickrahmen ähnelte, wie ihn die Mallorquinerin für ihre Tischdecken in Gebrauch hat. Er war von länglichem Format und ganz mit roten Stoff bespannt.

Seine Bestimmung wurde erst offenbar, als man an den vier Ecken eine Hängematte befestigte, in welche der Sansibarite mit zierlicher Bewegung stieg und sich unter dem purpurnen Baldachin mit Gesang davontragen ließ.

Der Kanzler seufzte, als er sah, welchen Aufwand die hohen Persönlichkeiten hier am Luhali zu treiben verstanden. Dann bückte er sich und zog die Socken solange zwischen den Zehen hin und her, bis diese trocken waren.

"Eine schlimme Heimsuchung, Schüttauf, des mit der Sklaverei", murmelte er. "Übrigens - der Mann da sieht aus, als wär's ein Sohn vom Johnny Klein!"

Nachdem uns die Manjemas vorsorglich geknufft und gepufft hatte, trieben sie uns auf eben jenem Weg, den wir bereits hierhin genommen, eilig zum Lager ihres Häuptlings zurück.

In der Lichtung waren inzwischen bedeutende Veränderungen vorgegangen. Zum Unmut unserer Bewacher hatten wir große Mühe, unseren Platz unter dem Baume zu erreichen, denn es erwies sich, daß die Karawane, mit der Ben Theo Hassan reiste, nicht nur aus dem blauschwarzen Knaben, den beiden bewaffneten Gefolgsmännern und den vier Sänftenträgern bestand - es mochten wohl hundert Lastenträger sein, die da, mit schweißglänzendem Oberkörper neben ihren Ballen und Kisten hockend, von der schweren Arbeit ausrasteten und uns also den Weg versperrten.

Und mit den Trägern waren auch die Frauen gekommen. Während die Männer die Beine ausstreckten oder sich die Rücken rieben, schlugen die Frauen Äste und Zweige von den Bäumen, um die Laubhütten für die Nacht zu errichten oder kümmerten sich um die Zubereitung der Nahrung. Eine Gruppe stampfte mit einem runden Holz Hirse, eine andere walzte auf flachen Steinen große Fladen aus. Und überall wurden neue Feuer entzündet. Der weiße Rauch des nassen Holzes legte sich in dichten Schwaden über die ganze Lichtung, so daß wir uns die Augen rieben und husten mußten. Irgendwo stimmte ein Vorsänger die Zeilen eines lustigen Liedes an und sogleich fielen die Männer und Frauen abwechselnd in den Refrain ein.

Aber es gab auch noch andere Neuankömmlinge - verwegen aussehende Burschen in arabischer Tracht, die auf einem freien Platz die Errichtung eines großen Zeltes beaufsichtigten. Und weil ihnen die Angelegenheit nicht rasch genug vonstatten ging, knallten sie mit ihren Peitschen und ließen sie auf eine Gruppe schwarzer Männer niedergehen, die sich von den Trägern durch hohen Wuchs und eigentümliche Haartracht unterschieden.

"Watussis, Schüttauf", flüsterte mir der Minister zu, "so sind auch Angehörige dieses überaus stolzen Hirtenvolkes in die Sklaverei geraten!"

Neben den Stangen des Zeltes hatte man einen Teppich ausgebreitet, auf dem vier vornehme Frauen saßen, alles großgewachsene Geschöpfe mit schönen hellbraunen Gesichtern. Waren die Frauen der Träger nackt bis auf einen Lendenschurz, so trugen diese hier über buntem Kattunrock ein feines weißes Oberkleid, die schmalen Köpfe waren mit leuchtenden Tüchern umwunden, und an den Armen glänzten in Reihen die Ringe aus Messing.

"Augenscheinlich der Harem, Schüttauf, dieses sauberen Herrn Hassan!" Der Minister zog ein Gesicht, das deutlich zeigte, wie er zur Vielweiberei stand.

Als wir schließlich unter unserem Baum angelangt waren, schloß man uns sogleich an die große Kette an und entfernte sich, nicht ohne uns vorher einige Tritte versetzt zu haben.

Und so saßen wir wieder einmal in Fesseln. Niemand sagte etwas. Die Sonne trat ihre Reise über den Himmel an und hatte alsbald jene Stellung erreicht, wo sie genug Löcher in dem Laubdach fand, um uns mit ihren Strahlen kräftig zu verbrennen.

So wohltuend ich auch das Bad im Luhali empfunden hatte, so beunruhigte mich doch, daß dies nichts als die Ouvertüre zu einer Symphonie gewesen sein konnte, deren Noten ich nicht kannte. Wer führte nun den Taktstock über unseren Häuptern - Kilonga Longa, der Sklavenjäger, oder schon Ben Theo Hassan, der Sklavenhändler?

Den Kanzler mochten ähnliche Gedanken plagen, als er nach einer Weile als erster das Wort ergriff. "Agent des Berliner Wintergartens, sagen Sie, Schüttauf, werden Sie daraus schlau?"

Ich konnte lediglich der Vermutung Ausdruck geben, daß der Mann aus Sansibar wohl deswegen durch Afrika reise, um Eingeborene käuflich zu erwerben und diese nach Europa zum Zwecke der Schaustellung zu verschiffen. Eine der größten Einrichtungen dieser Art sei bekanntlich der Berliner Wintergarten, wo man den Unglücklichen ein buntes Röckchen umbände und sie sodann tanzen und springen ließe.

Dr.Kohl sah nachdenklich in die Runde. "Also, wenn er uns kauft, dieser Ben Theo Hassan, dann bedeutet des doch nichts anderes, meine Herren, daß wir über kurz oder lang wieder drunten in Deutschland sind!"

"Als Artisten!" rief Dr.Blüm begeistert aus, und sein rundes Gesicht leuchtete für einen Augenblick so froh, als habe er bereits von den Berlinern eine rauschende Ovation für seinen Auftritt empfangen dürfen. Dann wandte er sich lebhaft an Gerhard Stoltenberg. "Gell, mit Ihrem Omar, da wär doch was auf der Bühne zu reißen!"

Der Minister setzte sofort eine strenge Miene auf und erklärte, daß daraus nichts werden könne, da in solchen Etablissements eine artgemäße Haltung des Tieres nicht gesichert sei, was den Außenminister wiederum zu der heftigen Äußerung veranlaßte, falls eine Rückkehr nach Deutschland etwa daran scheitern solle, daß der Kollege Stoltenberg seinen Affen nicht hergebe, dann wolle er seitens der Liberalen nicht ausschließen, daß in absehbarer Zeit auch die Koalitionsfrage gestellt werde.

Der Kanzler wandte sich darauf brüskiert ab, starrte ins Gebüsch, und versetzte in einer Weise, als fühle er sich ab sofort nur von den Pflanzen verstanden: "Der Gerd Stoltenberg ist nicht mehr der Gerd Stoltenberg von vor 20 Jahren."

"Es gibt, Omar", erwiderte dieser, ehe ich mäßigend eingreifen konnte, "anscheinend immer noch Leute, die, obwohl sie bereits einmal in Berlin ohne Erfolg öffentlich gesungen haben, es partout schon wieder tun wollen!"

Damit hatte der Minister leider den wunden Punkt im *curriculum vitae* von Helmut Kohl berührt, und ich rechne vieles an der großen Mißstimmung zwischen den beiden Männern von dieser unseligen Stunde her, da wir in Ketten am Luhali lagen.

Das Schweigen war eisig und lang, und selbst als Mr.Monsoon nach einer Weile knurrte, man möge an den Kaiser und den Auftrag denken, in welchem man reise und also endlich Shakehands machen, traf keiner der Kontrahenten irgendwelche Anstalten zu einer versöhnenden Geste.

Im Gegenteil! Der Kanzler schien ausschließlich geistige Zwiesprache mit den Blättern und Ranken halten zu wollen, so fest war sein Blick in den afrikanischen Urwald gerichtet, und Gerhard Stoltenberg beschäftigte sich derart mit Omar, als gäbe es nur den Affen und sonst niemanden auf der Welt. Der Außenminister, der mit seiner unseligen Koalitionsfrage ein gerüttelt Maß an der Schuld für dieses Zerwürfnis trug, hatte sich ganz in seine Jacke verkrochen, wohl fühlend, daß er sich eben zu weit hervorgewagt hatte. So war es Dr.Blüm überlassen, für die Unterhaltung zu sorgen, und jedes seiner Worte ging, obschon den Schein des Scherzes tragend, doch aus dem tiefen Bedürfnis seiner guten Seele hervor, daß die drei Herren wieder miteinander in Verkehr treten möchten.

Allein, auch seine Bemühungen blieben vergebens. Es war überraschenderweise der chinesische Herr, dem es gelingen sollte, das Gespräch wieder in Gang zu bringen, indem er zwar an den Wunsch des Kanzlers, die Reise nach Berlin anzutreten, anknüpfte, ihm statt der heiklen Affenfrage jedoch eine neue Perspektive wies: "Falls ehrenwerter Herr Kohl einen Erwerb seiner Person durch Ben Theo Hassan unbedingt wunscht, hält es sein minderer Diener Li Feng fur sehr ratsam, sich anderweitig zu präparieren."

"Anderweitig?" brummte der Kanzler gedehnt. Und: "Präparieren. So?"

"Omar der Affe in Berlin gewiß kein großes Wunder. Besser, ehrenwerter Herr Kohl zersägt auf Buhne ehrenwerten Herrn Blum in viele kleine Stucke. Dann großer Applaus."

Der Arbeitsminister gab zunächst durch einen quiekenden Laut zu verstehen, daß er sich für solche Späße nicht hergeben wolle und fügte dann hastig an, "die Katrin und die Anett" könnten des Vaters sowenig entbehren wie "die Marita" des Gatten.

Li Feng legte indes die Hand beruhigend auf seinen Arm: "Keine Sorge! Danach fugt Herr Kohl Herrn Blum wieder zusammen. Applaus dann noch größer!"

Der Kanzler wandte sich mit einem Ruck nach Dr.Blüm um und starrte ihn so prüfend an, als wolle er an dem Rüsselsheimer schon einmal Maß für das proponierte Zauberkunststück nehmen. Dieser aber schrie: "Ihr könnt euch alle uff den Kopp stellen, ich mach's einfach net! Da gibt's doch viel bessere Tricks, Herr Dr.Kohl!"

Bevor er jedoch ausführen konnte, in welche Richtung seiner Meinung nach die Darbietung gehen solle, war man wieder auf uns zugetreten, nahm uns die Ketten ab und führte uns vor Ben Theo Hassan.

Das Zelt des Sansibariten war inzwischen aufgeschlagen. Neben der Prächtigkeit der weißen Zeltbahnen mußte Kilonga Longas Behausung wie eine armselige Hütte wirken.

Den vorderen Teil hatte man so geöffnet, daß sich über zwei goldenen Speeren ein kleiner Baldachin bildete. Unter diesem saß der Agent des Berliner Wintergartens auf einem schönen Diwan, dessen Bequemlichkeit eine große Zahl von seidenen Kissen vermehrte. Zur Rechten kniete der blauschwarze Knabe und reichte ihm das Mundstück einer Wasserpfeife, zur Linken aber hockte auf einem Ziegenfell ein brauner Mann mit einer hohen Mütze. Er hatte die Beine untergeschlagen und hielt eine große hölzerne Tafel in der Hand. Das hohe Tintenfaß und der hölzerne Federhalter wiesen ihn als den Schreiber des Agenten aus.

Ben Theo Hassan selbst hatte sich völlig umgekleidet und zeigte sich uns in einem blendend weißen Kattunhemde, das ihm bis an die Knöchel reichte. Darüber trug er ein blauseidenes Obergewand, das mit schöner Stickerei gesäumt war. Seinen Panamahut hatte er mit einem roten Samtfez vertauscht.

Neben ihm stand Kilonga Longa, der Sklavenjäger, in der Hand die unvermeidliche Peitsche. Er schwang diese auch sogleich und brüllte einen der Burschen, die uns vorführten, an: "Mâ betis'tihi - schämst du dich nicht, du Niederträchtiger, Widerspenstiger, Sohn eines Hundes und einer schlechten Mutter, du böser Abtrünniger, diese einzigartigen Juwelen so ungeschliffen vor die Augen des großmächtigen Sâhib Ben Theo Hassan zu bringen?"

Der Mann setzte eine zu entsetzte Miene auf, daß die Schauspielerei dabei verborgen bleiben konnte, und zeigte sich in allen morgenländischen Handelsbräuchen ebenso bewandert, als er für seine Nachlässigkeit übertrieben um Gnade flehte, heftig mit einem Lappen an Hans-Dietrich Genscher rieb und Ben Theo Hassan verzweifelt zurief, wenn er uns bloß selber gewaschen hätte, so würde sich auch der große König Salomo glücklich schätzen, jene Fremdlinge in seiner Schatzkammer zu sehen.

Nachdem diese kleine Szene zur Aufführung gelangt war, mußten wir uns alle in einer Reihe aufstellen, und Kilonga Longa verneigte sich vor dem Sansibariten und sprach zu ihm: "Astarfirullâh - ich bitte Allâh, mir zu verzeihen, daß ich dir diese Männer so schmutzig und stinkend bringe! Aber ist nicht auch die Muschel, die der Fischer aus dem Meere holt, zuerst voll schwarzem Sand und grünem Tang? Öffne sie, o Ben Theo Hassan, und du wirst die köstlichste Perle in den Händen halten!"

Ben Theo Hassan nickte zu dieser schöner Anmerkung und hieß mit einer würdigen Bewegung den Knaben Räucherwerk in die goldene Schale werfen, um damit unsere Dünste zu bessern. Und dann nahm auch er das Wort - -

Facies non omnibus una, nec diversa tamen - es ist mir in meinem Leben schon des öfteren aufgefallen, daß die Natur in ihrer Vielfalt nicht so unbegrenzt ist, wie man gemeiniglich glaubt. Dies gilt vorzüglich für das Menschengeschlecht. Wenn wir Ähnlichkeiten zwischen einzelnen Menschen feststellen, müssen wir oft genug entdecken, daß sich die als ähnlich Empfundenen in weitaus mehr gleichen als in dem, was wir an kongruenter Tendenz zunächst an ihnen festgestellt haben - und also zwei, die die gleiche Nase im Gesichte tragen, sich plötzlich auch als Kerle von selbem Charakter erweisen.

So glich etwa ein Friseur, den ich damals, während meiner Zeit im Finanzministerium, einmal zufällig aufsuchte, weil sein Geschäft ebenfalls auf der Rheindorfer Straße befindlich war, nicht nur bis auf das sprichwörtliche Haar dem damaligen Staatsminister im Auswärtigem Amte Jürgen W.Möllemann, er hatte überdies auch dessen Eigentümlichkeiten in Sprache und Gang, was mich nicht wenig amüsierte. Oberregierungsrat Selbach, den ich von dieser Beobachtung gelegentlich in Kenntnis setzte, wollte später sogar herausgefunden haben, daß die charmante Gattin des Figaro auch Möllemanns Frau Carola ähnlich war, woraus ein lustiger Streit zwischen uns entstand, der tatsächlich, nachdem Frau Klövekorn beim Bundespresseamt einige Bilder des Paares angefordert hatte, zugunsten des Oberregierungsrates entschieden werden mußte.

Mich überraschte deshalb nicht, als Ben Theo Hassan nun genau denselben volltönenden Baß wie der bereits erwähnte Hans Klein erklingen ließ und die Entschuldigung des Sklavenjägers, die doch in Wahrheit nichts als ein Kniff gewesen, dergestalt parierte: "Mâ fih bênina teklif - zwischen uns keine Umstände. Es sind die Männer, die du ergriffen, Kilonga Longa, von preiswürdiger Gestalt. Mâ fih agmal minno - es gibt nichts Besseres, nichts Schöneres, und gedankt sei dem Herrn des Himmels, daß er meine Füße an diesen Ort lenkte."

Er nahm einen langen Zug aus seiner Wasserpfeife und fügte dann in noch öligerem Tone an: "Gerne führte ich also die Fremden über die Berge, brächte sie zu Schiff nach Almânja und teilte den Erlös, Beutel um Beutel, mit meinem Bruder Kilonga Longa, dem Vater des Schwertes und Scheich der Manjemas!"

Almânja - -! Man wird sich denken können, welche Bewegung dieses Wort in unsere Reihen brachte. Ich hörte den Kanzler einen Seufzer tun, der Außenminister stieß einen pfeifenden Laut aus, und Norbert Blüm nahm Stanleys Mütze ab und strich sich erregt über den wuchernden Kinnbart. Nur Dr.Stoltenberg zog eine verdrossene Miene und dachte wohl an Jambuja und Makupete den Buckligen. Ich hätte ihn gerne beruhigt, da ich diesen Handel bei weitem nicht als getätigt sah, wagte freilich nicht, das Wort an ihn zu richten, denn man hielt uns unter strenger Aufsicht.

Der Sklavenjäger trat an Li Feng, der in unserer Linie den Flügelmann gab, und zog ihn vor Ben Theo Hassan.

"Binbasch'schirak - nimm diese gute Nachricht zuerst, o Hassan. Dieser gelbe Teufel ist zwar ein nichtswürdiger Hund, aber der beste Koch des Chalifa von China, und Allâh allein kennt die Freude, die mich befiel, da ich ihn neulich von den Herdfeuern des Chalifa stahl! Gestern erst hat er mir und den Meinen ein Mahl zubereitet, daß wir die Huri im Paradiese singen hörten - ist es nicht so, o meine Brüder?"

Sogleich erhob sich bei allen Manjemas ringsum zustimmender Lärm, und der Mohr, der uns heute morgen rasiert, schlug abermals auf seinen rußigen Kessel und rief aus, noch im Grabe würden seine Gebeine die Wohltaten preisen, die sein Magen aus der Hand des gelben Mannes mit dem Zopf empfangen hatte.

Kilonga Longa riß dann den amerikanischen Clippermaat und Geheimagenten aus unserer Mitte und rief: "Schau nun diesen Mann, Hassan! Niemals in meinem Leben sah ich bessere Knochen für einen Sklaven, niemals mehr Haare auf einem Körper als bei diesem. Lade ihm ein Dutzend Maltersäcke auf und, wahrlich, er wird unter der Last nicht wanken."

Ben Theo Hassan warf einen prüfenden Blick auf Gorilla Monsoon, und strich sich bedächtig über seinen Kinnbart. Er schien durchaus nicht unzufrieden, doch hatte ich den Eindruck, als wolle er dies um keinen Preis der Welt zeigen.

Als nächstes kam die Reihe an Norbert Blüm. Der Mädchenräuber legte die Hand auf die Schulter des Ministers, sah diesen an, verdrehte begeistert das Auge, so daß nur das Weiße zu sehen war, und seufzte dann: "Nicht alles, was rund, ist eine Nuß, nicht alles, was länglich, ist eine Banane, und alles, was rot ist, noch kein Fleisch. O Hassan, so ich dir eben von der Muschel sprach, so siehst du hier die Perle."

Oben am Himmel zog leichtes Gewölk auf. Es näherte sich die Stunde des Mittagsgewitters, und mir kam der Gedanke, wie schön es doch wäre, wenn sich mit gleicher Pünktlichkeit auch ein Mittagessen einstellen würde.

Ben Theo Hassan, der Mann aus Sansibar, hatte sich unterdessen ein wenig aus seinen Kissen erhoben und wies spöttisch mit dem Mundstück seiner Wasserpfeife auf Dr.Blüm: "Nicht alles, o Kilonga Longa, was man in den Wassern des Luhali fängt, ist auch ein Fisch. Dieser kleine Mann da ist ein almâni, ich seh es wohl, und frage dich deshalb: Was glaubst du, sagt der Sâhib in Berlin, der El Hâkim des Wintergartens, wenn ihm Ben Theo Hassan aus Afrika ausgerechnet fünf almâni mitbringt, um sie im tiâtro tanzen zu lassen?"

Der Sklavenjäger starrte den Sklavenhändler mit jenem tiefen Mißtrauen an, mit dem die Provinz gewöhnlich allem Weltläufigen begegnet. Der Sansibarite zeigte sich davon unberührt, er winkte seinem Schreiber und rief: "Lies, o Kasim, lies, was man uns in Berlin an Bestellung aufgeschrieben!"

Der Mann mit der hohen Mütze griff in eine lederne Tasche und holte einen Umschlag mit einer roten Briefmarke hervor. Man sah dem zerknitterten Papier an, welch weite Reise es gemacht hatte und wie oft es geöffnet worden war. Mir entging nicht, wie Dr.Blüm einen begehrlichen Blick nach der Briefmarke warf. Der Schreiber frug seinen Herrn mit großem Respekt: "Wünschest du, o Herr, daß ich alles lese, was uns gesandt wurde, oder soll ich das Wichtige von minder Wichtigem sondern?"

Ben Theo Hassan erwiderte mit Würde: "Lies, was geschrieben steht, o Kasim, lies, damit man an den Ufern des Luhali sieht, welcher Art die Männer sind, die Ben Theo Hassan folgen!"

Der Schreiber verneigte sich und erhob sich. Dann nahm er einen Bogen aus dem Umschlag, entfaltete ihn sorgfältig, legte ihn auf das Brett und trug mit lauter Stimme vor:

> "Berlin, den 10.November 1890. Lieber Herr Hassan, aus dem Konsignationsgeschäft mit dem Elfenbein finde ich in meinen Büchern noch einen Wechsel von zweihundert Reichsmark offenstehend und bitte diesen auf das bekannte Konto bei der Commerz- und Handelsbank Berlin-Charlottenburg - - "
>
> Ben Theo Hassan hustete leise und gab dem Schreiber zu verstehen, daß er diesen Absatz übergangen wünsche. Kasim neigte den Kopf vor seinem Herrn, überschlug eine Seite und fuhr sodann fort:
>
> "Doch nun zu dem eigentlichen Grund meines Schreibens. Ich bitte Sie, lieber Freund, mir eine neue Truppe aus dem schwarzen Erdteil zu senden. In der Charlottenburger Flora zeigte man im letzten Jahr mit großem Erfolg Zulukaffern, der Zoologische Garten brachte jetzt eine

Aschanti-Karawane, und die Dinka-Neger, die Sie uns, lieber Freund, vor zwei Jahren geschickt hatten, sind ebenfalls vom Publikum gut aufgenommen worden.

Aber es waren alles Männer! Hauptsächlich geht mein Interesse deshalb jetzt nach einer Gruppe üppiger schwarzer Amazonen, und ich verlasse mir in dieser Hinsicht ganz auf Ihnen, lieber Freund, da Sie den Geschmack Ihres alten Kießlichs ja kennen. Lieferung zu den üblichen Konditionen bis Oktober 1891.

Es sendet Grüße von Berlin nach Sansibar Ihr Impresario Hajo Kießlich.

P.S. Vergessen Sie bitte den Wechsel über zwohundert Reichsmark nicht!"

Nachdem dieser erstaunliche Geschäftsbrief verlesen war, tat Ben Theo Hassan etwas, was ich am wenigsten vom ihm erwartet hätte - er zeigte Temperament. Er warf das Mundstück seiner Wasserpfeife weg, sprang von seinem Diwan auf und schoß auf den entsetzten Dr.Blüm zu.

"Du da, öffne dein Hemd!" zischte er wie eine Kobra, so daß dieser augenblicklich alle Knöpfe aufriß. Der Sansibarite wies anklagend mit dem Finger auf die haarige Brust des Ministers.

"Üppige schwarze Amazonen! Mâ 'âd 'andi sabr - ich kann mich nicht mehr halten!" brüllte er plötzlich los. "Sieh hier den fränkischen Mann, Kilonga Longa! Kein Haar wächst an seinem Leibe, das nicht das Gepräge seiner Abstammung trüge. Wo sind die fünfzig Mädchen, die du mir versprochen?"

"Warte", stotterte Kilonga Longa, "warte, bis Sangaremi mit seinen Brüdern eintrifft. Diese räudigen Schakale haben ihm eines seiner Boote gestohlen, so daß es ein wenig länger dauern wird, bis er uns die Mädchen bringen kann! Siehe, der Zaun, der sie aufnehmen wird, steht schon bereit." Er zeigte aufgeregt nach der Stelle, wo der Pferch stand.

"So nimm einstweilen die restlichen Männer in Augenschein. Da, o Hassan", er stieß Gerhard Stoltenberg mit dem Peitschenknauf an, "schau den fränkischen Teufel mit der silbernen Locke! Er versteht sich wohl auf die hohe Kunst, dem Affen Gelehrsamkeit beizubringen. Verschneide ihn und verkaufe ihn nach Timbuktu! Du sollst sie beide um billiges Geld haben! Oder hier, den letzten Riesen vom Stamme der Aad - -"

Ben Theo Hassan würdigte die hohe Figur des Kanzlers keines Blickes, wandte sich stattdessen verächtlich um und trat in sein Zelt zurück. Der blauschwarze Knabe zog die beiden Speere unter dem Baldachin fort, die Leinwand rauschte hinter ihm nieder, und dann hörte man im Inneren sanfte Frauenstimmen und leises Saitenspiel - und wohl auch einige Laute, die zeigten, wie nah bei jenem kleinen dicken Mann das Sansibaritische am Sybaritischen siedelte.

Vom Himmel aber fuhr ein heftiger Blitz und beleuchtete die verzerrten Züge des schwarzen Mädchenräubers recht bengalisch. Nachdem es gedonnert hatte, spie er heftig vor uns aus und knirschte mit den Zähnen: "O ihr ruchlosen Übeltäter! Ihr Feinde des wahren Gottes und aller gerechten Muselmänner! Wie werdet Ihr es bereuen, daß Sangaremi zu spät mit den Mädchen von Balulu kommt. Ich werde eure Fußsohlen mit Ruten streichen lassen und mir Werg in die Ohren stopfen, damit mich euer Flehen nicht erreicht. Ich werde euch über den Feuern rösten lassen und den kannibalischen Gelüsten des üblen Waldvolkes ausliefern. Doch diese Strafen - die euch alle sowieso gewiß sind

- was sind sie gegen die Martern, die ihr erdulden sollt, kauft euch Auswürflinge nicht Ben Theo Hassan, der Agent des Berliner Wintergartens!"

Unter dieser unerfreulichen Prämisse trieb man uns wieder nach dem Platze, den wir nach Willen Kilonga Longas einnehmen mußten, waren wir doch Sklaven und durften uns nur nach dem Wunsche unseres Herrn bewegen.

Kaum daß sich unsere Peiniger entfernt, ging auch schon ein heftiger Regenguß nieder, und wir krochen, soweit dies unsere Fesseln erlaubten, dicht unter den Baum. Ich zog die Knie an, breitete mir Mr.Bonnys blauen Rock, den ich seit dem Morgen, da Stanleys Kisten zur Verteilung gelangten, mein Eigen nennen durfte, über den Kopf und sah aus dem kleinen Zelt, das sich so über mir gebildet hatte, hinaus in den Regen.

Welche neuerlichen Fährnisse! Sangaremi würde nie in Kilonga Longas Lager eintreffen, das war gewiß - es sei denn, die Männer von Balulu hätten seine sterbliche Hülle dem Fluß anvertraut. Was für ein beunruhigender Gedanke! Welche Martern würde man erst zu gewärtigen haben, wenn Kilonga Longa die Leiche des Mannes gebracht wurde, dessen Ankunft er so sehnlich erwartete! Ich hoffte inständig, daß die Würmer einer fluvialen Beisetzung Sangaremis zuvorgekommen waren.

Niemand sagte etwas. Selbst Dr.Blüm, der links von mir angekettet war, schwieg beharrlich unter Stanleys Mütze. Der Regen rauschte immer weiter, und ich fragte mich, wie dieses Land wohl in der eigentlichen Regenzeit zu ertragen wäre, die, wenn ich Gorilla Monsoon recht verstanden hatte, im März zu erwarten war. Oh, wo würde man im März sein? Oben in Ipoto - im Lager des Einäugigen? In Jambuja - auf der Suche nach Makupete dem Buckligen? Oder womöglich doch in Berlin - auf der Bühne des Wintergartens? Und was machte ich, wenn ich dort meinem Großvater begegnete? Eines schien mir damals auf jeden Fall gewiß - in Bonn würden wir nicht sein ...

Nach einer halben Stunde schlug das Wetter um. Das bleigraue Gewölk löste sich auf, und es zeigten sich am blauen Himmel die eilenden Wolken, die Segler der Lüfte! Und als die Sonne uns erreichte, nahm dies der Kanzler gleich zum Anlaß, seine Jacke abzuwerfen und uns mit der Gedankenfrucht bekannt zu machen, die in ihm während des regnerischen Intermezzos herangereift war:

"Ich bin dafür, meine Herren, daß jetzt jeder von uns nicht nur offenlegt, sondern auch ganz offen anspricht, wie er diese überaus schwierige Wegstrecke meistern will. Da sind eben allerlei Thesen aufgestellt worden, die ich so nicht akzeptieren kann! Des wurmt mich allerdings überhaupt nicht!"

Dann wandte er sich an Gorilla Monsoon und Li Feng und bedeutete ihnen, daß das, was jetzt käme, eine rein deutsche Angelegenheit sei. Er wisse nicht, inwieweit sich ihre Pläne durch den Auftritt dieses Hassans verändert hätten, er selbst jedenfalls sei fest entschlossen, die einmalige Gelegenheit, von hier aus direkt nach Berlin zu kommen, beim

Schopfe zu packen, weshalb für seine Herren jetzt das Gebot der Stunde nichts anderes sein könne als - - *Brainstorming!*

"Brainstorming?" frug der Außenminister entgeistert.

"Brainstorming", bestätigte der Kanzler. "Richtig, Hans-Dietrich. Zehn Minuten hat jeder Zeit." Nach dieser Frist wolle er von jedem einzelnen hören, was er für die Bühne des Wintergartens anzubieten gedächte. "Und wer nichts kann, meine Herren, beim dem wird sich der Kilonga Longa dann entsprechend bedanken."

So saßen wir also da und grübelten, was vorzuweisen wäre an schöner Fertigkeit und an besonderem Geschick. Wenn ich auch in meinem Innersten nach wie vor der jambujanischen bzw. makupetischen Lösung anhing, so schien es mir doch geraten, wenn die Reihe erst an mich gekommen, guten Willen zu zeigen, und ich erwog infolgedessen nervös, welche meiner Kenntnisse derart ausgeprägt war, daß ich mit ihr vor den verwöhnten Ansprüchen des Berliner Publikums bestehen würde können.

Ich fand mich bei meinen Überlegungen jedoch durch Norbert Blüm gestört, der unentwegt ein merkwürdiges Brummen und Murmeln hören ließ. Als ich ihn herzlich bat, dieses solange zu unterlassen, bis auch mein "Brainstorming" geschehen sei, empfing ich indes von ihm die Belehrung, daß diese Geräusche ("Mehr verrat ich net, Schüttauf!") zu den von ihm projektierten Künsten gehörten.

Hans-Dietrich Genscher, welchen die Drohungen des Sklavenjägers recht fahl hatten werden lassen, schnitt unentwegt Grimassen, so daß ich schon besorgte, er wolle seine Darbietung darauf beschränken, wie die Gummipuppe aus jener unendlich einfältigen Fernsehserie mit den Ohren zu wackeln.

Was aber mochte in Gerhard Stoltenberg vorgehen? Ich musterte ihn unauffällig. Es war nicht auszumachen, ob der Mann, der ja bereits einmal in der Hütte von Balulu in einer Rolle aufgetreten war, sich nun ein zweites Mal für ein Schauspiel zur Verfügung stellen wollte. Er trug sich gerade, wirkte gesammelt und schien den in Aussicht gestellten Bestrafungen mit der Gelassenheit eines Mannes entgegen zu sehen, der über seine Zukunft bereits nach anderen Maximen Verfügung getroffen hatte:

> "Der eine fragt: Was kommt danach?
> Der andre fragt nur: Ist es recht?
> Und also unterscheidet sich
> Der Freie von dem Knecht."

Es war insofern ratsam, wenn ich meinen Minister in meine Überlegungen miteinbezog und ihn so vor dem Zorn des Kanzlers in Schutz nahm. Um so bedauerlicher war es, daß mir partout keine Bühnenkunst, geschweige denn eine Zugnummer einfallen wollte.

"Stopp!" rief der Kanzler nach ungefähr drei Minuten aus. "Also, Kollege Blüm - heraus mit der Sprache!"

Zur allgemeinen Irritation verfiel der Arbeitsminister in ein lautes Kichern, schlug sich mit der Hand auf den Mund, was alle Ketten klirren ließ, und erwiderte dann prustend: "Des genau net, Herr Dr.Kohl!"

Bevor sich der Kanzler zu dieser Unbotmäßigkeit äußern konnte, hatte Dr.Blüm angefügt, wir möchten jetzt bitte alle einmal ganz genau auf sein Gesicht achten. Nachdem sich auch Gorilla Monsoon und Li Feng, die diesmal am Ende unserer Reihe angekettet waren, weit vorgebeugt hatten, schloß der Mann aus Rüsselsheim den Mund bis auf einen schmalen Schlitz, sagte zunächst, ohne die Lippen weiter zu bewegen, recht dumpf "Gestatten, Blüm, Bauchredner!" sowie in seiner gewöhnlichen Art "Freilich - es will noch e bissi geübt sein!"

Wir waren alle gespannt, wie der Kanzler diese an sich kurze Darbietung aufnehmen würde. Zur allgemeinen Erleichterung nickte Helmut Kohl jedoch beifällig zu diesem Kunststück und merkte lobend an, dies sei genau der Geist, den er sich in seinem Kabinett schon immer gewünscht hätte.

Es muß wohl bei der Erwähnung des Geistes gewesen sein, als mir plötzlich einfiel, wie ich mich ebenfalls würde auszeichnen können.

"Hans-Dietrich!"

Der Außenminister fuhr zusammen, als sein Name genannt wurde, denn in der Reihe wäre ich der nächste gewesen. Er stotterte, daß er sich zunächst wegen der Koalitionsfrage entschuldigen wolle. Zwar könne er sich nur sehr schwer vorstellen, sich gegen Entgelt auf einer Bühne sehen zu lassen, da er jedoch nicht als Spielverderber gelten möchte, sei er zu dem Schluß gekommen, als - er zögerte merklich - "als Damenimitator" sein Glück in Berlin zu suchen.

"Als Damen - -!" rief der Kanzler ungläubig aus. "Du, Hans-Dietrich?"

"Genau", erwiderte jener sichtbar gekränkt und fügte an, wenn dieses aber nicht auf Zustimmung stieße, so sehe er sich eben gezwungen, einer anderen Herzensneigung zu folgen.

"Herzensneigung - -?" Der Kanzler starrte den alten Freund und Weggefährten an, als wittere er Sodom und Gomorrha.

"Ich stelle mich dann unter die grüne Fahne des Islam, Helmut!"

War es der Abwärtssog, den der Liberale instinktiv scheute, war es die plötzliche Erleuchtung, daß kein Rechtgläubiger in die Sklaverei geführt werden dürfe - es löste auf jeden Fall erhebliche Bestürzung aus, daß der Hallenser nun statt des Seitenwechsels zur Sozialdemokratie den Übertritt zum Islam in Aussicht stellte.

Gottlob rettete Dr.Blüm die Situation, indem er geistesgegenwärtig und immer noch auf der Woge seines Erfolges schwimmend, versetzte, als Bauchredner von Format müsse er auch eine Assistentin haben, und er persönlich hätte gegen den Kollegen Genscher nicht das mindeste einzuwenden - wofern die Kostümfrage befriedigend gelöst werden könne.

Leider hatte er mir damit, ohne daß er es ahnen konnte, einen meiner Trümpfe aus der Hand genommen, so daß ich, als die Reihe an mich gekommen, voranschicken mußte, auch meine Ideen hätten die Richtung genommen, in erweiterter Formation aufzutreten.

"Als Arabertruppe?" fragte der Kanzler matt.

Ich schüttelte den Kopf und erwiderte, indem ich einen vielsagenden Seitenblick auf Mr.Monsoon und Li Feng warf, so wenig präzise auch meine Angaben aus gewissen Gründen sein dürften, so gut könne ich mir doch ein Trio "Dr.Stoltenberg - Omar - Schüttauf" vorstellen.

"Des mit dem Aff, des reicht nicht", rief Dr.Blüm erregt dazwischen, "des wissen Sie so gut wie ich, Schüttauf!"

Daran sei auch keineswegs gedacht, bedeutete ich ihm. Vielmehr gründe meine Kunst ganz auf einer soeben entdeckten Ader zur Wahrsagerei - etwa historische Ereignisse betreffend. Dr.Stoltenberg und Omar seien dabei das schmückende Beiwerk, brächten die

Kristallkugel, nähmen Fragen des Publikums entgegen und schlügen hin und wieder Salti.

"Salti?" Der Kanzler sah mich einen Augenblick lang recht verständnislos an. Dann aber ging ein Leuchten über sein Gesicht. Er schüttelte mir, so gut es die Ketten zuließen, herzlich die Hand und dankte mir mit den Worten: "Schüttauf, ich muß Ihnen ganz offen sagen, des ist ein Standbein, auf des wir uns gut und gerne alle setzen können!"

Dr.Stoltenberg räusperte sich ungehalten. "Es ist dies aber, Herr Bundeskanzler, die Idee von Herrn Schüttauf aus meinem Hause. Doch nun, mit Verlaub und allem schuldigen Respekt, hätte ich gerne gehört, was Sie sich ausgedacht haben."

"Ich?" fragte dieser sichtlich überrascht. "Na, ich mach doch den Impresario von der ganzen Truppe."

So saßen wir also unter dem Baume und übten unsere Künste.

Der Arbeitsminister brummte und murmelte mit halbgeöffneten Mund und hieß den Kanzler die Hand auf seinen Bauch legen, ob denn schon etwas zu fühlen wäre, Hans-Dietrich Genscher rief ein ums andere Mal mit hoher Fistelstimme "Mesdames et Messieurs, je vous presente Norbert Blüm!", bis ihn Dr.Stoltenberg anfuhr, seines Wissens nach möge man anno 1891 in Berlin "keinen Franzen leiden", worauf ihm der Kanzler - "als Impresario" - nahelegte, lieber seinem Omar den Salto zu lehren, Gorilla Monsoon und Li Feng gaben zu diesem und jenen ihren Ratschlag - und ich erwog in all dem Durcheinander, ob es für mich als Wahrsager denn tunlich sein könne, über die Erfindung des Automobils hinaus auch solche Ereignisse wie den Ersten und Zweiten Weltkrieg vorauszusagen.

Es muß wohl an dem Lärm, den wir dabei vollführten, gelegen haben, daß wir erst sehr spät auf Ben Theo Hassan aufmerksam wurden. Der Sansibarite schritt im vollständigen Gewand eines Wüstenarabers gemessenen Schrittes auf uns zu, und wir hätten ihn in dieser neuen Tracht fast nicht erkannt, wären da nicht der blauschwarze Knabe gewesen, der ihm voranging und auf gefaltetem Stoff ein gewaltiges Krummschwert trug, sowie Kasim, der gelehrte Schreiber.

Es sah so aus, als ob Ben Theo Hassan den großen Zorn überwunden hatte. Er lächelte uns zu, neigte sogar ein wenig den Kopf zu unserer Begrüßung, und wäre da nicht in seinen Augen ein gewisses Glimmen gewesen, so hätte man meinen können, daß wir in dieser Welt, welche es doch so auf uns abgesehen hatte, endlich einen Freund gefunden hätten ...

"Es bekümmert mich zutiefst, Euch fränkische Männer in Kilonga Longas Ketten zu sehen", versetzte er und verlieh seinem schwarzen Gesicht ein schmerzlichen Ausdruck. "Wisset nämlich, daß das Herz von Ben Theo Hassan für Eure Heimat und den jungen Kaiser schlägt seit den Tagen, da mein Vater übers Meer heim ins Reich mußte. Sagt mir, almânjas, habt Ihr Ben Theo Hassan Kunde von ihm gebracht?"

"Ei, von Ihrem Vater, Sidi?" fragte Dr.Blüm höflich.

Ben Theo Hassan nickte würdig. Dann winkte er seinem Schreiber, worauf dieser die Ledertasche öffnete und ihr erneut einen Umschlag entnahm. Der Sansibarite erbrach eigenhändig das Kuvert und holte eine photographische Aufnahme hervor, welche er zunächst ehrfürchtig an seine Lippen führte, um sie uns dann kurz hinzuhalten. Soweit ich sehen konnte, handelte es sich bei dem Abgebildeten um einen dicken weißen Mann in Uniform.

"Hm, preußische Kriegsmarine", flüsterte mir Dr.Stoltenberg leise zu, "Obermaat in Überzieher. Vermutlich 2.Torpedoabteilung, Schüttauf."

Ben Theo Hassan hatte das kostbare Bild wieder an sich genommen und hielt es an seine Brust gedrückt. "Wisset, dies ist mein Vater, der Obermaat Theodor Paulitschke, welcher meine Mutter in Sansibar, wo Zimt und Nelken blühen, umfing und mir das Leben schenkte, bevor es ihm gefiel, mit der 2.Torpedoabteilung in seine Heimat nach Mecklenburg zurückzukehren."

"Paulitschke - -?" Der Kanzler zeigte sich deutlich überrascht.

Der Sohn des Obermaats nickte und gab dem Knaben ein Zeichen, worauf dieser sogleich den Stoff entfaltete. Es war eine blaue Marinejacke. "Sehet den Überzieher, das Gewand meines Vaters!"

Wir alle fühlten in dieser Sekunde wohl das gleiche: Es wäre unserer Wohlfahrt am Luhali gewiß am dienlichsten, wenn der Kanzler ein einziges Mal nicht die Wahrheit spräche, sondern sich - nun, sagen wir - der Notlüge bediente und etwa freudig ausriefe: Jawohl, eben dieser Herr Paulitschke ließe seinen Sohn durch uns herzlich aus Mecklenburg grüßen!

War auch ich selbst im Gebrauch und der Anwendung der Religion seit meiner Jugend gleichgültig, so hatte ich mich doch auch in den Fragen des Glaubens gründlich zu bilden gesucht und wußte deshalb aus einer Veranstaltung des Bonner Moraltheologen Böckle, daß die christliche Lehre eine solche Lüge sehr wohl erlaubte. Freilich, der Mann aus Oggersheim war kein Heiner Geißler, dem jesuitische Kasuistik stets und überall zu Gebote stand, und so hörten wir zur allgemeinen Bestürzung den Kanzler fortfahren:

"Einen Brief vom Paulitschke - -? Nein, nicht daß ich wüßte."

Der Agent schaute enttäuscht aus. Wohl um ihn zu trösten, fuhr der Kanzler fort: "Ach, wissen Sie, ich muß Ihnen ganz offen sagen, ich bekomm im Jahr fünfunddreißigtausend Briefe, ich kenn die ganzen Leute zum größten Teil gar nicht."

Der Außenminister, der in diesen Dingen weniger heikel sein mochte, wie sein projektierter Eintritt in die Koranschule bewies, hustete darauf so beharrlich, daß dem Kanzler plötzlich doch noch beifiel, welche Antwort günstiger gewesen wäre, und so suchte er eilig den Schaden gutzumachen: "Es kann aber recht gut auch was von einem Paulitschke dabeigewesen sein, nicht wahr, Hans-Dietrich?"

Nein, es war der Kanzler nicht der Mann, den Teufel festzuhalten. Gleich hatte der Sansibarite den Betrug gewittert und zeigte sich äußerst verstimmt.

"Sidi", rief Dr.Blüm schnell, "er hat's nicht so gemeint. Dem geht als unser Impresario immer viel durch den Kopf. Des sag ich Ihnen als Bauchredner!"

Die letzten Silben hatte er unter Anwendung eben dieser hohen Kunst recht undeutlich gemurmelt, so daß, als Ben Theo Hassan gereizt nachfrug, er sie nicht nur deutlich wiederholte, sondern auch vorschlug, er, der Ben Theo Hassan, möge sich doch die gesamte Palette unseres Könnens zeigen lassen, denn: "Ei, vielleicht wird's ja doch was mit uns und dem Wintergarten!"

"Mesdames et messieurs, je vous presente Norbert Blüm!"

Ohne die Antwort des Agenten abzuwarten, suchte Hans-Dietrich Genscher sogleich mit fistelnder Stimme ins Fahrwasser der Damenimitation zu geraten.

Und da der Bauchredner in Norbert Blüm nun genauso ratternd loslegte wie Omar der Affe, welcher zum Verdruß seines Herren einige artige Saltos in Ketten schlug, mochte auch ich nicht hintanstehen und wahrsagte Ben Theo Hassan hastig aus einer imaginären Kristallkugel das Dreikaiserjahr, bis mich Dr. Stoltenberg streng darauf auf meinen Irrtum hinwies, hätte dasselbe doch bereits vor einiger Zeit, nämlich im Jahre 1888, stattgefunden! Woher der Kanzler seine Kenntnisse über das Tätigkeitsfeld eines Impresario bezog, wußte ich nicht - auf jeden Fall ließ er mehrfach ein lautes "Ganz großartig!" sowie ein polyglottes "Wonderful, wonderful!" hören, und auch die Fesseln hinderten ihn nicht, mit großem Stolz und einigem Gestenreichtum auf seine Männer zu weisen.

Ben Theo Hassan war gleich zu Beginn dieser Schaustellung zurückgeprallt und starrte uns mit offenem Munde derart verblüfft an, daß wir nach und nach mit unserer Vorführung abbrachen. Für einen langen Augenblick herrschte ein wahrhaft bleiernes Schweigen.

"Künste", schrie dann der Mann aus Sansibar plötzlich und lachte schrill auf, "Künste! So, Künste nennt ihr das!"

Er riß zum allgemeinen Entsetzen den Säbel aus der Hand des blauschwarzen Knaben, warf die blanke Waffe blitzschnell in die Luft, fing sie dicht über dem Kopf des unglücklichen Impresarios wieder auf, und dann sagte eine Stimme, welche wie die von Hans Klein klang, aber eindeutig aus dem Bauche von Dr.Blüm kam: "Künste - êsch elfuschâr di - was ist das bloß für ein törichtes Geschwätz mit Euren Künsten!"

Der Bundesarbeitsminister mußte kleinlaut feststellen, daß Ben Theo Hassan bei seiner Bauchrednerei den Mund nicht einen einzigen Spalt offengelassen hatte. Doch die Demütigung des Kabinettes war noch nicht zu Ende. Der Agent des Berliner Wintergartens verstand sich wohl gewerbsmäßig auf alles, was auf einer Bühne Erfolg hatte. Er baute sich vor Hans-Dietrich Genscher auf, gab mit wenigen Handgriffen seinem eigenen Kopftuch Form und Gestalt des Schador, riß die Augen wie eine Antilope auf und versetzte mit dem schmelzenden Organ einer Scheherazade: "O du armselige Spottgeburt! Welchem Manne in Berlin fiele es wohl ein, ausgerechnet mit dir den süßen Speichel der Liebe zu tauschen?"

Den Außenminister überzog Schamesröte, er hielt den Blick zu Boden gesenkt, und ich konnte nicht umhin, ihn lebhaft zu bedauern. Nein, ihm, der in Bonn so gerne unprätentiös, sachorientiert, manipulationslos sprach, ihm war sie einfach nicht gegeben, die hohe Kunst der Damenimitation.

Dann wandte sich der Agent mir zu.

"Dir, Wahrsager, laß gesagt sein, daß Ben Theo Hassan deine Zukunft in einem Lichte sieht, welches schwärzer brennt als die Feuer des Scheitans."

Er lachte gräßlich, drehte sich auf dem Absatz um und wollte davonschreiten, doch der blauschwarze Knabe und Kasim der Schreiber hatten durch den jähen Aufbruch große Mühe, ihrem Herrn, so wie die Ordnung es gebot, mit Schwert und Rock und Ledermappe voranzugehen. Dadurch trat eine kleine Verzögerung ein.

"Erbitte Eure Verzeihung, Mr.Hassan, Sir", sagte Mr.Monsoon, welcher sich ebenso wie Li Feng die ganze Zeit auffallend schweigsam verhalten hatte, "hörte vorhin zufällig, Ihr seid in Verlegenheit um einige Mädchen."

Ben Theo Hassan blieb stehen, hatte uns jedoch den Rücken zugewandt, so daß nicht zu erkennen war, wie er diese Unterbrechung aufgenommen hatte. Der blauschwarze Knabe hielt ihm den Rock seines Vaters hin, worauf der blitzende Säbel ruhte. Der Sansibarite streckte langsam die Hand nach der Waffe aus.

Ich hielt den Atem an.

"Wamanga, Sir", fuhr der Amerikaner fort, "solltet Euch einmal in Wamanga umtun."

"Selber Rat von Eurem minderen Diener Li Feng!"

Der Mädchenhändler aus Sansibar drehte sich langsam nach den beiden um.

"Wamanga", murmelte er und in seinen blauen Augen zeigte sich begehrliches Funkeln, "was wißt ihr von Wamanga?"

DR.EMIN PASCHA

Wamanga! Kaum war er gefallen, der unselige Name, als der Sansibarite auch schon schrie, man möge Mr.Monsoon und Li Feng augenblicklich die Ketten abnehmen und sie nach hinten ins Lager bringen!

Der aufmerksame Leser wird sich erinnern, daß der Ortschaft zum ersten Male Erwähnung in den vorliegenden Blättern getan ward, als es um gewisse Dinge ging, deretwegen - obzwar sie an sich unschuldig genug - seit dem Eintritt des Menschen in die Geschichte eine große Menge Lärm erzeugt worden ist.

Die Dichter aller Zeiten sind nicht müde geworden, sie nach Gestalt, Form, Farbe zu preisen, schon der steinzeitliche Maler und frühgeschichtliche Skulpteur brachte sie in voller Deutlichkeit zur Geltung, und selbst im katholischen Kirchenraum schien man die bloße Brust nicht missen zu wollen, mal als accessoire einer hintüberstürzenden Verdammten, mal als *conditio sine qua non* einer zierlichen *madonna lactans* - ganz zu schweigen von den Deckengemälden des Barocks, auf denen allegorische Frauengestalten quer durch die wolkige Luft schweben, wodurch sich ihr Gewand bedeutend verschiebt. Bloß der Symphoniker blieb besonnen, hielt in diesen Dingen Maß und Ziel und beschränkte sich auf die Rheinische, die Alpen- beziehungsweise die Schicksals-Symphonie.

"Wamanga - -?"

Nun, Hans-Dietrich Genschers Ratlosigkeit, sie war verständlich, hatte ich doch bislang keinen Anlaß angesehen, irgendjemand über die zweifelhafte Vorlesung, die mir in Balulu über die afrikanische Brust gehalten ward, Mitteilung zu machen.

"Eins steht fest", jammerte Dr.Blüm, "er hätt 'Wamanga' besser nicht gesagt, der Gorilla!"

"Da gibt's aber eine Parallelfrage, die gleichzeitig läuft, Blüm", fügte der Kanzler ernst an, "was gibt es bloß besonderes in dem Wamanga - außer Mädchen? Ja, Schüttauf, haben Sie denn eine Ahnung?"

Ich zog es vor, mit den Schultern zu zucken.

"Auf jeden Fall muß es was ganz Furchtbares sein", ängstigte sich der Außenminister, "sonst hätten sie sie nicht weggeschleppt. Helmut, wenn uns dieser Hassan nach Wamanga fragt - am besten, wir stellen uns dumm!"

"Einverstanden!" rief der Kanzler. "Gute Idee!"

"Was wohl jetzt mit den beiden geschieht?" Hans-Dietrich Genscher rieb sich schaudernd die Arme, als er an das Schicksal unserer Reisegefährten dachte.

"Foltern werd er sie, der Ben Theo Hassan!" spann sich Dr.Blüm düster aus. "Vielleicht, daß er sie bloß e bissi mit Brennesseln schlägt! Des wär allerdings Glück für den Gorilla und den Li Feng!"

Der Außenminister stöhnte laut auf.

"Ei, schlimmer wär's mit Dornen oder Kakteen, Kollege Genscher", fuhr Dr.Blüm unverdrossen fort, "genausogut kann er sie aber auch gefesselt ins Wasser stecken, drunten am Luhali, bis des Krokodil kommt, und sie erst im allerletzten Augenblick wieder rausziehen. Oder der Hassan nimmt Giftschlangen! Hat der Gorilla erstmal so ein Reptil auf der Brust sitzen, dann muß er sagen, was los is in Wamanga. Ja, früher, da hat man ja gern und oft die Glieder abgeschlagen, so Stück für Stück."

Er schlug sich lachend vor die Stirn. "Ach Gott, 'früher', was red ich denn da - wir sind ja in 'früher'! Oder siedendes Pech. Aber des werd er net dabei haben, der Hassan, des Pech, gell? Aber vielleicht der Kilonga Longa? Auf jeden Fall: furschbar, furschbar!"

Dr.Stoltenberg bedeutete dem Rüsselsheimer Dante mit einem strengen Blick, mit der Ausschmückung der Hölle nicht weiter fortzufahren, waren doch des Außenministers Augen so bedenklich aus den Höhlen hervorgequollen, daß nicht nur ich um die Gesundheit des Hallensers besorgt war.

Was jedoch das Los unserer beiden Reisegefährten betraf, so wollte ich zunächst die Befürchtungen Dr.Blüms nicht teilen, und wenn uns auch die Stangenwand des hohen Pferches die Sicht auf alle Vorgänge am Feuer verstellte, so war mir doch, als ob sich die zwei Männer gegenwärtig in weitaus angenehmerer Lage befanden als wir, die wir immer noch in Ketten unter dem Baume lagen.

Indes erklangen aus des Lagers Mitte nun Geräusche, die derart beunruhigend, ja grauenerregend waren, daß mein diesbezügliches Gedankengebäude sofort zusammenbrach und ich mich den Visionen Norbert Blüms auf der Stelle anschloß. Es folgte nämlich einem scharfen Knallen ein Klatschen, einem dünnen Pfeifen ein Stöhnen, und wenn mich nicht alles trog, so rührte der menschliche Laut von der Anstrengung her, mit der man da die Peitsche schwang und nicht etwa von der bedauernswerten Kreatur, mit der man solcherart verfuhr. Mr.Monsoon und Li Feng mußten wahrhaftig aus dem Holze eines Hiob geschnitzt sein, wenn sie die Nilpferdpeitsche Kilonga Longas derart klaglos ertrugen. Und dann war alles für einen grauenhaften Augenblick still.

Dr.Blüm nahm Stanleys Mütze vom Haupt und betrachtete sie nachdenklich. Der Außenminister ächzte, der Kanzler sprach ein Vaterunser, und Gerhard Stoltenberg frug mit verhaltener Stimme, welche Strophen des Liedes "Ich hatte einen Kameraden" uns präsent seien.

Um so größer war unsere Überraschung, als nach einiger Zeit der blauschwarze Knabe um die Ecke des Pferches bog, den Kopf mit dem weißen Turban neigte und höflich zur Seite trat, um niemand anderem Raum zu geben als - - Mr. Monsoon und Li Feng.

"Gorilla! Li Feng!" rief der Kanzler. "Ganz ohne Blessuren! Ja, hat man Sie denn nicht gepeitscht?"

"Uns, Sir?" Der Amerikaner schüttelte verblüfft den Kopf. "Gepeitscht? No, Sir!"

"Die Sorge von ehrenwertem Herrn Kohl um seine minderen Diener völlig uberflussig. Prächtigem Kilonga Longa hat es gefallen, Peitsche auf dem Rucken der schwarzen Teufel zu schwingen."

"Well, Mr.Kouhl - die Watussis!" Mr.Monsoon seufzte und setzte eine sorgenvolle Miene auf. "Hat einen kleinen Aufstand gegeben. Stolze Burschen das! Erspart mir bitte alle Einzelheiten! Scheußliche Angelegenheit. Verlassen Euch deshalb nur ungern."

"Verlassen?" Der Außenminister schrie laut auf. "Wen - uns?"

"Well, I am sorry, Mr.Gensch. Kann Euer Scout nicht länger sein. Habe soeben mit Mr.Hassan einen Kontrakt abgeschlossen. Li Feng und ich bringen ihn morgen früh nach Wamanga."

"Wamanga?" rief der Kanzler sehr ungehalten. "Vielleicht ist jemand so freundlich und erklärt mir endlich einmal, was in dem Wamanga da besonderes los ist!"

"Es gibt doch auch noch Mädchen in Balulu, Herr Monsoon!" schlug der Außenminister hastig vor. "Beschreiben Sie Ben Theo Hassan den Weg! Er ist doch ganz einfach - immer den Fluß hinauf und dann rechts! Aber, um Himmels willen, bleiben Sie hier bei uns!"

"Des fehlt noch", fauchte ihn Norbert Blüm an, "die Mbuyi im Berliner Wintergarten! Und am liebsten im Bananenkostüm, was? Pfui Deibel, Herr Genscher!"

"Entpörend! Entpörend!"

Auch Gerhard Stoltenberg zeigte sich entsetzt über diesen Vorschlag und setzte bitter hinzu, wenn das liberale Element in der deutschen Afrikapolitik neuerdings soweit gehe, einen Stamm, bei dem man Gastfreundschaft genossen und Obdach gefunden, der arabischen Sklaverei zu überantworten, so wolle er dazu - "und gewiß auch Ministerialrat Dr.Schüttauf!" - in aller Deutlichkeit sein *"Quousque tandem, Genscher!"* vernehmlich gemacht haben.

Der Kanzler unterband sofort alle weiteren Ausführungen des Minister, indem er an den Ketten zog, daß wir alle durcheinanderfielen. "Wamanga!" brüllte er. "Was is los in Wamanga?"

"Oh, haltet Euch ganz an Mr.Schüttauf, Sir", erwiderte Gorilla Monsoon, "er weiß über alles in Wamanga Bescheid."

Der blauschwarze Knabe trat nun hinzu und zupfte den Amerikaner am Ärmel, ihm damit bedeutend, daß er unter so bewandten Umständen das Gespräch gerne auf der Stelle beendet sähe. Der Amerikaner beugte sich noch einmal zu uns hinab und flüsterte hastig: "Tut mir aufrichtig leid, Gentlemen! Ihr seht, daß ich Euch jetzt wirklich mehr nicht sagen kann. Versuche, heute abend noch einmal zu Euch zu kommen!"

Die drei waren noch nicht ganz verschwunden, als der Kanzler auch schon wie ein Metzgerhund knurrte: "Schüttauf, nun machen Sie endlich den Mund auf!"

Was konnte ich also tun, als Bericht zu erstatten?

Doch so sehr ich auch die Ungeheuerlichkeiten mildernd schwächte, indem ich betonte, dies alles stünde nur "wahrscheinlich" in Gorilla Monsoons Buch, und was "die Formen und die Farben" beträfe, nun ja, so könne ich mich an jede Einzelheit nicht mehr besinnen, am Ende traf mich doch das unwirsche Brummen des Kanzlers, und ich dankte es dem Minister, als er mich mit den Worten "Sie schlagen, Herr Bundeskanzler, den Sack anstatt des Esels!" in Schutz nahm.

Der Kanzler verbat sich diese Belehrung sehr gereizt, doch Dr.Stoltenberg konnte sich des Zusatzes nicht enthalten, daß ihn dieses josephische Getue bei einem Mann wundere, der seinerzeit ("Es muß wohl 1979 gewesen sein, Omar!") ausgerechnet in seiner Heimatstadt Kiel den Vorsitz über eine schändliche Veranstaltung geführt habe, welche als der 'Oben-ohne-Parteitag' unrühmlichst in die Geschichte der Christdemokratie eingegangen sei.

Hatte sich der Minister auch an den Affen gewandt, so waren diese Worte doch bei allen deutlich vernehmbar gewesen, und es konnte nicht ausbleiben, daß, nachdem manch heftiges Wort gefallen, ein bedrückendes Schweigen entstand.

Oh, wie war es doch abermals vermehrt, das Quantum unserer Sorgen! Die künstlerische Laufbahn war durch die hohen Ansprüche von Ben Theo Hassan verstellt, die daraus folgende Unverkäuflichkeit würde alsbald den Zorn des Sklavenjägers auf sich ziehen, und Gorilla Monsoon und Li Feng, die, obschon von letztlich undurchschaubarem Charakter, doch bislang als Freunde und Gefährten an uns gehandelt hatten, befanden sich auf dem Wege zu den Mädchen von Wamanga!

Und zwischen uns herrschte Unfrieden und Zank.

Makupete der Bucklige - und mit ihm Bonn - schienen weiter denn je entfernt. Überhaupt - wer mochte inzwischen Kanzler geworden sein? Möllemann? Rühe? Frau Adam-Schwätzer? Ich mußte mir eingestehen, daß mir völlig unklar war, was die Verfassung für den Fall eines Verschwindens von Kanzler und Vizekanzler vorsah, hütete mich jedoch, eine diesbezügliche Frage zu stellen, um den Kanzler nicht noch mehr gegen mich aufzubringen ...

Kaum war dies gedacht und beseufzt, trat auch schon Kilonga Longa um die Ecke. In der Hand hielt er die Nilpferdpeitsche - und wenn wir von Mr.Monsoon nicht bereits aufgeklärt worden wären, so hätte uns die dunkelbraune Färbung auf der geflochtenen Schnur erzählt, zu welchen Schandtaten der Häuptling der Manjemas fähig war!

Er befand sich in allerübelster Laune!

"Dâk sidri - die Geduld ist mir wahrhaftig ausgegangen! Habe ich euch fränkische Hunde nicht seifen und rasieren lassen, wie es dem Chalifa in Basrah nicht besser widerfährt! Habe ich euch Auswürflinge nicht genährt mit köstlicher Speise! Und nun? Di ê di - was höre ich? Vom Kaufe nahm Abstand Ben Theo Hassan, der ehrwürdige Agent des Berliner Wintergartens, mich meiner Ware höhnend vor allen Manjemas! Nur den gelben Hund hat er erworben zusammen mit dem weißen Teufel, der da genau wissen will, wo das weitberühmte Wamanga liegt!"

Wir duckten uns, den Schlägen seiner Peitsche auszuweichen, doch war nicht zu verhindern, daß uns die scharfe Schnur wie glühendes Eisen über Hände und Beine fuhr.

"Wahrhaftig, ich sage euch, sobald dieser Pferch voll ist mit den Mädchen, die mir Sangaremi und seine Brüder nach Allâhs Willen noch heute abend bringen, werde ich euch eigenhändig mit dieser Peitsche nach Kasala, Suakin, Dongola prügeln, nach Fascher, Abeschr, Masenja, nach Kismaju, Mombasa, Mokdischu, nach Kuka, Kano, Sokoto - oh, gleichgültig wohin, ihr werdet es schon sehen, Hauptsache, das Messer des mezai'jin ist scharf und lang, wenn er euch fünf Hundesöhne für den Dienst verschneidet!"

Wer weiß, welche Stätten des Menschenhandels er uns noch genannt hätte - eine Aufzählung, die überdies gar nicht nötig gewesen wäre, hatten wir doch diese Namen alle schon einmal von Gorilla Monsoon gehört, als wir auf dem Affenbrotbaume saßen - kurz und gut, Kilonga Longa wurde unterbrochen, denn es bog abermals der blauschwarze Knabe um die Ecke, doch diesmal folgte ihm sein Herr, Ben Theo Hassan.

Mit seinem weißen Wams und den prächtigen rotseidenen Hosen war er diesmal ganz à la turque gekleidet. Das Haupt bedeckte ein riesiger Turban, die Füße steckten in goldenen Schnabelschuhen, und an seinen Fingern trug der Mann aus Sansibar Ringe von ungewöhnlicher Größe.

"Attamâm - ausgezeichnet", rief Ben Theo Hassan zu der letzten Bemerkung des Sklavenjägers und klatschte freudig in die Hände, daß die Ringe metallisch klangen, "bakbal - wie stimme ich dir zu, o Bruder! Sabakt' ifkâri - du bist allen meinen Wünschen zuvorgekommen!"

Dann baute er sich vor uns auf, musterte uns der Reihe nach mit seinen blauen Augen und wies plötzlich auf Dr.Blüm. "Nur eine Bitte, überlaß mir, Bruder, diesen Mann da!"

Das war erstaunlich! Vorhin, als er den Minister das Hemd öffnen ließ, hatte er sich ungehalten gezeigt und ihn der Brust wegen gescholten. Und nun wollte er ihn kaufen! Sollten ihn womöglich die Künste des Bauchredners Blüm überzeugt haben? Sah er in dem kreglen Rüsselsheimer ein Talent, das der Förderung würdig war? Vor allem - wie würde sich Kilonga Longa dazu stellen?

"Mâ bakdar 'mil elli bitrido - ich kann nicht tun, was du begehrst, Ben Theo Hassan", erwiderte der Einäugige und mühte sich nach Kräften, ein betrübtes Gesicht zu schneiden, "gerade diesen Hund will ich besonders prügeln."

Ich wunderte mich ein wenig, daß Norbert Blüm, der einen Laut des Entsetzens ausgestoßen hatte, den muselmanischen Handelsbrauch nicht besser durchschaute. Ben Theo Hassan nahm indes die Ablehnung seines Wunsches weitaus gefaßter auf und nickte bedächtig mit dem Kopf.

"Mâ ba'rif akadim'lak ê tâ ardi châtirak - ich weiß nicht, was ich dir anbieten kann, um dir eine Freude zu machen", er nahm aus seinem Gürtel einen Beutel voller Münzen und hielt ihn Kilonga Longa hin, "und stehe selbst in deiner Schuld, wenn du mir den Mann um diese silbernen Taler läßt."

"Amma betih'ki sahih - sprichst du im Ernst? So wisse, daß ich diesen Mann um keinen Preis der Welt hergeben werde. Nimm diesen hier, den Fettwanst, den Prahlhans, den Mann mit den Knochen eines ifjâl, aber laß mir mein Juwel, mein Kleinod, meinen einzigen Schatz, Ben Theo Hassan!"

Der Agent wies bekümmert auf die schwarzen Wolken, welche sich über der Lichtung zusammenschoben. "Râh tischati - gleich wird es nach Allâhs Willen regnen, o Kilonga Longa, und mein Kostüm verdirbt. Verderbe du mir nicht die heitere Laune, nimm diesen weiteren Beutel hier und das Geschäft ist abgemacht."

"El-ard' 'atschschâne lima'tar ketir - die Erde hat den Regen nötig, und ich bedarf des rundlichen Schakals!"

Es konnte nicht ausbleiben, daß bei solch konträren Positionen ein dritter, ja ein vierter Beutel den Besitzer wechseln mußte, bis Dr.Blüm endlich in das Eigentum von Ben Theo Hassan übergegangen war. Der Sansibarite schien mit dem Geschäft dennoch recht zufrieden und murmelte erfreut: "Es paßt nach Größe und Gestalt der Franke vorzüglich zu dem anderen Knaben!"

Und dann gab er ein Zeichen, und man entfernte aus unseren Reihen Dr.Norbert Blüm, den Minister für Arbeit und Soziales der Bundesrepublik Deutschland, die soviel Geld besaß, um dieses ganze Afrika zu kaufen.

So hockten wir also nur noch zu viert in Ketten unter dem Baum, der Kanzler, der Außenminister, der Verteidigungsminister und ich, der Ministerialrat Robert Schüttauf. Es heißt, Omar der Affe gehörte auch zu der "Resttruppe Dr.Kohl", wie uns Dr.Blüm vielleicht launig bezeichnet hätte. Das Tier hing niedergeschlagen an der Kette, welche mit dem Halseisen des Ministers verbunden war, und es war, als ob auch es herzlich den Mann vermißte, der mit ihm so gerne Schabernack getrieben und ihm manchen guten Bissen überlassen hatte.

Der Regen strömte auf uns nieder, das Gerinn und das Geträufel weichte unsere Kleidung auf, wir waren hungrig wie die Wölfe und keiner wollte ein einziges Wort sagen. Des Kanzlers Blick war trüb und verschattet, Hans-Dietrich Genschers Gesicht wirkte eingefallen und fahl, ein Eindruck, den das dunkle Knebelbärtchen verstärkte. Man sah ihm deutlich an, wie leid es ihm tat, daß er in Unfrieden von Norbert Blüm geschieden war.

Auch ich fand mich ganz mit dem Verschwinden des Rüsselsheimer beschäftigt. Wer weiß, ob man ihn noch einmal wiedersehen würde? Das oft verletztend Misanthrope in Helmut Kohl, die stete Ängstlichkeit des Außenministers, die strenge Wissenschaftlichkeit Dr.Stoltenbergs - dies alles hatte in dem turbulenten Wesen Norbert Blüms Ausgleich und Gegenpol gefunden.

Und nun? Irgendjemand hat einmal den Blümschen Humor als Ausdruck kindlicher Frömmigkeit, inneren Gleichgewichtes und humaner Seelenkultur gerühmt. War's jener Pater Basilius Streithofen, welcher schon am Kanzler die *docibilitas* gefunden haben wollte, oder war's der gleichfalls fromme Johannes Rau bei der Verleihung eines Faschingsordens - einerlei, ich jedenfalls setzte diesem allen gerne den *homo ludens Blüm* voran, und das Bild, wie er mit Feuereifer schon an einem ersten Speere schnitzte, da wir anderen benommen unter dem Stelzenbaum ausschritten, würde keiner von uns vergessen können, sah man einmal vom Kanzler ab, der zu dieser Zeit ja krank und ohne rechte Besinnung gewesen! Gleichwohl versetzte dieser nun, das lange Schweigen brechend: "Er is ein guter Kerl, der Blüm!"

Wir alle stimmten lebhaft zu, nicht wenig froh, daß der Kanzler wieder sprechen mochte.

"Er hat im finnischen Huosiolampi", sagte Gerhard Stoltenberg gemessen, "seinem langjährigen Urlaubsort, Kenntnisse und Fertigkeiten vertiefen können, deren Fundamente er bereits in jungen Jahren bei der Pfadfinderschaft St.Georg legte. Kollege Blüm trat zunächst eine Werkzeugmacherlehre bei dem Traditionsunternehmen Adam Opel in Rüsselsheim an, oblag, obwohl an sich aus Rüsselsheim, nach dem Abitur am Abendgymnasium zu Mainz den Studien der Philosophie, Germanistik und der Theologie und hinterläßt drei Kinder namens Christian, Katrin und Anette."

"Um Gottes willen, Sie tun ja, als ob er schon tot wäre!" rief der Außenminister schaudernd. Auch mir kam ein Nekrolog auf Dr.Blüm verfrüht vor, denn wenn ich Ben Theo Hassan richtig verstanden hatte, war lediglich vorgesehen, dem blauschwarzen Kastor einen weißen Pollux zur Seite zu stellen. Und daß sich auch am Luhali nicht so schnell starb, hatten wir doch eben bei Gorilla Monsoon und Li Feng feststellen können.

Was nun wirklich aus ihm geworden war, dies festzustellen hinderte uns der unselige Pferch, dessen Leere uns zugleich daran erinnerte, daß Kilonga Longa, unser Peiniger und Besitzer, immer noch sehnsüchtig auf Sangaremi und die Mädchen von Balulu wartete.

Es war Abend geworden. Man nahm uns für einen Augenblick die Ketten ab, damit wir im Walde, freilich unter strengster Bewachung, nach den Notwendigkeiten des menschlichen Leibes verfahren konnten, und nachdem auch dieses geschehen, erhielten wir in einem Napf das Abendbrot.

Vom Lager her drang Lärm und fröhlicher Gesang zu uns hinüber, und mir war einmal, als hörte ich den Rüsselsheimer laut und anhaltend lachen. Wir hofften, daß es Mr.Monsoon und Li Feng gelänge, noch einmal zu uns zu kommen und uns über alle Neuigkeiten zu orientieren. Doch keiner von den beiden ließ sich sehen.

Allerdings tat sich an dem Pferch etwas. Die Waffenträger Hassans trieben die Watussis hinter die Zäune, und bald hörten wir, wie die eisernen Fesseln um ihre Gelenke schnappten. Dann kontrollierten sie auch unsere Schlösser und überließen uns für eine weitere Nacht unserem Schicksal - für eine Nacht, die, wie der Kanzler kopfschüttelnd errechnet hatte, die fünfte unseres afrikanischen Irrens war.

Der Mond war aufgegangen, das Gestirn hervorgetreten, über den Büschen schwebten Glühwürmchen, und vom Pferche her erklang schwermütig ein Madrigal. Es waren die Watussis, die es angestimmt hatten. Ich bedauerte die großgewachsenen Männer, die dort in Ketten lagen. Wie mochte es Ben Theo Hassan gelungen sein, dies kriegerische Volk zu fangen? War etwa vorgesehen, auch sie nach Berlin zu bringen, um sie bei einer Völkerschau vorzuführen?

Scham überkam mich. Wenn auch der Manjema und der Sansibarite schwarze Afrikaner waren, so war es doch das weiße Europa, welches den Markt für derlei finstere Geschäfte mit Mädchen, Waffen, Elfenbein schuf. Oh, wie wünschte ich mir damals in jener Lichtung, daß man - und zwar beizeiten - die Finger von jenem Kontinent gelassen hätte! Waren es nicht die Portugiesen gewesen, die dort als erste siedelten? Warum war man nicht seinerzeit in Portugal geblieben!

Ich stellte mir vor, wieviel besser es wohl um die Welt stünde, wenn allerhöchstes Gesetz verbäte, die Grenzen des eigenen Landes jemals zu verlassen.

"Von Afrika wissen wir nichts", so müßte etwa der Spanier dem neugierig übers Meer weisenden Sohne zurufen, drunten, an der Straße von Gibraltar, "und dabei soll es auch bleiben, hörst du, José!", während, drüben in Tanger, der Marrokaner mit seinem kleinen Achmed gleichermaßen verführe.

Freilich, wäre ohne jedes koloniale Streben ein Britannien groß geworden? Und stände es wirklich besser um Afrika, wenn man in Deutschland statt nach der Kakaobohne zu den heimischen Eicheln griffe, aus deren scharfem Brand unser Trank in den Monaten nach dem Weltkrieg bestanden hatte? Andererseits - beruhte nicht Europens ganzer Reichtum sowieso auf dem ehernen Gesetz, daß es anderen Menschen notwendigerweise schlechter gehen mußte?

Ich nahm mir vor - so es uns denn gelänge, in die Heimat zurückzukehren - mich dieser interessanten sozialen Frage sofort und gründlich zu widmen. Das heißt, nachdem der Rückstand aufgearbeitet wäre, den unsere afrikanische Reise gewiß verursacht hatte. Ich hoffte bloß, daß Selbach mit der Post nicht soweit in Verzug geraten war, daß unser Referat inzwischen nicht in schlechtem Rufe stand! Beruhigend war indes, daß - selbst wenn dies geschehen - es billigerweise nicht den Unmut meines Ministers auf sich ziehen konnte ...

Unter diesen und ähnlichen Überlegungen war ich bald eingeschlafen, und mir träumte, ich sei wieder daheim, in Bonn. Ich stand im Arbeitszimmer des Kanzleramts und besah mir in der Schrankwand die Mineralien Helmut Kohls. Alles war an seinem gewohnten Platz - die bunten Steine, der Holzelefant, die tibetanische Gebetsmühle und auch der rote Fetisch. Der Kanzler selbst saß an seinem Schreibtisch, er hatte eine braune Strickjacke angelegt und die Krawatte um die Stirn gebunden. Er unterschrieb gerade mit einer langen Feder meine Ernennungsurkunde zum Ministerialdirigenten. Noch war die Tinte nicht recht trocken, als er zu meinem Schrecken das Papier zerknüllte und es in das Lagerfeuer warf, das auf seinem Teppich brannte.

Der Kanzler lachte laut auf: "Ja was, bloß Ministerialdirigent - genau wie sein Aff, der Omar? Also, ich muß Ihnen schon ganz offen sagen, des is typisch für den Gerd Stoltenberg. Papperlapapp, Schüttauf, Sie werden mir Ministerialdirektor. Punktum."

Er schoß mit einer Pistole in die Decke, worauf sogleich der blauschwarze Knabe aus einer Tapetentür trat und ein weiteres Blatt brachte. Der Kanzler tauchte den Gänsekiel in ein hohes Tintenfaß, legte den Kopf zur Seite, ließ im Mundwinkel die Zungenspitze sehen und schrieb mit weitausholenden Zügen die neue Urkunde aus. Er hielt mir die Ernennung hin und zog mich freundschaftlich am Haar: "Da, Sie alter Afrikaner!"

Und dann riß er sich energisch beide Ärmel von der Strickjacke ab und sagte: "Ich heiße Helmut, Robert!"

Es war Omar der Affe, welcher mich aus diesen angenehmen Bildern weckte. Das Tier, das ich soeben zum Ministerialdirigenten erhöht gefunden hatte, zauste an meinem Haar und ließ ein nervöses Keckern hören. Ich schob ihn murrend beiseite und bedeutete ihm, er möge sich an Gerhard Stoltenberg halten und mich weiter träumen lassen, denn wenn eines dem Sklaven nicht genommen werden dürfe, so sei dies der Traum von jenen Stunden, da man frei und ohne Ketten, hörte Omar indes deutlich erwidern: "Aber so wachen doch wenigstens Sie auf, mein Herr!"

Mochten Omars Talente auch vielfältig und ausgeprägt sein, gesprochen hatte er bislang doch nicht! Ich fuhr also auf und - schlaftrunken wie ich war - ging mein erster Gedanke dahin, unverzüglich den Agenten des Berliner Wintergartens herbeizurufen und ihn mit der Nachricht zu überraschen, die "Resttruppe Dr.Kohl" disponiere ab sofort über einen sprechenden Affen.

Die anderen Herren schliefen indes so tief und fest, daß es mir doch sicherer war, bevor ich sie weckte, eine weitere Probe bei Omar einzuholen. Ich nahm den Affen vorsichtig auf, strich ihm über das Haupt und versetzte in der beiläufigen Art, mit der man auch die störrigsten Kinder zum Wiederholen eines drolligen Wortes bringt: "Was sagtest du eben?"

Omar sah mich jedoch nach Affenart an und schwieg beharrlich, so daß ich die Frage dringlicher wiederholte. Kaum war dies geschehen, hörte ich erneut die leise Stimme: "Psst, mein Herr!"

Sie kam allerdings nicht aus Omars Munde, sondern hinter dem Baumstamm her. Ich schob rasch den Affen beiseite, um nach der wahren Ursache zu forschen und entdeckte im fahlen Licht des Mondes einen Mann, der die ganze Zeit dort gekauert haben mußte und sich nun vorsichtig sehen ließ.

Es war ein Weißer von vielleicht vierzig Jahren. Das Gesicht mit der hohen Stirn und dem blonde Barte, den er nach Art des Zweiten Wilhelm trug, war offen und ehrlich.

"Wer sind Sie, um alles in der Welt?" frug ich verwirrt.

"Wissmann", flüsterte der Mann und neigte zur Vorstellung den Kopf, "gestatten - Hermann von Wissmann."

Nein, selbst wenn Omar doch den Mund zu einem Satze aufgetan hätte, ich glaube nicht, daß mein Erstaunen größer gewesen wäre als bei jenem Namen, den mir der Mann hinter dem Baum soeben genannt hatte.

"Sie müssen der Sprache nach Deutscher sein, nicht wahr?" wisperte er leise.

"Aber ja, ich und die vier anderen Herren auch!"

"Vier? Ich sehe nur drei!"

Ich wollte zu ihm näher heranrücken, um mich besser verständigen zu können, und zog deshalb an der langen Kette, die uns alle verband, aber Herr von Wissmann gab mir ein Zeichen, ich möge die anderen keinesfalls wecken, da er sonst womöglich Gefahr liefe, entdeckt zu werden.

In der Tat drangen aus dem Pferch bereits Stimmen, und wenn die Watussi erst einmal unruhig geworden wären, dann hätten auch die nachlässigen Wachen Kilonga Longas Anlaß gefunden, sich von ihrem Lager zu erheben und bei den Gefangenen nach dem Rechten zu sehen.

Und so durfte ich erst, als sich Herr von Wissmann dicht an mich herangeschoben hatte, fortfahren und konnte ihm erklären, daß unser fünfter Mann - genauso wie ein Amerikaner und ein Chinese - von Ben Theo Hassan gekauft worden sei.

"Ben Theo Hassan? Donnerwetter! So ist der Schurke also hier! Kolossal!"

Es schien der Agent aus Sansibar bekannt, doch nicht beliebt. Noch bevor ich darauf hinweisen konnte, daß es einen weit schlimmeren Herrn in diesem Lager gäbe, zeigte sich, daß Herr von Wissmann darüber bereits informiert war: "Wieviele Männer hat Hassan mitgebracht? Und wieviele hat Kilonga Longa unter Waffen?"

Ich versuchte, so gut es eben ging, Auskunft zu geben. Herr von Wissmann legte mir die

Hand sacht auf die Schulter. "Ich kann Ihre Schlösser unmöglich jetzt öffnen, mein Herr. Aber halten Sie sich bereit, wir werden bei Anbruch des Tages das Lager attackieren."

"Ein Angriff?" Ich erkundigte mich besorgt, ob denn für dieses Unternehmen auch genügend Männer zur Verfügung ständen.

"Seien Sie ohne Sorge - ich selber habe zwanzig Jäger und Askari aus Dar es-Salam bei mir, und der Emin Pascha, der dort hinten in unserem Lager wartet, verfügt über einhundert Gewehrträger."

Emin Pascha! Ich hätte beinahe laut aufgeschrien vor Überraschung. So lag der geheimnisvolle Emin Pascha dort im Gebüsch mit fünfzig Gewehren und wartete auf das Morgengrauen, um den Ministerialrat Schüttauf aus der Sklaverei zu befreien, welcher als Junge schon von seinen Abenteuern gelesen hatte!

Für weitere Fragen war keine Zeit, denn Herr von Wissmann wollte zurück zu den Seinen und verabschiedete sich eilig. Er war bereits im Gebüsch verschwunden, als sein Kopf wieder hinter dem Stamm erschien.

"Sagen Sie, Herr - - "

"Schüttauf, Robert Schüttauf!"

"Sagen Sie also, Herr Schüttauf, was um alles in der Welt treiben Sie und die anderen Herren eigentlich hier unten im belgischen Kongogebiete?"

"Wir?"

Ich fühlte, wie mir trotz der kühlen Nacht der Schweiß auf die Stirn trat. "Wir ... wir sind auf der Durchreise begriffen! Nach Jambuja!"

"Kolossal!" In dem schwachen Mondlicht war nicht auszumachen, wie diese Auskunft aufgenommen wurde. "Nun, morgen mehr davon! Wecken Sie jetzt vorsichtig Ihre Begleiter."

Und damit war Herr von Wissmann verschwunden. Ich wartete eine Weile ab und ging dann daran, meinen Minister aufzuwecken, welcher mir am nächsten angekettet war. Ich suchte meiner Erregung Herr zu werden und ihm in wenigen Worten die neue Situation vorzustellen.

Dr.Stoltenberg nickte jedoch nur knapp zu all diesen Wundern, zeigte sich lediglich darüber verwundert, daß Omar sich an mich gehalten und nicht ihn geweckt hatte, stellte zwei, drei präzise Frage und fand sich alsbald so präpariert, daß er, freilich mit einem leisen Seufzen, daran gehen konnte, den Kanzler und den Außenminister zu wecken und alles, was er von mir erfahren, an die beiden Herren weiterzugeben.

"Wissmann!" resümierte der Kanzler.

"Ja, Helmut, denk dir, und der Emin Pascha!" Hans-Dietrich Genschers Züge hatten sich belebt, in seiner Stimme klang Hoffnung auf Errettung und Erlösung.

Dr.Stoltenberg hatte indes eine bedenkliche Miene aufgesetzt. Ohne daß er dem Kollegen Genscher die Laune verderben wolle, so möge dieser doch wissen, daß jener Wissmann schon jetzt, bevor er zur eigentlichen Rettung geschritten sei, von Herrn Schüttauf zu wissen begehrte, welchen Geschäften wir als Deutsche im Kongostaat des belgischen Leopold oblägen, so daß wir uns - freilich unter der Voraussetzung, die Befreiung gelänge - mit an Sicherheit grenzenden Wahrscheinlichkeit bald dem peinlichsten Verhöre ausgesetzt sähen.

Was das denn heißen solle, flüsterte der Außenminister mir zu, welcher den Ausführungen Gerhard Stoltenbergs mit zunehmender Verstörung gefolgt war.

"Vermutlich werden sie uns zuerst über die Berge, nach Deutsch-Ostafrika, bringen. Nach Dar es-Salam oder auch nach Sansibar. Und von dort aus - -" Ich verstummte. Ja, wohin? Ich wußte es auch nicht.

"Heim ins Reich?" mutmaßte der Kanzler.

"Genau!" Gerhard Stoltenberg nickte bitter. "Und zwar geradewegs in eine preußische Heil- und Pflegeanstalt!"

Ich sah ängstlich zum Kanzler hinüber. Wie würde er diesen Aphorismus aufnehmen? Bräche neuer Zwist in einer Stunde aus, da höchste Einigkeit geboten war? Zu meiner großen Erleichterung waren die Züge des Kanzlers bei den Worten Dr.Stoltenbergs jedoch nachdenklich geworden. Der dunkle Schnauzbart, der in dem schwachen Licht weitaus stärker wirkte als bei Tage, ließ ihn männlicher, entschlossener erscheinen, und ich dachte bei mir, wie kläglich sich wohl ein Björn Engholm neben jener massigen Gestalt, die da in derbem Stoff unter dem Licht des tropischen Mondes hockte, ausnehmen würde. An sich war Helmut Kohl kein schlechter Mensch ...

"Ins Irrenhaus, Stoltenberg? Nein, nein - wir müssen nach Jambuja!"

Waren die Worte auch nahezu geflüstert, so ließ der Ton, in dem sie gesagt, erkennen, daß der Kanzler zu einer Entscheidung gelangt war, die er als unumstößlich betrachtet wissen wollte.

"Einverstanden, Herr Bundeskanzler", sagte Gerhard Stoltenberg sofort, "eine ausgezeichnete Idee." Und dann setzte er hinzu, indem er ihm unter Kettengeklirr die Hand hinstreckte: "Das mit dem Parteitag und den Büsten - es soll mir leid tun, Kollege Kohl."

Der Kanzler bedeutete ihm durch eine Geste, daß dies vergeben und vergessen sei. Er dachte eine Weile nach, ehe er mit seinen Überlegungen fortfuhr. Erstens, sagte er dann, habe der verantwortliche Mann für diesen ganzen Busenunfug damals Heiner Geißler und nicht etwa Helmut Kohl geheißen. Und was nun zweitens Jambuja betreffe, so mache er folgenden Vorschlag: "Des Kanu von dem Sangaremi, des liegt doch drunten am Fluß und des schnappen wir uns, meine Herren."

"Aber, um Himmels willen, Helmut - - "

Dr.Stoltenberg brachte zunächst mit einem strengen Blick den Außenminister zum Schweigen, dessen Hasenfüßigkeit allgemein Unwillen hervorrief, und verlieh dann seiner Zustimmung zu diesem tollkühnen Plan Ausdruck. Allerdings bewege ihn eine Frage. "Und diese lautet, Herr Bundeskanzler, was sagen wir Wissmann, was dem Emin Pascha?"

"Des mit der Heil- und Pflegeanstalt", versetzte der Kanzler und pfiff leise durch die Zähne, "des is durchaus ein Weg, Gerd Stoltenberg, und zwar ein gangbarer."

Man wird sich denken können, wie mir zumute war, als ich die beiden Männer mit einem Male in derartigen Verkehr stehen sah. Harmonierte man weiter in dieser Richtung, so konnte die gewagte Unternehmung nur davon profitieren.

Wir, so führte der Kanzler weiter aus, hätten uns bislang in Afrika als Politiker, Missionare, Geheimagenten, Bühnenkünstler vorgestellt, und der Erfolg sei stets ein mäßiger gewesen. So wolle er jetzt einen Vorschlag des Kollegen Genscher aufnehmen, den dieser gestern in der Wamanga-Diskussion gemacht, und es also in der Rolle des Narren probieren!

"Schade bloß, daß der Blüm fort ist!" unterbrach ihn der Außenminister, der sich deutlich freute, daß auch einmal von seiner Seite etwas angenommen wurde.

"Soll mich gar nicht wundern, Hans-Dietrich, wenn der irgendwo da im Zelt liegt und schläft. Unkraut vergeht nicht. Also, meine Herren - je verrückter wir uns stellen, desto weniger wird er uns bewachen, der Wissmann. Und dann - ran an des Kanu und ab nach Jambuja! Natürlich immer unter der Voraussetzung, daß die Deutschen die Schlacht heut früh auch gewinnen!"

Ich gab zu bedenken, daß ich bei den wenigen Sätzen, in denen ich mit Herrn von Wissmann in Austausch getreten, den gewünschten Eindruck des Irreseins nicht hätte erwekken können, da mir dieser Plan naturgemäß unbekannt gewesen sei.

"Ach was, Schüttauf", brummte der Kanzler ungeduldig, "Sie haben doch am Anfang mit dem Omar gesprochen! Des kann doch ein ganz beliebiger Aff gewesen sein. Glauben Sie mir, es wird dem Wissmann reichen! Vollauf! Und jetzt, gute Nacht, meine Herren. Ich übernehm gleich die erste Wache."

"Nah umarmen sich die Heere
Fertig! heults von P'loton zu P'loton;
Auf die Knie geworfen
Feu'rn die Vordern, viele stehen nicht mehr auf,
Lücken reißt die strafende Kartätsche,
Auf Vormanns Rumpfe springt der Hintermann,
Verwüstung rechts und links und um und um,
Batallione niederwälzt der Tod.
- - -
Entschieden ist die scharfe Schlacht,
Der Tag blickt siegend durch die Nacht!
Horch! Trommelwirbel, Pfeifenklang
Stimmen schon Triumphgesang!"

Ich denke, man wird mir verzeihen, wenn ich bei der Schilderung der Schlacht hinter der Anschaulichkeit, um die ich sonst auf diesen Blättern so sehr bemüht gewesen, zurückgeblieben bin und einen anderen dafür bemüht habe - allein, wir sahen nichts, absolut nichts an jenem Morgen des 21. Januar 1891, da das Lager von Kilonga Longa und Ben Theo Hassan angegriffen ward seitens des Herrn von Wissmann und des geheimnisvollen Emin Paschas.

Sie nämlich tobte auf der anderen Seite des Lagers, die Schlacht - und so hörten wir nur das Knattern der Salve, welche den Kampf mit dem ersten Regenguß eröffnete, und das Knallen der Peitsche, mit der der Sklavenjäger seine Männer aus ihren Hütten zum Gegenangriff trieb, die deutschen Kommandoworte, mit denen unsere Truppen an den Feind geführt wurden, und die arabischen Verwünschungen, die man auf der anderen Seite gegen die Ungläubigen ausstieß. Und es mischte sich zwischen das Pfeifen der Kugeln und das Zischen der Pfeile das Kreischen der Frauen sowie der laute Gesang der Jünglinge in dem Pferch, bis schließlich das Triumphgeheul der Obsiegenden das Weh und Ach der Unterlegenen übertönte - und am Ende nur noch die Seufzer der Verwundeten und das Ächzen der Sterbenden zu vernehmen waren sowie das stetige Rauschen des Regens und das leise Klirren unserer Ketten.

Wer aber hatte gewonnen - -? Doch nicht Paulitschkes Sohn und der arabische Wüterich?

Oh, es waren die Minuten voll bangem Zweifel, voll entsetzlicher Ungewißheit. Um so freudiger atmeten wir auf, als mit einem Male Herr von Wissmann um die Ecke bog, mit geschwärzter Wange zwar, aber sonst doch unversehrt, und unsere Schlösser sogleich zerschmettern ließ, so daß wir seit der unseligen Stunde, da wir auf der Flußpferdinsel das Seil um den Leib binden mußten und von dem Sklavenjäger durch den Luhali gezogen wurden, zum ersten Male wieder frei ausschreiten konnten.

Wie sah es aus im Lager Kilonga Longas! Überall lagen die Männer des Sklavenjägers mit zerschossener Brust und zerfetzten Gliedern, und dort, wo die Kugeln die Träger Ben Theo Hassans getroffen hatten, knieten die Frauen neben den Dahingestreckten und zeigten mit ihren lauten Klagen, wer es am Ende bezahlen muß, wenn die Männer den Krieg führen. Das Zelt des Manjema-Häuptlings war genauso wie das des Sansibariten in Flammen aufgegangen, die Laubhütten der Träger boten ein Bild der Zerstörung, und ihre Lasten lagen verstreut über der ganzen Lichtung.

Die Askari des Herrn von Wissmann - alles hochgewachsene schwarze Männer von der Küste, die ihre Uniformen mit Stolz und Würde trugen - stöberten mit aufgepflanztem Bajonett im Gebüsch nach Überlebenden. Eben hatten sie den Mohren, der uns rasiert hatte, auf einem Baum entdeckt, und nun veranlaßte ihn ein Schuß, eilends herabzusteigen, und sich und seinen rußigen Kessel in deutsche Hand zu übergeben.

Die großen Feuer waren alle niedergebrannt, man hatte sie während des Kampfes nicht unterhalten können, und auch der heftig niedergehende Regen tat wohl das seine, daß es nur noch dampfte und zischte in den weißen Aschenkreisen und ich mich durch den beißenden Rauch und schwefligen Dunst an die Hölle erinnert fand. Und saßen nicht dort auf nassem Teppich die vier Buhlweiber des Agenten, hielten die schönen großen Augen niedergeschlagen und fragten sich, welche Qualen ihnen das Jüngste Gericht für ihr schandbares Treiben zumessen würde?

Kaum daß dies gedacht, trat mir das Törichte in meiner Anschauung vor Augen, denn es waren die Frauen ihrem Hassan wohl nach den Regeln des Koran angetraut, und ich schalt mich, daß ich so wenig die Menschen in Achtung hielt, die nur nach ihren Bräuchen lebten und nichts von den unseren wußten. Nein, der Traum des wahnsinnigen Florentiners, der sich in seiner Hölle den Mohammed zerhackt und verstümmelt malte - er würde nie der meine sein!

Von demjenigen aber, um welchen man hier trauerte und welcher gestern so zierlich in das Zelt getreten war, um mit den Frauen nach seinen Wünschen zu verfahren, war nichts zu sehen. Ob Ben Theo Hassan irgendwo am Rande der Lichtung gefallen war? Oder ob ihm die Flucht gelungen sein mochte? Es ließen sich nämlich ebenfalls der blauschwarze Knabe noch Kasim, der gelehrte Schreiber, entdecken.

Die Watussis hatte man aus ihrem Pferch befreit. Sie standen in einer Gruppe beisammen und wirkten ruhig und gelassen. Einige dieser Jünglinge überragten um doppelte Haupteslänge die bewaffneten Posten, welche man ihnen beigegeben hatte. Was würde mit diesen edlen Wilden geschehen? Ob sie jemals den weiten Weg zurück in die Hochebenen finden würden, wo sie gebürtig waren?

Vordringlich aber mußte unsere Sorge einem anderen gelten. Wir hatten Herrn von Wissmann gleich nach unserer Befreiung erklärt, daß wir erst für ihn und den Emin Pascha zu sprechen seien, nachdem wir uns über den Verbleib unseres verkauften Kameraden Blüm orientiert hätten. Und so gab man uns - widerwillig zwar, aber man tat es! - Zeit, nach der gedrungenen Gestalt des Ministers zu forschen.

Gerhard Stoltenberg hielt die Hand an das Ohr, ob sich nicht etwa irgendwo ein lautes Lachen vernehmen ließe, Hans-Dietrich Genscher suchte die Frauen und die Verletzten auf und fragte sie nach dem Verbleib des weißen Bwana aus, der Kanzler aber bat mich, ihm beim Anheben der Kisten und Ballen behilflich zu sein, da er besorgte, der Minister sei womöglich unter einer solchen begraben - aber so sehr wir uns auch mühten, Norbert Blüm blieb verschwunden. Auch von Gorilla Monsoon und Li Feng war nichts zu bemerken, und so konnte es wohl nicht anders sein, als daß diese drei mit dem Sklavenhändler die Flucht angetreten hatten. Ob sie dies von ihrer Seite unter Zwang getan, oder ob sie, die von Wissmann nichts ahnen konnten, in anderer Annahme das Weite gesucht hatten, war vorerst nicht zu entscheiden.

Ich hatte mich bei der Suche nach Norbert Blüm bald vom Kanzler getrennt und stöberte auf eigene Rechnung durch das Lager. Hinter einer Barrikade, die man aus den Kisten errichtet hatte, fand ich Kilonga Longa, den Manjema. Er war tot. Eine Kugel hatte den Mädchenräuber mitten in sein Herz getroffen. So sehr ich mich auch dagegen sträubte, es überkam mich doch ein Gefühl der Befriedigung, als ich ihn, der uns bis in die entlegensten Sklavenmärkte peitschen wollte, so liegen sah.

Rule britannia! Britannia rule the waves!
Britons never shall be slaved!

Auf einmal erklang sie wieder, die jubelnde Melodie, und ehe ich mich's versah, hatte ich mich auch schon gebückt und sie samt der Kette von seinem Gürtel gelöst.

Es war ein hübsche Arbeit. Ich ließ den Deckel aufspringen. In der Innenseite war ein Stück aus der griechischen Mythologie gestochen. Ein Mann in schimmernder Wehr steht am Gestade und nimmt Abschied von einer Frau, im Hintergrund wartet ein Schiff mit vielen Ruderern. Nun, das Boot mußte wohl die "Argo" sein, das Paar im Vordergrund Medea und Jason, wofür vor allem die eingravierte Sentenz von Aiëtes schöner Tochter - *"Video meliora proboque, deteriora sequor"* - sprach.

Mit welchem Hintersinn hatte Stanley wohl in die Uhren, die er an die Häuptlinge verschenkte, ausgerechnet diesen Satz stechen lassen - ganz abgesehen davon, daß sie just dieses Lied spielten? Oh, er mußte ein Mann von grimmigem Humor gewesen sein ...

Ob er, wenn er auf uns getroffen wäre, uns auch mit solchem Sinnspruch bedacht hätte? Wie oft war etwa ich auf dieser afrikanischen Reise dem Schlechteren gefolgt? Ich

Zwischen ihren hohen Figuren aber sprang ein kleiner Mann herum und brüllte: "Gerade stehen! Und einatmen! Und ausatmen!"

dachte an Dr.Stoltenbergs gefährliche Pläne, Bonn ohne den Kanzler zu erreichen, und tat einen Seufzer. Stand ich nicht in der Pflicht, mäßigend auf beide einzuwirken - gerade jetzt, wo die Stimmung zwischen den beiden Herrn so günstig war? Wie wollte der Minister, erst einmal in Bonn angekommen, überhaupt der Öffentlichkeit erklären, wo der Kanzler verblieben war? Und wo der Außenminister, wo der beliebte Dr.Blüm? Während ich so stand und in den Uhrendeckel sah, vernahm ich plötzlich hinter mir Schritte. Rasch ließ ich die Uhr in meine Tasche gleiten und fuhr erschrocken um.

Es war Herr von Wissmann! Er bemerkte, daß der Emin Pascha jetzt den "kolossalen Wunsch" geäußert habe, die Männer zu sehen, die man vorhin aus der Gefangenschaft befreit, und als ich verwirrt erwog, ob er die Angelegenheit mit der Uhr vielleicht bemerkt haben könnte, fiel mir überdies ein, daß wir doch bei dem Kanzler im Wort standen, als Verrückte aufzutreten. Weil mir aber beim besten Willen nichts in dieser Richtung beikommen wollte, erachtete ich es für das beste, mich stumm zu verbeugen und Herrn von Wissmann zu folgen, um mich dem, was ich beim Kanzler gegebenenfalls an Wahnsinn sähe, nach meinen Möglichkeiten anzuschließen.

Das Zelt des früheren Gouverneurs der Äquatorialprovinz war nicht minder prächtig als das des Sansibariten, nur sah man hinter dem aufgeschlagenen Eingang nicht vier Frauen um das Beilager sitzen, sondern einige Leibdiener geschäftig hin und her gehen. Sie rückten die Kisten und Kästen zu einem langen Tisch zusammen und entnahmen ihnen naturwissenschaftliches Gerät und Teile einer biologischen Sammlung.

Da gab es ein vernickeltes Mikroskop, etliche Botanisiertrommeln, scharfe Messer und Pinzetten - und auch einige gläserne Behälter, in deren alkoholischer Lösung merkwürdige Dinge trieben und zudem von der Rundung der Gläser vergrößert wurden, so daß ich die Augen rasch abwandte, denn ich liebte derart bedenkliche Dinge nicht. In einer anderen Ecke des Zeltes schimmerte ein gutes Dutzend riesiger Elefantenzähne, auf denen lauter winzige bunte Wollbällchen lagen, und es dauerte eine Weile, bis ich entdeckt hatte, daß dies die ausgestopften Bälge von Kolibris waren.

Wer war der Mann, der diese Schätze gesammelt hatte, der über einhundert Waffenträger verfügte und der - dies trat mir plötzlich in Erinnerung, als ich die toten Vögel sah - alsbald von der Hand eines Arabers fallen sollte? So jedenfalls hatte ich es als Knabe in einem Lexikon gelesen!

Es mußte jener kleine Mann sein, der vor dem Zelte auf dem Feldstuhl saß. Als ich mit von Wissmann bei ihm eintraf, standen die anderen Herren bereits in einer Reihe vor ihm. Niemand sagte ein Wort. Der Kanzler wirkte ungehalten, und auch die beiden anderen Herren hatten verschlossene Mienen aufgesetzt. Und da es so aussah, als habe man mit dem Wahnsinn noch nicht begonnen, reihte auch ich mich schweigend ein und besah unauffällig den Mann, der dort vor uns saß und uns seinerseits betrachtete.

Es war der Emin ein kleiner, zarter Herr von ungefähr fünfzig Jahren mit einem dichten schwarzen Bart, den da und dort graue Fäden durchzogen. Die gelehrte Stirn war hoch und gewölbt, das Haar schütter. Auf der scharf gebogenen Nase trug er eine Brille, die der von Dr.Blüm so ähnlich war, daß ich schon besorgte, dies sei ein Beutestück und der Rüsselsheimer läge doch irgendwo zwischen all den Leichen. Ich verwarf diesen Gedanken jedoch, da ich mich zu erinnern glaubte, daß der Emin diese Augengläser bereits auf den Abbildungen meines Stanley-Buches getragen hatte.

"Ich bin", begann dieser nach langem Schweigen endlich, "erfreut, Sie von den Fesseln befreit zu sehen. Um so größer ist mein Vergnügen, als mir Herr von Wissmann bereits heute morgen mitgeteilt hat, daß sich in dem Lager Kilonga Longas reichsdeutsche Landsleute aufhalten, und ich gehe wohl nicht fehl in der Annahme, in Ihnen diese begrüßen zu dürfen. Mein Name ist Schnitzer, Dr.Eduard Schnitzer. Freilich nennt man mich in Afrika seit vielen Jahren Emin Pascha, was Ihnen, meine Herren, wenn ich auch bislang nicht den Vorzug einer persönlichen Begegnung hatte, sicherlich bekannt sein wird."

- - Schnitzer! Dr.Eduard Schnitzer! Da war er also, der deutsche Name, den der Emin Pascha trug! Nein, er sagte mir nichts und wäre mir wohl nie mehr eingefallen, wenn ich ihn nicht jetzt aus seinem eigenen Munde gehört hätte.

"Ebenso werden Sie wissen, daß es viele Jahren her ist, da ich in der schlesischen Heimat gewesen bin, und so nehme ich gerne Gelegenheit, mich mit Ihnen in der Sprache zu verständigen, die ich seit meiner Gymnasialzeit in Neiße, seit den Tagen meiner akademischen Studien an der medizinischen Fakultät der Universität von Breslau, Berlin und Königsberg nur noch selten habe sprechen hören. Als ich in Trapezunt bei Ismail Pascha in Dienst als Arzt stand, war es das Türkische, als ich Gordon Pascha in den Sudan folgte, das Ägyptische, in dem ich mich auszudrücken hatte."

Mochte der Besagte auch sein ganzes Leben in türkischen und in ägyptischen Diensten gestanden haben, so hatte sich das Deutsche doch in Emin Pascha auf eigentümliche Weise bewahrt. Wir standen in Reih und Glied vor ihm, und wenn er es gewiß nicht gern gesehen hätte, daß wir nun auch noch das Knie vor ihm beugten, so war doch keineswegs zu übersehen, was ihm eben diese gerade Reihe bedeutete! Oh, wie anders hätte ein Franzose oder gar ein Italiener den Landsmann begrüßt!

In den bärtigen Zügen Dr.Eduard Schnitzers lag indes die hölzerne Pedanterie des deutschen Oberlehrers, und ich fand mich plötzlich an Lothar de Maizière erinnert.

Herr von Wissmann sah ein wenig unglücklich aus. Ob auch er sich wünschte, daß man derart mit uns umsprang? Warum führte er nicht das Wort? Es mußte wohl so sein, daß ihm der Emin vorgesetzt war. Aber von wem? Von Caprivi? Vom Kaiser? Oder saß Dr.Eduard Schnitzer hier als Hauptmann von eigenen Gnaden? Während ich überlegte, ob diese Gründlichkeit, diese Neigung, den Dingen um ihrer selbst willen eine Ordnung zu geben, den Emin womöglich dazu treiben könne, auch uns unter sein Okular zu legen, mit Spiritus zu begießen und der greulichen Sammlung einzuverleiben, war der Mann, der Stanley damals nur eine Tasse Tee angeboten hatte, auch schon fortgefahren:

"Sie werden es mir deshalb nachsehen, meine Herren, wenn mir das eine oder andere Wort nicht mehr in der Geläufigkeit zu Gebote steht. So fehlt mir beispielsweise der Begriff, der mein Erstaunen beschreibt, ausgerechnet hier, am Luhali, im belgischen Kongogebiete, bei einer Strafexpedition gegen den wegen Wechselbetrügerei und Mädchenhandel gesuchten Theo Paulitschke auf vier deutsche Männer zu stoßen, die, wie ich hörte, nach einem fünften Kameraden forschen und überdies von zwei uns wohlbekannten Subjekten, nämlich dem Amerikaner Monsoon und dem Chinesen Feng, begleitet werden - "

"Sowie von Omar dem Affen!"

Es kann Dr.Stoltenberg nicht genug gedankt werden, daß er den Emin mit einem Wort unterbrach, welches bereits damals unter dem Stelzenbaum probat genug gewesen war, Verwirrung bei Mr.Monsoon und Li Feng zu stiften.

Auch hier verfehlte es seine Wirkung nicht. Herr von Wissmann beugte sich zu Emin Pascha hinunter, wies mit der behandschuhten Rechten auf meine Person und flüsterte ihm etwas ins Ohr. Gewiß referierte er, wie er mich heute nacht im Gespräch mit Omar gefunden hatte! Ich errötete. Der Emin besah zunächst mich und dann den Minister, winkte dann Herrn von Wissmann erneut zu sich hinunter, um eine Gegenfrage zu stellen, worauf dieser heftig nickte.

Erst jetzt bemerkte ich, daß Omar gar nicht wie sonst auf der Schulter des Ministers saß - ja, überhaupt nicht anwesend war, was die Sache freilich doppelt wirksam machen mußte. Es schien ganz, als habe der Minister diesen Coup gründlich eingefädelt.

Dies ermunterte nun den Kanzler, die Zunge weit unter die Unterlippe zu schieben, einen Grunzlaut zu tun und sodann - *contre coeur* - zu behaupten: "Jawohl, der Omar - des is ein guter Freund von mir."

Ich merkte, wie Hans-Dietrich Genscher verzweifelt mit sich rang, welchen Beitrag er leisten könne, und es war wohl die Sternstunde des Außenministers auf unserer afrikanischen Reise, als er in jenem hohen Tone, die seine Rede stets dann auszeichnete, wenn ihn Erregung überkam, ebenfalls auf bereits Gesagtes zurückgriff: "Ich sage noch zu Omar - der Standort Ostdeutschland muß durch Senkung der Körperschaftssteuer, der Lohn- und Einkommenssteuer sowie durch die Erhebung der Substanzsteuer attraktiver gemacht werden!"

Unsere Rechnung - sie war aufgegangen! Emin Pascha gab seinen Leuten Anweisung, man möge uns fortschaffen, und ich hörte im Abgehen, wie er Herrn von Wissmann gegenüber bemerkte, daß er gleich morgen früh, nachdem wir uns ein wenig erholt hätten, doch das ein oder andere interessante Experimente mit uns anzustellen gedächte.

Man brachte uns also in eine Laubhütte, die vom Brande nur wenig zerstört war, und da der Kanzler auf dem Weg dorthin recht konvulsivisch gezuckt hatte, so wichen die beiden schwarzen Soldaten scheu zurück und bezogen ihren Posten in einigem Abstand vor unserer Behausung. Wir schüttelten uns alle zu diesem gelungenen Streich die Hand, und der Kanzler lobte erneut die Geistesgegenwart meines Ministers und sah auch mich recht freundlich an. Hans-Dietrich Genscher fragte stolz, ob wir denn auch gesehen hätten, wie "sein Satz" bei dem Herrn Emin eingeschlagen sei.

"Darüber kann es gar keine Frage geben, Hans-Dietrich", rief der Kanzler, "bloß noch ein bißchen Augenmaß, Geduld und Vernunft, und wir haben eine gute Chance, dem Wissmann genauso zu entkommen wie dem Emin Pascha. Und jetzt darf der Gerd Stoltenberg auch den Omar wieder holen!"

Der Minister meinte, dafür sei es zu früh. Er wolle Omar weiterhin im Wald belassen, um so noch deutlicher auf Wahnsinn abzustellen - ein Vorschlag, der auf breite Zustimmung stieß.

Nach den Anstrengungen der letzten Tage wurde nun das Bedürfnis laut, den glücklichen Umstand, da man ohne Ketten und unter einem festen Dach, zu einer Ruhestunde zu nutzen. Wir streckten uns also alle auf dem Boden aus und mußten wohl auch einige Zeit geschlafen haben, als uns von draußen eine laute Stimme weckte. Da ich dem Eingang am nächsten war, erhob ich mich rasch, um nach dem Grund für diesen Lärm zu forschen.

"Was is, Schüttauf?" frug der Kanzler ein wenig nervös. Ich kroch zum Eingang und sah nach draußen. Es dauerte geraume Zeit, bis ich das bizarre Bild, welches sich dort bot, soweit erfaßt hatte, daß ich meine Beobachtungen weiterreichen konnte.

Es mußte spät am Nachmittag sein. Die Feuer und Brandstellen dampften noch immer, und der weiße Qualm, der über der ganzen Lichtung stand, lag als dichter Schleier über den Resten eines Lagers, in dem gestern Kilonga Longa seine Peitsche geschwungen hatte. Und wie man auf den Ruinen des alten Roms das neue erbaut hatte, so war man in der Zeit, da wir geschlafen, auch hier am Luhali verfahren. Überall wuchsen nun die Hütten der Sieger empor, aber die Stimmen der Bauleute waren gedämpft und leise. Nein, diese laute, befehlende, ja entsetzliche Stimme, sie war ganz deutsch und sie kam von dem Platz her, wo sich Emin Paschas Zelt befand. Dort standen die Watussis in langer Reihe. Zwischen ihren hohen Figuren aber sprang ein kleiner Mann in einem weißen Kittel herum. Er hielt einen langen Stab, den er den Jünglingen am Rücken anlegte und dabei fortwährend brüllte: "Gerade stehen! Und einatmen! Und ausatmen! Einatmen! Ausatmen! Und gerade stehen!"

Es war niemand anders als Dr.Emin Pascha, der da Maß am schwarzen Menschen nahm. Er hielt sein Meterband an Arme und Schenkel, schlang es um Brustkörbe und Hüften und schrie von Wissmann Zahl um Zahl zu, welche dieser auf einem Papierbogen kopfschüttelnd eintrug.

Auch die anderen Herren waren nun hinter mich getreten, und so starrten wir alle gemeinsam hinaus auf dieses merkwürdige Treiben.

"Den Bösen sind sie los, das Böse ist geblieben!" versetzte mißbilligend mein Minister.

"Beziehungsweise umgekehrt, Stoltenberg", ergänzte der Kanzler. "Ein Glück bloß, daß er uns nicht auch noch ausmißt, der Emin Pascha!"

Ich räusperte mich und berichtete über das, was ich vorhin im Abgehen belauscht hatte - daß also auch wir für Untersuchungen, ja sogar für Experimente vorgesehen seien und zwar schon morgen...

"Experimente", knurrte der Kanzler, "Experimente morgen --? Morgen sitz ich im Kanu, Schüttauf!" Er reckte den Hals nach dem Platz, wo der Emin stand. Nur noch wenige Männer waren jetzt unvermessen. Der Kanzler schnaufte. "Bloß was machen wir, wenn der Gnom da schon heute zu uns kommt? Des bringt uns doch in arge Peinlichkeiten!"

Dr.Stoltenberg ging also sofort an die Ausarbeitung eines Planes, nachdem wir uns in regelmäßigem Abstand vor dem Eingang zu zeigen und allerlei Possen und Narrheiten zu treiben hatten, damit man uns für heute mit dergleichen Dingen verschonte.

Als der Emin am Abend wider Erwarten doch noch in unsere Hütte trat, wären wir beinahe in große Bedrängnis geraten, wenn sich der Kanzler nicht erhoben und recht lärmend die Ansicht vorgetragen hätte, er werde, da Kollege Blüm verschwunden, leider das Ministerium für Arbeit und Soziales "an die Damen Merkel, Rönsch und Hasselfeldt" aufteilen müssen, und es sollte ihn gar nicht wundern, wenn bei dieser Umgruppierung auch für seinen alten Freund Omar ein schöner Posten abfiele.

Emin Pascha schlug daraufhin mit einem Hämmerchen auf des Kanzlers Knie, besah sich die Zunge des Außenministers und reichte Dr.Stoltenberg ein Pülverchen für die Nacht. Dann verabschiedete er sich mit den Worten, daß er leider erst morgen früh zu einer gründlicheren Untersuchung Gelegenheit fände, machte kehrt und zog den Doppelposten vor unserer Hütte ab.

Dr.Stoltenberg wartete noch eine Weile ab, trat dann an den Eingang, pfiff durchdringend und sogleich sprang aus dem Gebüsch Omar der Affe herbei.

In der Nacht ging anhaltender Regen hernieder. Im Lager selbst war alles still. Wir hielten abwechselnd Wache, und als sich die Morgenröte zeigte, nahmen wir die Beine in die Hand und eilten an die Stelle, die der Kanzler sich "gemerkt" hatte. Dort fanden wir Sangaremis Kanu. Wir trugen es hinter den Wasserfall, und es dauerte nicht lange, bis wir uns den Fluten des Luhali wieder anvertraut hatten, dessen Strömung, je weiter wir den Katarakt hinter uns ließen, uns mit der gewohnten Trägheit davonspülte.

Wir kamen gut voran, und obwohl es ausgeschlossen war, daß man unsere Abwesenheit bereits bemerkt hatte, so beobachteten wir doch aufmerksam das Ufer. Ich saß ganz hinten im Boot und führte das Steuer, als ich auf einer Klippe eine kleine Gestalt bemerkte.

Kaum hatte sie unser Kanu erblickt, verschwand sie auch schon wieder im Gebüsch, so daß ich mir gar nicht sicher war, ob ich nicht einer Sinnentäuschung erlegen war.

Doch auch Hans-Dietrich Genscher hatte die Gestalt wahrgenommen. "Helmut", stammelte er und wies nach dem Ufer, "ich glaube, da war der Blüm."

Der Kanzler ließ sofort wenden, um nach einer kleinen Insel in der Flußmitte zurückzufahren - ein schwieriges Manöver, das erst nach einigen Anläufen gelingen wollte. Wir sollten freilich uns nicht getäuscht haben, trat doch soeben Dr.Blüm wieder aus dem Gebüsch - diesmal gefolgt von Gorilla Monsoon und Li Feng. Der Minister hielt jetzt ein Gewehr in der Hand, hing es sich um, stürzte sich mit einem wilden Schrei von der Klippe und schwamm mit raschen Zügen auf unser Kanu zu.

Während die anderen zögerten, ob sie seinem Beispiel folgen sollten, hatte uns der Minister auch schon erreicht, klammerte sich am Rande des Bootes fest und brüllte den beiden Männern am Ufer zu: "Macht fort - ei, ich hab ihn net richtig treffen können!"

Bevor wir noch recht deuten konnten, wie dies Wort gemeint war, erschien einige Meter weiter unten Ben Theo Hassan am Ufer und mit ihm auch sein Knabe und sein Schreiber. Der Agent des Berliner Wintergartens wankte auf und ab und hielt sich mit beiden Händen den blutenden Kopf. Doch kaum hatte er Li Feng und Gorilla entdeckt, griff er nach dem Säbel und sprang auf sie zu, so daß ihnen nichts anderes übrig blieb, als sich ebenfalls den Fluten anzuvertrauen.

Wir hatten mittlerweile den Kiel auf den flachen Sand der Insel legen können - ein

Glück, denn es wäre uns unmöglich gewesen, den Arbeitsminister mitten im Fluß in unser Kanu zu ziehen. Als Ben Theo Hassan unsere Absichten erkannte, geriet er in helle Wut und riß dem blauschwarzen Knaben den Turban vom Kopf, um ihn uns nachzuschleudern. Das weiße Tuch drehte sich im wirbelnden Fluge auf, und der Wind ergriff es, so daß es eine Zeitlang über den Wassern schwebte, bis es schließlich niederging und davontrieb. Und weil ihm dies für seinen Zorn nicht genug war, tat er nun, wie der Dr.Luther in der Wartburg mit dem Teufel verfahren war - er entriß das Tintenfaß dem gelehrten Kasim und schleuderte es nach uns.

Es fiel indes zu kurz und versank im flachen Wasser vor der Sandbank. Für einen Augenblick mischte sich die schwarze Tinte mit der grauen Flut, aber als die kleinen Wellenkreise, welche der lächerliche Wurf verursacht hatte, unser Boot erreicht hatten, strömten die Wasser des Luhali längst wieder in der alten Farbe dahin.

Gerhard Stoltenberg sprang aus dem Boot und watete an die Stelle, wo das Fäßchen liegen mußte. Er griff ins Wasser und hatte es alsbald gefunden. Dann lüftete er den Hut und rief kaltblütig hinüber: "Besten Dank für dieses schöne Gefäß, Herr Wechselbetrüger Hassan Paulitschke!"

Wir hatten die drei Männer längst an Bord genommen und ruderten eilig stromabwärts nach Jambuja zu, doch lange hörten wir sein Gebrüll: "Mâ benti'sa ta' met'ha - du wirst noch an mich denken, du Hund - bismillâh!"

DAS SCHWARZE BÜFFETT

Der Kanzler hatte mich rufen lassen!

Keine Zeit, noch irgendetwas überzuziehen. Ich mußte sofort los! Im Schlafanzug stürzte ich durch die Straßen der Stadt. Da - das Rathaus! Die Wachen salutierten. Ich eilte durch die dunklen Gänge. Endlos, endlos die Treppen!

Gottlob - das Vorzimmer. Ich riß die Tür auf, Frau Klövekorn war in heller Aufregung: "Sputen Sie sich, Herr Minister, sputen Sie sich - Doktor Stoltenberg hat schon mehrfach nach Ihnen gefragt!"

Und dann flüsterte sie: "Der Herr aus Afrika ist auch schon da!"

Ohne anzuklopfen trat ich ein, und ehe ich mich für meine Verspätung entschuldigen konnte, hatte mich Gerhard Stoltenberg auch schon am Arm gepackt und machtvoll zu Boden geworfen.

Wie sah es bloß aus in diesem Zimmer! Die Schrankwand Helmut Kohls - Dr.Stoltenberg hatte sie als Beutestück an die Kieler Förde bringen lassen - sie füllten statt der bunten Steine andere, unaussprechliche Dinge: Gläserne Behältnisse, in deren scharfer Lösung ekle Reste trieben, flache Terrarien voller Schlangen und Kröten, geflochtene Körbe mit getrockneten Gräsern, drei große Dosen mit schwärzlichem Pulver und überall Knochen, Schädel, menschliches Gebein ...

Der Kanzler selbst stand in einer Ecke des großen Raumes. Fast hätte ich ihn in dem trüben Dunkel nicht erkannt, aber der bläulichweiße Schopf schimmerte magisch, und auf seiner Schulter saß wie immer Omar. Düster glomm das Auge des Affen. Neben Dr.Stoltenberg stand ein buckliger Herr, der nur einen Lendenschurz trug.

"Möllemann", sagte der Kanzler und schlug das "Kosmos"-Bändchen zu. Dann sah er aus dem schmalen gotischen Fenster, welches er eigens in die Fassade hatte brechen lassen, hinunter auf den Rathausplatz. "Diesmal soll Möllemann weg, Schüttauf!"

Er starrte mich böse an. "Hier, Schüttauf - Makupete hat das Pulver bereits gemacht. Steh auf und töte ihn!"

Ich schrie entsetzt auf.

Zugegeben, zugegeben - seitdem Gerhard Stoltenberg der deutsche Bundeskanzler war, hatte sich eine Menge verändert, das Volk auf den Straßen flüsterte von schwarzer Magie und rief, wenn es betrunken, nach dem guten Kanzler Kohl, der nun schon so viele Jahre in der Fremde verschwunden war. Doch nahm man sich wohl in acht, wenn die hohe Figur des Doktors durch die Straßen der neuen Reichshauptstadt Kiel schritt: "Kiek - do geiht de Düvel und sin Aap, de Omar!"

"Schüttauf", wiederholte Dr.Stoltenberg starr, "steh auf und töte Möllemann! Ich befehle es!"

Nein, nein! Nicht schon wieder einen Mord! Noch war Rühe nicht kalt und nun - -

Ich wand mich auf dem Teppich, rief, daß, wenn er mich auch des Ministeramtes enthöbe, ich Jürgen W.Möllemann nicht töten könne, schließlich sei er der Vizekanzler und stehe beim Volk in großem Ansehen. Wie zum Beweis läutete es nun Sturm vom Rathausturm und von St.Nicolai und Steine flogen durch das Fenster und - -

"Da! Horch, Schüttauf - die Glock!"

Ich fuhr hoch. Norbert Blüm hatte sich über mich gebeugt und rüttelte mich wach. Seine Hand wies beschwörend in den Wald.

"Jetzt grad wieder! Ganz deutlich! Ei, es muß Jambuja sein, Schüttauf!"

Uh, was für ein Traum! Es dauerte eine Weile, bis ich mich gesammelt hatte. Gottlob, ich lag nicht auf dem Teppich in der Kieler Staatskanzlei, sondern bloß auf dem Boden von Sangaremis Kanu ...

Die anderen Herren schliefen noch. Kein Wunder, denn wir waren schon im Morgengrauen aufgebrochen von Bwamburi. Dr.Blüm hatte wie üblich die erste Wache übernommen.

- - Jambuja?

Ich richtete mich mühsam auf und spähte über den Bootsrand. Die Sonne stand immer noch weit hinter den Bäumen. Nebel schwebte über den Wassern, das Ufer nichts als eine schwarzgrüne Wand, die ab und zu hinter den weißen Schleiern auftauchte.

Wir trieben an einer Sandbank vorbei. Ein Marabu stand auf einem Bein an einer seichten Stelle und äugte mißtrauisch nach unserem Boot. Er spreizte seine Flügel, damit den greulichen Kadaver deckend, der vor ihm im Wasser schwamm. Dann wandte sich das Tier wieder ab und zog mit seinem langen Keilschnabel weiter die Fäden aus dem faulenden Fleisch.

Von Jambuja war natürlich nichts zu sehen ...

Und eine Glocke? Woher sollte hier eine Glocke kommen? Wahrscheinlich hatte sich Dr.Blüm getäuscht, war schlicht und einfach übermüdet. Es war mir ohnehin ein Rätsel, woher dieser Mann diese Ausdauer nahm - gestern abend war er der letzte am Feuer gewesen, und nun hockte er schon wieder im Heck des Kanus und steuerte unser Boot flußabwärts. Ich sah auf Kilonga Longas Uhr. Halb sieben. Nun, da blieb mir noch eine halbe Stunde bis zur Ablösung.

Doch dann hörte ich es auch. Deutlich drang durch die Stille des Urwalds die Stimme einer hellen Glocke.

"Ei, ich hab's Ihnen doch gesagt, Schüttauf - es bimmelt!"

Vorne, im Bug, regte sich jetzt der Kanzler. "Was is los, Blüm?" knurrte er. "Schon wieder Flußpferde? Mistviecher ..."

"Aber wo!" Der Rüsselsheimer winkte ungeduldig ab. "Eine Glocke! Wie von einem Schiff! Ich hab sie deutlich gehört! Es wird der Dampfer in Jambuja sein!"

"Der Dampfer?" Helmut Kohl setzte sich auf und hielt die Hand ans Ohr. Alles war still. Nur die Wasser des Luhali rauschten.

"Eine Halluzination vermutlich! Oder eine Sinnestäuschung, Blüm. Doch, doch, sowas gibt's." Er griff nach seiner Jacke und zog sie dichter über der Brust zusammen. "Frisch heute morgen ... Schüttauf, was sagt die Zwiebel? Wie - halb sieben erst? Na, dann - gute Nacht, meine Herren!"

Er rollte sich wieder auf dem Boden zusammen und schloß die Augen.

"Sorry, was sagtet Ihr, Mr.Bloom - Jambuja?"

Gorilla Monsoon reckte die mächtigen Glieder und gähnte. Er hob den Kopf und sah über Bord. "Well, mag sein, daß Ihr recht habt. Kann mich freilich nicht mehr recht besinnen, und dieser verdammte Fluß sieht überall gleich aus."

Auch Gerhard Stoltenberg war erwacht. Ich mußte an meinen Traum denken und warf ihm einen verlegenen Blick zu. Der Minister indes, der nicht ahnen konnte, welche Traumgesichte mich vorhin umfangen hatten und was für eine Rolle er in ihnen gespielt, flüsterte mir erregt zu: "Jambuja, Schüttauf, Jambuja?"

Ich wies in den Nebel und zuckte mit den Schultern.

Dr.Stoltenberg wandte sich ratsuchend an den Chinesen. "Was meinen Sie, Herr Feng?"

Li Feng schüttelte den Kopf. "Euer minderer Diener sehr betrubt, daß er so wenig Erinnerung an Fluß und Jambuja hat. Ehrenwerter Gorilla damals immer sehr betrunken, und Li Feng war ganz alleine beschäftigt, neue Zeichen an Stanleys Kisten zu machen."

In diesem Augenblick ertönte die Glocke abermals. Es war nicht recht auszumachen, aus welcher Richtung sie kam, der Wind trug ihren Klang über das Wasser fort und die Stämme des Waldes warfen das Echo hundertfach zurück.

Hans-Dietrich Genscher fuhr nervös auf: "Aber ja, er hat recht, der Blüm, es ist der Dampfer!" Er beugte sich vor und zog den Kanzler am Hosenbein. "Um Himmels willen, Helmut - und wenn er nun ohne uns ablegt?"

"Dann ", rief Dr.Stoltenberg, "nehmen wir eben den nächsten!"

Der Außenminister riß die Augen weit auf und starrte uns an. In seinem Gesicht malte sich nacktes Entsetzen. Und dann tat der Hallenser, was er bislang noch nie getan hatte - er griff freiwillig nach dem Ruder und begann wie ein Wahnsinniger die Fluten zu peitschen. Das Boot drehte sich sofort um seine Achse, Wasser schwappte über Bord, und wir trieben auf einen kleinen Felsen zu.

Es gelang uns nur mit Mühe, dem schreienden Mann das Ruder zu entwinden. Erst als der Kanzler ihm einen Schlag mit dem Stock, den wir als Bootshaken gebrauchten, versetzte, gab er Ruhe und nahm keuchend seinen Platz wieder ein.

"Zwanzig Tage, Omar", merkte Dr.Stoltenberg tadelnd an und strich dem Affen, der sich auf seine Schulter geflüchtet hatte, beruhigend über den feinen Schädel, "zwanzig Tage hat sich Kollege Genscher von jeglicher Ruderei ferngehalten, obwohl es ein an sich kräftigender Sport ist, der bis ins hohe Alter ausgeübt werden kann, und jetzt - - "

War es wirklich erst zwanzig Tage her, da wir die drei Männer bei jener Sandbank an Bord genommen hatten?

Mir kam es viel länger vor. In den ersten Tagen unserer Flußreise hatte ich noch Kerben geschlagen in Sangaremis Kanu. Doch irgendwann vergaß ich, ob ich den Morgen oder Abend als Anhaltspunkt genommen hatte, und so ließ ich es bei den sieben Einschnitten in der Bordwand.

Was hätte es auch für einen Sinn gehabt? Die Heimat und das 20. Jahrhundert lagen in zu weiter Ferne, als daß ich mir die Hoffnung auf eine Rückkehr mit dieser Erbsenzählerei verderben wollte.

Und außerdem - je länger wir auf dem Luhali dahintrieben, desto mehr unterwarfen wir uns dem Rhythmus des großen Flusses. Er spülte uns mit seinen trägen Wassern fort, und wenn sie eilig wurden, wenn sie vor den Katarakten heftig strömten und wirbelten, so wußten wir, daß wir an Land gehen und unser Boot an den nächsten Stromschnellen vorbeitragen mußten. Ein mühseliges Unterfangen, das viel Zeit in Anspruch nahm und jede Hoffnung auf ein rasches Fortkommen versiegen ließ.

Von Bonn war übrigens nur noch selten die Rede. Der Kanzler hatte nämlich sehr deutlich zu verstehen gegeben, wie wenig er es wünschte, daß dieses Thema berührt wurde, und so blieb es jedem überlassen, sich auszumalen, wie dort inzwischen ohne uns verfahren wurde und wohin infolgedessen die Bundesrepublik ihrerseits treiben mußte ...

Stattdessen lernten wir, mit dem Fluß und seinen Anwohnern umzugehen.

Wie oft sich der Kanzler erhob, um die Flußpferde in ihre Schranken zu verweisen - ich weiß es nicht. Er tat es bald mit großer Routine, und die Aufgeregtheit, die diesem Manöver zu Beginn unserer Flußreise zu eigen war, sie hatte sich längst in Gelassenheit aufgelöst. Ja, mir war sogar, als ob sich auch unter den mächtigen Bullen herumsprach, daß von diesen schwimmenden Wesen keinerlei Gefahr für sie und ihre Herden ausgehen mochte.

Abends legten wir in den Dörfern an, wo man uns der Waffe wegen zunächst mit Respekt empfing, und uns sodann, nachdem wir die Glasperlen und die Kaurimuscheln hatten sehen lassen, auch Obdach und Nahrung gab in Babunda, Bakukua, Batundu, Bubua, Bukumiri, Bumbwa wie auch in Bwamburi.

So war es ein großes Glück, daß wir unsere Ausrüstung wieder hatten vervollständigen können. Gorilla Monsoon und Li Feng waren freilich recht enttäuscht, daß die Kisten, die wir einige Meilen hinter Kilonga Longas Lager ausgruben, an Papieren weder Eisenbahnpläne noch geheime Akten enthielten, sondern nur die Reiselektüre Stanleys, die vorzüglich aus den Werken Edgar Allan Poes bestand ...

Die beiden Männer, die durch ihre Flucht aus dem Lager zum Glück nicht mitbekommen hatten, daß uns von Wissmann ebenso wie Emin Pascha völlig unbekannt waren, wunderten sich anfänglich sehr, wieso wir nicht länger bei unseren Landsleuten bleiben wollten; aber als ich ihnen ganz im Vertrauen bedeutete, daß wir, nachdem die Ordre des Kaisers an von Wissmann und an Emin Pascha ausgehändigt worden sei, nun zur Einholung neuer Aufträge in die deutsche Heimat mußten, so schienen sie damit zufrieden zu sein.

Ja, sie faßten den Entschluß, uns abermals zu begleiten, denn auch sie wollten sich an der afrikanischen Westküste nach einem Schiffe umsehen, das sie wieder zurück in die Vereinigten Staaten brachte. Ob sie sich darüber hinaus versprachen, vielleicht noch das eine oder andere Detail über die deutschen Pläne zur Eroberung Afrikas in Erfahrung zu bringen, ich weiß es nicht.

Wie dem auch sei - es ward die bewährte Reisegemeinschaft neuerlich hergestellt, und so durften vor allem wir um die Schätze aus Stanleys Kisten froh sein, setzten uns diese doch in die behagliche Lage, als Besitzende die Ansiedlungen der Einheimischen zu betreten. Und wie hatten die Augen des Kanzlers geleuchtet, als Li Feng mit einem derben Fluch den Deckel der Kiste zuschlug, bloß weil sie voller Konserven war! Dr.Stoltenberg legte jedoch sogleich Hand auf diese Vorräte und entwarf einen trefflichen Plan für ihre Verwendung, so daß uns nun immerhin noch eine Ration für einen ganzen Monat blieb.

Die finanziellen Reserven gingen jedoch allmählich zur Neige. Insofern wäre es zu begrüßen, wenn wir bald in Jambuja anlangten! Der Sack mit den Glasperlen war klein und schmal geworden, der mit den Kaurimuscheln seit vorgestern leer. Geblieben waren uns die beiden großen Rollen Messingdraht, die Büchsen mit "Liebig's Fleischextrakt" sowie drei Kisten Schwarzpulver.

An Munition hatten wir aus Stanleys Kisten nur wenig geeignetes finden können. Die englischen Remingtonpatronen paßten nicht zu dem Schnellfeuergewehr, das Dr.Blüm dem sauberen Herrn Hassan über den Schädel geschlagen hatte - damals, an jenem Morgen, da ihm und den beiden anderen die Flucht gelang.

Es war übrigens ganz so gewesen, wie ich vermutet hatte! Ben Theo Hassan war beim ersten Schuß aus seinem Zelt geflohen, und er brauchte die drei Männer nicht weiter zu zwingen, ihn auf seiner Flucht in das Dickicht zu begleiten - glaubten diese doch, ein rivalisierender Stamm von Sklavenjägern - womöglich gar der große Tippu Tip - sei im Begiffe, sie neuen Besitzverhältnissen zuzuführen, an denen ihnen wenig gelegen sein konnte.

Dr.Blüm schämte sich immer noch, daß er Hassan so schnöde über den Schädel geschlagen hatte, denn der Abend, den die drei Männer in seinem Zelt verlebten, mußte wohl nett und angenehm gewesen sein. Aber die Freiheit sei ihm schlußendlich doch wichtiger gewesen als das Wohlleben...

Nein, auch darin hatte ich mich also nicht getäuscht, als ich vermeinte, des Ministers Lachen gehört zu haben. Was in dem Zelt jedoch genau vor sich gegangen war, darüber schwiegen sie sich mit einer Gründlichkeit aus, die nicht nur den Kanzler zu allerlei Vermutungen veranlaßte. Gorilla Monsoon wies übrigens ebenso beharrlich alle Fragen zurück, ob er tatsächlich jemals in Wamanga gewesen war, und was das verwünschte Büchlein betraf, so hielt er es weiterhin streng unter Verschluß.

Von Emin Pascha und Herrn von Wissmann hatten wir nichts mehr gehört und gesehen. Da ihre Karawanen zu Fuß reisten, waren die Aussichten gering, uns, die wir zu Wasser fuhren, jemals wieder einholen zu können.

Was mochte jener Dr.Schnitzer wohl empfunden haben, als er entdeckte, daß die Objekte seiner wissenschaftlichen Neugierde entkommen waren?

Ich machte mir lange Zeit Vorwürfe, daß ich den ehemaligen Gouverneur der Äquatorialprovinz nicht vor seinem Los gewarnt hatte. Aber welchen Sinn hätte dies wohl gehabt? Und wenn für gewöhnlich auch niemand weiß, was in der Zeiten Hintergrunde schlummert, so galt Don Carlos' Wort doch nicht für uns - wir wußten, worauf am Ende alles hinauslief und konnten doch so wenig daran ändern. Und das war gut.

So würde also der Arzt aus Neiße die wenige Zeit, die seinen Erdentagen noch zugemessen war, damit verbringen, weiterhin allem, was flog, die Flügel zu stutzen, und das, was kroch, auf Nadeln zu spießen und jedes mißgestaltete Organ in Spiritus zu tunken - bis das Schwert des Arabers auch seinem Leben das Ziel steckte, das allem Menschlichen beschieden ist.

Was ich mir jedoch vornahm - sollte man jemals den Weg zurück nach Bonn finden - so wollte ich in den Berichten und Reisebüchern des Herrn von Wissmann und des Emin Paschas nachforschen, ob unsere Begegnung mit ihnen irgendeinen Niederschlag gefunden hatte ...

Wieder ertönte das Glöckchen.

Wir verdoppelten unsere Anstrengungen, die zahlreichen Schleifen und Bögen, in denen der Luhali dahinströmte, zu durcheilen. Und wenn es auch nicht in meinem Sinne sein konnte, daß man den Dampfer bestieg, ohne vorher mit Makupete dem Buckligen Verbindung aufgenommen zu haben, so war die Erregung der anderen Herren doch so groß, daß sie es gewiß als Meuterei aufgefaßt haben würden, wenn ich mich nicht nach Kräften an der allgemeinen Ruderei beteiligte. Dr.Stoltenberg hielt sich indes merklich zurück und unterzog das Ufer einer gewissenhaften Musterung.

Der helle Ton klang bald so nahe, als müsse gleich hinter der nächsten Flußbiegung Jambuja liegen. Und tatsächlich - schon begann sich der Wald zu lichten, das weit überhängende Laubdach der Uferbäume trat zurück, und wir gewahrten einige Fischreusen - die untrüglichen Vorzeichen menschlichen Lebens am Fluß. In den großen röhrenförmigen Körben zappelten wohl Barsche und Karpfen - und ich bedauerte die schönen Tiere, die - halb noch in ihrem Elemente, halb schon in den Händen des Menschen - sich da mit mattem Flossenschlage wälzten und ihre hellen Bäuche zeigten.

Im Scheitelpunkt der nächsten Kurve trat der Wald vollständig zurück, und es geriet eine kleine Bucht in Sicht. War dies schon Jambuja? Aber nein, es war nur eine einsame Hütte ...

Als wir näher an sie herankamen, sahen wir, daß sie mit merkwürdigen Dingen behangen war - mit Masken, Kultgegenständen, kleinen Puppen, spiegelnden Metallen, aber auch mit Waffen und Speeren. Wer mochte diesen Außenposten bezogen haben?

Bislang hatten wir die Dörfer der Eingeborenen stets in geschlossener Form gefunden. Dort, wo eine wilde und unberechenbare Natur dem Menschen gegenübersteht, muß sich dieser dicht zusammendrängen, damit die eigene Art erhalten bleibt und nicht in den Weiten des großen Waldes verloren geht. Selbst der Pygmäe, der scheue Fäustling, sucht die Nähe des Bantudorfes und lebt in Symbiose mit denen, die da pflanzen und ernten. Nein, die Einsiedelei, die Eremitage, das nervöse Flüchten vor der Kultur - dies alles ist die Sache des Negers nicht.

Freilich, das riesige Feuer, welches dort auf dem Vorplatz loderte, es wäre wohl geeignet, die wilden Tiere abzuhalten, und dennoch sah es so aus, als sei es zu einem anderen Grunde entfacht worden. Der winzige Kessel, der mitten in den Flammen hing, nahm sich merkwürdig genug in diesem Höllenbrand aus. Welcher Sud brauchte aber solch teuflische Flammen?

Aus dem Eingang der Hütte trat nun ein magerer Greis, hob die Hand vor das Auge und schaute dem Boot, in dem sechs weiße Männer, ein Chinese und Omar der Affe hockten, ohne ein Anzeichen von Beunruhigung nach.

Als der Alte sich bückte, um einige Äste in die Flamme zu werfen, sah ich, daß er einen riesigen Buckel besaß. Ich drehte mich nach Gerhard Stoltenberg um. Die Augen des Ministers leuchteten. Mir aber schauderte vor diesem Mann und seinem Feuer.

Mäander - -

Ich habe selbst einmal an deinen Ufern gestanden. Unweit von Celänä in Phrygien entspringst du, kleiner Fluß, durchströmst, als Grenzscheide, Karien und Lydien und mündest schließlich bei Milet ins ikarische Meer. Tief bist du, doch nicht sehr breit und nur für kleinere Fahrzeuge schiffbar - der Türke nennt dich heute "Büyük Menderes", berühmt aber warst du als "Mäander" dem Altertume wegen deiner zahllosen Krümmungen ...

Ja, es mäandrierte auch der Luhali, und die Biegungen und Krümmungen wollten ausgerechnet jetzt, da es so pressierte, überhaupt kein Ende mehr nehmen. Dr.Blüm ruderte jedoch wie besessen, so daß ich, der am anderen Ruder saß, große Mühe hatte, seinem hohen Tempo nachzukommen. Die schrillen Anfeuerungsrufe und Anweisungen des Außenministers waren eher irritierend als hilfreich, so daß ich ihn herzlich bat, diese zu unterlassen.

Als wir jedoch in eine weitere Kurve einfuhren, öffnete sich vor uns ein breites Tal. Endlich! Wir hatten Jambuja erreicht!

Der rötliche Uferstreifen war schmal und sandig. Dahinter stieg die Böschung gut 15 Meter steil an, so daß von dem Orte selbst noch nichts zu sehen war.

Unten aber lag ein kleiner Dampfer. Die Morgensonne war eben über die Wipfel der Baumreihe des anderen Ufers getreten und ihre Strahlen tauchten das Schiff in gleißendes Licht.

"Der Dampfer - er ist noch net los!" jubelte Dr.Blüm und winkte mit dem Ruder nach dem Boot. Dann brüllte er: "Hallo, hallo! Wartet! Wir wollen auch noch mit nach Léopoldville!"

"Geschafft!" Der Kanzler atmete erleichtert auf. "Des ganze Unken, Stoltenberg, es war umsonst!" Er griff hastig nach unseren Schätzen, die zwischen ihm und dem Außenminister verstaut waren. "Des Gepäck, rasch jetzt, Hans-Dietrich!"

Unser Kanu legte sich bedrohlich zur Seite. Wasser lief über den Rand. Gorilla Monsoon stieß einen Fluch aus. "No, Mr.Kouhl, müßt den Platz behalten, bis wir angelegt haben. Mr.Schüttauf, Mr.Bloom, seht Ihr dort das Tau an Steuerbord? Haltet darauf zu, Gentlemen!"

Das Schiff war ganz nach Art eines Flußdampfers gebaut - eher breit denn lang, das flache Deck von einer hölzernen Reling umlaufen. Aus ihr wuchsen eine Vielzahl weiterer Streben empor, auf denen ein flaches Dach ruhte. Dies bedeckte jedoch nur die beiden vorderen Drittel des Schiffes, das hintere blieb gänzlich frei. Dort befanden sich der runde Dampfkessel und das Schaufelrad. Die beiden schmalen Schornsteine standen nicht hintereinander, sondern nebeneinander, was der ganzen Konstruktion ein zierliches Aussehen verlieh. Und am ausladenden Heck, das in unsere Richtung zeigte, wehte ein blaues Tuch mit einem großen goldenen Stern - die Fahne des Kongostaates.

An Deck war niemand zu sehen, was einerseits beruhigend war, denn so lief man nicht Gefahr, daß das Schiff ablegte, ehe Jambuja erreicht und das Billett erworben ward. Andererseits aber nährte diese befremdliche Stille einen Verdacht in mir, der, je näher wir nun der Anlegestelle kamen, immer mehr anwuchs.

Gorilla Monsoon hatte den Kurs so gelegt, daß man zwischen Ufer und Bordwand anlegen würde können. Jetzt war auch der Name auf dem Heck zu lesen.

"Da - PEACE heißt er, der Dampfer!" rief Dr.Blüm atemlos. "Des is an sich ein gutes Omen!"

Li Feng richtete sich im Bug hoch auf. Die Sonne blendete ihn, so daß er erst die Augen mit der Hand beschirmen mußte, bevor er hinüber auf das Deck des Dampfers spähen konnte. "Sehr gunstig! PEACE heißt 'Friede' in Sprache von ehrenwertem Gorilla. Li Feng hält diesen Namen allgemein fur sehr gunstig!"

"Gell, Sie sind auch für den Frieden, Herr Feng?" keuchte Dr.Blüm und hielt mit dem Rudern inne. Sein gutes Gesicht war schweißüberströmt.

Der Chinese nickte. "Li Feng erfreut, daß prächtige Fremdlinge heil und sicher in Jambuja angekommen sind. Gluckwunsch an ehrenwerten Herrn Kohl, Gluckwunsch an ehrenwerten Herrn Genscher, Gluckwunsch an ehrenwerten Herrn Stoltenberg, Gluckwunsch an ehrenwerten Herrn Blum und Gluckwunsch an ehrenwerten Herrn Schuttauf."

Der Kanzler gab unruhig zu verstehen, daß er für diese Wünsche danke, aber jetzt endlich an Bord des Dampfers gehen wolle.

Wir zogen die Ruder ein, und Mr.Monsoon brachte das Kanu mit einem geschickten Steuerschlag längs zur weißen Bordwand. Li Feng griff nach dem Tau und zog uns dicht an das Schiff heran. Dann lächelte er fein. "Gunstigerer Name für ein Dampfboot jedoch FU WEI!"

"Fu Wei?"

"FU WEI heißt Hamster." Der Sohn des Himmels verbeugte sich höflich. "Hamster in Käfig nämlich immer in Betrieb."

Mr.Monsoon starrte seinen Freund verblüfft an. Ihn schien eine üble Ahnung zu befallen. Er griff hastig nach der Reling, zog sich an ihr hoch, warf einen Blick über das Deck und ließ sich dann mit einen lauten Seufzer auf seinen Sitz zurückfallen.

"Also - was ist, Herrn Monsoon?" fragte der Kanzler gereizt.

"Well, Gentlemen, fürchte, werden nicht so schnell weiter können."

Mochte das Kanu auch noch so schwanken, wir sprangen alle auf, klammerten uns ebenfalls an der Reling fest und reckten die Köpfe über die Bordwand. Auf dem Deck lag neben der Dampfmaschine mit dem großen Schwungrad eine lange gußeiserne Welle. Sie war in der Mitte entzweigebrochen.

"Scheiße!"

Oh, es wog das derbe Wort des Kanzlers leicht angesichts dieser Malaise. Und wie zum Hohne erklang nun auch das Glöckchen wieder und dann - - sangen hohe Kinderstimmen:

"Grand Seigneur, nous te louons -
Großer Gott, wir loben dich!
Herr, wir preisen deine Stärke
Vor dir neigt die Erde sich
und bewundert deine Werke!"

Die Glocke aber und der unwirkliche Gesang kamen von oben, vom Steilufer her. Kaum daß die zarten Stimmen geendigt hatten, erhob sich eine männliche Stimme. Sie brüllte, sie donnerte, sie durchlief alle Höhen und Tiefen, denen das menschliche Organ fähig ist. So laut sie aber auch war, wir verstanden kein Wort von dem, was da gebrüllt wurde.

"Omar, zurück!"

Den Gefährten des Ministers mußte entweder der Gesang so entzückt oder das Gebrüll so verängstigt haben, daß er von unserem Boot auf den Dampfer sprang, mit langen Sprüngen das Deck durchmaß, einen mächtigen Satz an das Ufer tat und dann auf allen Vieren die Böschung hochhastete, wo er alsbald hinter der steilaufragenden Kante verschwunden war.

Es sollte eine Weile dauern, bis wir Omar den Affen wieder eingeholt hatten.

Nein, es geht sich nicht gut, wenn man vom Wasser kommt. Zu lange waren wir den sanften Rhythmen des Flusses gefolgt und hatten den beweglichen Horizont als feste Linie genommen. Auch auf ebenem Pfade wären wir täppisch genug ausgeschritten.

Nun aber hier! Was für ein Weg! Der Himmel mochte wissen, wie die Einwohner von Jambuja vom Ufer aus ihre Stadt erreichten, daß sie aber, wenn sie den umgekehrten Weg nahmen, auf ihrem Hosenboden hinabrutschten, war angesichts der glatten, ausgeschliffenen Rinne mehr denn gewiß. Das lose rötliche Sandgestein und unser schweres Gepäck taten ein übriges, daß es mehrerer Anläufe bedurfte, bis wir endlich mit Sack und Pack die hohe Klippe überwunden hatten.

Und da standen wir nun, schweratmend, keuchend, schmutzig. Der Kanzler hatte den Hocksitz eingenommen, sein Atem ging schwer und stoßweise, das stoppelige Gesicht war schweißüberströmt, das Hemd zeigte bedeutende Nässe am Rücken und auf der Brust, Hans-Dietrich Genschers Hände waren beide aufgerissen und bluteten, und wir anderen sahen nicht viel besser aus.

Vor uns aber lag Jambuja - der Ort, der das Ziel unserer langen Reise gewesen war. Das heißt, für die drei Herren war es ja nur das Zwischenziel, verfolgten diese bekanntlich die Routenführung "Jambuja - Léopoldville -Bonn"!

Noch war die Morgensonne nicht vollständig über den Rand des hohen Ufers getreten, und so hüllte sich die Stadt in jenes eigentümliche Zwielicht, in dem das Dunkel der Nacht mit den scharfgebündelten Strahlen der weißen Morgensonne zu ringen pflegt. Über allem aber tönte nach wie vor das Gebrüll des Mannes, welches unaufhörlich aus allen Ecken und Enden zu kommen schien. Es waren bedrohliche Lautmengen und Wortkaskaden, die da übereinanderstürzten, zu einem Crescendo anschwollen, abrupt abbrachen, um dann mit umso größerer Lautstärke abermals aufgenommen zu werden.

"Ich werd nicht mehr!"

Den Ausruf Dr.Blüms, ich konnte ihn nur zu gut verstehen, denn weitaus mehr als das, was da zu hören war, mußte das erstaunen, was sich unseren Augen bot ...

Zu unserer Linken stand nämlich auf einer Anhöhe eine zitronengelbe Villa. Der schöne Holzbau mit den zwei Seitenflügeln war von einem blühenden Vorgarten umgeben, den ein weißer Jägerzaun von dem afrikanischen Staub schied. Das Haus selbst war aus glattgehobelten Brettern und profilierten Balken errichtet, und ihr schlankes Regelmaß verlieh dem gesamten Bau einen ungemein eleganten Anstrich. Das Haupthaus war zweistöckig angelegt. Der hohe Giebel lief spitz zu, und aus dem First wuchsen ein gemauerter Kamin sowie ein Blitzableiter. Unter dem Dachgesims befanden sich die drei Fenster der oberen Etage. Hinter den wohl proportionierten Fensterkreuzen verhängten weiße Gardinen die Sicht und gaben Zeugnis von diskreter Bürgerlichkeit.

Das untere Stockwerk war von einer breiten Veranda eingefaßt. Die zierlichen Doppeltüren in der Mitte waren ebenso geschlossen wie die hölzernen Läden der beiden großen Fenster. Eine Treppe mit geschwungenem Handlauf verband diesen Vorbau mit dem Garten, in dem Rosen neben großen Kakteen blühten.

Die beiden Seitenflügel hatten nur ein flaches Dach, waren jedoch ebenso zitronengelb, das heißt - die rechte Front war nur zur Hälfte angestrichen, so daß die dunklen Holzbretter sich eigentümlich abhoben. Es sah ganz so aus, als hätte jemand mitten in der Arbeit den Pinsel fortgeworfen. Noch bemerkenswerter aber war, daß eben an dieser Stelle ein rotes Damenfahrrad lehnte.

Neben dem Haus erhob sich ein gedrechselter Mast. Auch hier hing die blaue Fahne mit dem goldenen Stern, nur wehte sie nicht, sondern hing schlaff herab, denn die frische Brise, die uns auf dem Wasser umfangen hatte, erreichte sie nicht, und die Luft stand flimmernd über der Hochebene.

Hinter diesem erstaunlichen Bau, der genausogut in Wiesbaden, Berlin-Lietzensee oder dem belgischen Spa hätte stehen können, erstreckte sich ein langes Palisadengeviert.

So bourgeois die Villa ihrer ganzen Anlage nach wirkte, so offensichtlich war die militärische Natur jener Einrichtung mit den langgestreckten Baracken und dem Exerzierplatz.

Rechts von diesem unerwarteten Ensemble befand sich eine Kirche. War es denn möglich, daß das Gebrüll aus ihr kam? Der kleine Bau lag gänzlich im Schatten, so daß es eine Weile dauerte, bis ich gewahrte, daß er nach allen Seiten offen war und das, was ich zunächst für Mauern gehalten hatte, nichts anderes war als eine dichte Wand aus lauter schwarzen Menschenleibern. Oben aber, im schmalen Turm des Kirchleins, hing mit schwingendem Seil die Glocke, die wir für die des Dampfers gehalten hatten.

Gleich neben der Kirche stand ein größeres Gebäude mit einer eingelassenen Marienstatue. Es mußte wohl die Missionsstation sein. Dahinter war ein kleiner Friedhof mit vier, fünf Kreuzen.

Dies also war der europäische Teil Jambujas. Weiter hinten standen die Hütten der Eingeborenen. Es waren viele hundert, und sie dehnten sich bis an den Rand der riesigen Lichtung aus, wo schwarz und drohend der Wald begann.

"Heavens, Li Feng", flüsterte Mr.Monsoon, "hat sich eine Menge verändert, seitdem wir mit Stanley in Jambuja gewesen sind."

"Bloß ehrenwerter weißer Vater immer noch selbe ungunstige Stimme!"

"Was nun, Gorilla?" Der Kanzler war ratlos.

"Schätze, Ihr werdet warten müssen, bis der Gentleman ausgebellt hat, Sir, wenn Ihr keine Unannehmlichkeiten haben wollt."

Das Brüllen erstarb, ein vielstimmiges "Amen" erklang, die Glocke ward abermals geschwungen - die Messe war zu Ende *and the walls came tumbling down* - es lösten sich nämlich die menschlichen Wände des Kirchleins auf. Zunächst bröckelte es an den Rändern. Es waren die Knaben, die, mit der ganzen Ungeduld der Jugend an allen höheren Handlungen, als erste aus dem Portale strebten, um schon auf der Kirchentreppe ihre mannigfaltigen Händel zu beginnen. Da wurde dem Nachzügler das Bein gestellt, dem Nachbarn das Haar gerauft und überhaupt alles, was kleiner und schwächer war als man selbst, mit kräftigen Püffen und Knuffen bedacht. Andere freilich mochten nicht warten, bis der Weg durch das Tor frei geworden, und so entwichen sie seitwärts aus dem offenen Bau, um sich auf dem Vorplatz mit ihren Genossen zu vereinen.

Einer dieser kleinen schwarzen Racker, der von seinem Kameraden lachend verfolgt wurde, rannte geradewegs vor unsere Füße. Es war ein hübscher Knabe, dessen zerissenes europäisches Hemd ihn freilich so wenig kleidete wie der große graue Schmutzfleck auf seiner Stirn. Er blieb erstaunt stehen, starrte uns eine Sekunde entsetzt an, stieß einen schrillen Schrei aus, schlug einen Haken und war auch schon mit flatternden Hemdzipfeln verschwunden.

So sehr auf dem Vorplatz auch gelärmt und getobt wurde, so hatte man doch den Schrei des Knaben als ungeläufigen ausgemacht und sich nach dem umgewandt, was dafür ursächlich gewesen. Und jetzt entdeckte man uns. Sogleich versiegte jeglicher Laut. Die Knaben unterbrachen sämtlich ihre Spiele und blieben wie angewurzelt stehen.

Da nun auch die ersten Erwachsenen aus der Kirche strömten, konnte es nicht ausbleiben, daß diese, durch die ungewohnte Stille aufmerksam geworden, dem Blick der Kinder folgten und uns ebenfalls entdeckten. Die Nachfolgenden, die noch heiter schwatzend unter das Portal getreten waren, drängten sich nun neugierig heran, um nach dem Grunde für diese Verzögerung zu forschen, verstummten aber gleichfalls, nachdem sie diesen erkannt, und so konnte es gar nicht lange dauern, bis wir die Augen des gesamten Kirchspiels auf uns gerichtet fanden.

Nun, dies war an sich erstaunlich, denn wenn es einen Ort gab, in dem der Anblick des weißen Mannes dem Eingeborenen vertraut sein mußte, so war es doch wohl Jambuja mit seiner Dampferstation, seiner gelben Villa und seiner Kirche. Ob es an unserem Aussehen lag?

Nun ja, die abgezirkelte Façon, die unserer Haar- und Barttracht der Mohr Kilonga Longas gegeben hatte, sie war längst nicht mehr zu erkennen: der Kinnbart Dr.Blüms, der Schnauz von Dr.Kohl, das Knebelbärtchen des Außenministers, sie alle hatten nach und nach die Form eines stoppeligen Bewuchses genommen, denn von Gorilla Monsoons schartigem Rasiermesser wollte niemand mit dem Regelmaß Gebrauch machen, wie es für gewöhnlich in Bonn geschah. Und was unsere Kleidung betraf, so waren die Spuren unseres afrikanischen Aufenthaltes nicht zu übersehen. Nur Gerhard Stoltenberg, der, wie man sich erinnern wird, bei "Stanleys Strumpfen" das meiste Glück gehabt hatte, sah noch einigermaßen passabel aus - was nicht zuletzt darauf zurückzuführen war, daß ich ihm seinen Rock jeden Morgen ausklopfte.

So wird es wohl unsere Erscheinung gewesen sein, welche die Menschen von Jambuja so verstörte, denn man rief, nachdem sich die Erstarrung gelöst hatte, durcheinander: "Bamunuyana, Bamunuyana - wilde Kerle, I bya malwa - wie unheimlich!"

Doch nun drängten sich, die Eingeborenen zur Seite schiebend, hinten aus der Kirche zwei weiße Männer vor.

Der eine, ein ungewöhnlich blaß wirkender Herr von schmalem Wuchs, trug eine khakifarbene Uniform und eine rote Mütze. Er strebte eilig auf uns zu, wobei er die Hände zum Willkommen ausstreckte.

Die fünfzig Schritte mußten ihm zu einer Orientierung vollständig genügt haben, denn er trat sofort vor Dr.Stoltenberg, in welchem das geübte Auge des Militärs wohl den Gleichgearteten ausgemacht hatte.

"Capitaine Vanderkerke, ich bin der neue Kommandant. Und dies ist Monsieur le Prêtre, le bon pasteur du Jambuya, unser guter Freund Lafayette."

Er wies mit einem etwas maliziösen Lächeln nach dem zweiten Manne, einem ungemein dicken Herrn, der soeben schwitzend und keuchend anlangte und sich das Gesicht mit einem Tuche wischte.

"Mais oui, ich weiß, es müßte eigentlich genau anders herumsein, aber, Messieurs", der Kommandant hob die Schultern und lächelte abermals sehr fein, "zum Glück sucht sich der liebe Gott sowenig wie unser König Léopold seine Leute nach den Namen aus, n'est-ce pas, Monseigneur?"

"Abbé Lafayette, je vous prie!" rief der Gottesmann mit Stentorstimme. "Denn siehe - wer sich erhöht, der soll erniedrigt werden!"

Nun, dies war, abgesehen von diesem kleinen Streit, endlich einmal das, was man eine liebenswürdige Begrüßung nennen durfte. Wie es schien, wurde der Gast in Jambuja nicht aufs Streckbett gespannt, um ihm die "Wiesos" und "Warums" und "Wohers" abzupressen...

Der Kanzler sah jedoch mißbilligend auf den kleinen Herrn in Uniform, der die Rangfolge so verkannt hatte und wollte eben das Wort an ihn richten, doch es kam ihm mein Minister zuvor.

"Bonjour, je m'appelle Monsieur Dr.Stoltenberg." Er hatte Haltung angenommen und sich verbeugt. "Und wenn ich Ihnen nun die anderen Herren vorstellen darf: Monsieur Dr.Kohl, Monsieur Dr.Blüm, Monsieur Dr.Schüttauf und Monsieur Genscher."

"Monsieur - - Genscher? Sans grade, sans titre?" wiederholte der belgische Capitaine höflich, sich vergewissernd, ob er auch richtig gehört hätte.

Auch der Außenminister zog nun ein saures Gesicht, und man merkte ihm deutlich an, wie es ihn schmerzte, daß er seinerzeit die Promotionspläne aufgesteckt hatte und sofort in die Politik gegangen war.

"Und dies, mon Capitaine, sind Monsieur Jeremiah Monsuhn und sein chinesischer Freund Li Feng. Herr Monsuhn ist amerikanischer Staatsbürger und Herr Feng aus Foo Chow gebürtig. Beide sind schon einmal mit Monsieur Stanley in Jambuja gewesen."

Der Abbé rief den beiden einen Gruß zu, und auch der Kommandant verbeugte sich und fügte an, es sei ihm äußerst angenehm, die Bekanntschaft zweier Herren zu machen, die von so weit den Weg erneut ins schöne Jambuja gefunden hätten.

"Ach, und des ist Omar der Affe", versetzte der Kanzler gallig und wies auf den Gefährten des Ministers. Helmut Kohl schien sehr darüber verstimmt, daß man nicht an ihn das Wort gerichtet hatte. "Der gehört zum Mösjö Stoltenberg und is von hier gebürtig."

Capitaine Vanderkerke nickte auch Omar zu, freilich eine Spur verhaltener. Dann nahm er den Priester am Arm. "Que c'est domage, que vous arrivez si tard, Messieurs - ein Jammer, daß Sie erst jetzt in Jambuja eintreffen, hätten Sie doch ein wenig früher Gelegenheit gehabt, der Predigt von Monseigneur Lafayette beizuwohnen und seine hohe Kunst, sich den Noires verständlich zu machen, zu bewundern."

Der Seelenhirte wischte sich erneut das Gesicht ab und brüllte dann erneut in eben dem Tone, den wir schon unten am Strande vernommen hatten: "Die Abendandacht, Messieurs, soyez les bienvenus - seien Sie herzlich willkommen, wenn wir den Aschermittwoch heute bei Sonnenuntergang ausklingen lassen wollen."

Aschermittwoch! Oh, daher rührte also der graue Punkt auf der Stirn des Knaben ... "Vorher aber, Messieurs, müssen Sie mir die Freude machen, ein kleines Frühstück einzunehmen - chez moi!" Der Capitaine wies nach der gelben Villa. "Und ich denke, daß sich Monseigneur Lafayette uns anschließen wird, n'est-ce pas, mon cher? Wo plaudert es sich besser über unser schönes Jambuja und seine Einwohner als bei einer Tasse Kaffee?"

Gerhard Stoltenberg nickte gemessen, nahm Omar auf die Schulter und traf Anstalten, der einladenden Geste des höflichen Mannes zu folgen. Die drei waren bereits einige Schritte gegangen, als sich der Kanzler, der immer noch nicht recht zu Wort gekommen war, mit Nachdruck meldete. "Einen Moment mal! Wir sind auf der Durchreise in unsere deutsche Heimat, Herr Vanderkerke, und wollten eigentlich gleich den Dampfer runter nach Léopoldville nehmen."

Der Capitaine wandte sich um. "Oh - vous désirez prendre le bateau? Dann seien Sie zu meinem Frühstück und zu Monseigneur Lafayettes Abendandacht doppelt willkommen, Monsieur! Die Peace ist seit langem defekt, doch fassen Sie Mut, Messieurs - wir erwarten den nächsten Dampfer aus Léopoldville morgen oder übermorgen!"

Es war das Eßzimmer des Capitaines im Erdgeschoß der gelben Villa gelegen. Schon als wir in den Flur des Haus kamen, stellten wir fest, daß die Einrichtung in manchen Teilen noch unvollständig war. So mangelte der schönen Sèvres-Vase, die neben dem Eingang zum Eßzimmer auf einer Ebenholz-Säule ruhte, das notwendige Pendant auf der anderen Seite der Tür, der vielarmige bronzene Kerzenleuchter war nur mit einer wächsernen Stumpfe bestückt, und auch der Standuhr fehlten Gewicht wie Perpendikel.

Gleichwohl forderte uns der Hausherr mit ausgesuchter Höflichkeit auf, in das Zimmer zu treten, und so genossen wir, die wir seit geraumer Zeit nur das Firmament über den Häuptern gehabt - und bestenfalls ein Dach von Gras - nun zum ersten Male wieder die Annehmlichkeiten des geschlossenen Raumes.

Dieser ward übrigens ganz von einem schwärzlichen Prunkbüffett beherrscht, dessen reichgeschnitztes Figurenwerk einen Ausschnitt aus einer Schöpfungsgeschichte bot, wie ich sie bislang noch nicht erblickt hatte: Um einen sinistren Herrn auf hohem Gottesthron scharten sich ringende Geniengruppen, flatternde Putten, drollige Engelsgestalten und die unvermeidlichen Nackten und haschten nach dem Erdenball, den jener in der Rechten hielt. Der Globus war indes so gedreht, daß Europa nur halb, der afrikanische Kontinent jedoch ganz zu sehen war. Gottvater aber wehrte dieser kecken Schar und winkte mit der Linken einem Paare, das sich bescheiden im Gebüsch hielt. Da alle Figuren und Ornamente dunkel gehalten waren, hatte sich der fromme Schnitzer, damit kein Mißverständnis aufkäme, wohl veranlaßt gesehen, die Rassenzugehörigkeit der beiden durch krauses Gelock und wulstiges Gelippe ins rechte Licht zu setzen.

Kaum hatte Omar dieses krude Werk erblickt, als er auch schon einen entsetzten Schrei ausstieß, sich auf die Schulter des Ministers flüchtete und nicht mehr zu beruhigen war, so daß dieser ihn hinausbringen mußte.

Oh, ich wäre ihm gerne gefolgt, denn auch mir ward schwindelig - zu jäh, zu unvermutet war der Wechsel vom afrikanischen Staub und Dust zur mitteleuropäischen Anrichte ...

Der Kanzler aber trat vor dieses Ungeheuer, ließ die Hand über die phantasmagorische Konfiguration gleiten und versetzte: "Ein schönes Stück!"

Der Capitaine nickte ein wenig schmerzlich zu diesem Lobe, Abbé Lafayette indes freute sich des ehrlichen Urteils und merkte an, es sei dies großartige Werk brabantischer Herrgottsschnitzerei eigentlich sein eigen und hier, im Hause des Kommandanten, nur so lange eingelagert, bis auch seine Villa mit dem nächsten Dampfer einträfe. Und so müsse er eben einstweilen die Häuptlinge der Gegend in diesen Raum führen, um ihnen an dem Büffett zu erläutern, daß der Herr in seinem Weltenplane auch des Negers nicht vergessen hätte.

Vanderkerke war diesen Ausführungen mit einem nervösen Hüsteln gefolgt und zog uns eilig vor das Fenster. Dort stand ein großer runder Eßtisch. Die vier fein geschwungenen Füße gingen in messingne Rollen aus, so daß der Capitaine ihn bequem nach der Mitte des Raumes verschieben konnte, denn für eine Tischgesellschaft wie der unseren brauchte es mehr an Raum als für die beiden Gedecke, welche man bereits für den Hausherrn und den Missionar aufgelegt hatte.

Vanderkerke klatschte in die Hände, und sogleich erschien ein schwarzer Boy in Uniform, verbeugte sich und wartete darauf, daß ihm der Capitaine seine Befehle mitteilte.

"Quel malheur, Messieurs," rief er uns zu, "wir entbehren noch immer Madame la maîtresse de la maison. Meine Gattin Laura, meine Töchter Bérénice und Eléonora - sie kommen erst mit jenem Schiff, auf das wir alle so sehnsüchtig warten." Und dann wandte er sich an seinen Diener und trug ihm flüsternd eine Bestellung auf.

Es dauerte gar nicht lange, bis die Tür aufging und eine Schar von Dienern eintrat. Zunächst ward weißer Damast über den Tisch gebreitet, und dann trug man auf, was die Kammern des Hauses enthielten: Einen kleinen silbernen Ständer, dem jedoch die Gefäße für Öl und Essig fehlten, drei Serviettenringe mit feiner Gravur, aber ohne Tücher, einen Korkenzieher, ein offenes Salzbehältnis aus Kristallglas, eine Suppenschüssel ohne Deckel, eine kleine silberne Tischglocke, eine Saucière, eine Zuckerdose mit einem Schäferidyll, und ein Dutzend Kaffetassen ohne Unterteller.

Dies alles ward auf dem weißen Tuch sorgsam aufgestellt, und der Capitaine entschuldigte wortreich das Unvollständige seines Tischzeugs, da die Kisten, die die wracke PEACE gebracht, nur ein Teil der Lieferung gewesen seien, jedoch morgen (beziehungsweise le lendemain matin) der Rest zusammen mit den Damen gewiß eintreffen werde. Das Fahrrad Bérénicens, fügte er lachend an, sei ja schon da!

Dr.Blüm war diesem Aufmarsch mit wachsender Ungeduld gefolgt.

"Es fehlt immer noch des Essen, Schüttauf!" zischte er mir leise zu und stellte seinen selbstgeschnitzten Speer, ungeachtet der Gefahr, daß sich dessen Musterung in dieser Nachbarschaft ein wenig arm ausnahm, gleich neben das prächtige Büffett.

"Et voilà, enfin la cafétière, Messieurs!"

Wahrhaftig, es war eine riesige Kaffeekanne, die man nun hereinbrachte. Und silberne Schalen mit leichtem Gebäck und einen nahrhaften Schinken.

Nachdem wir unseren ersten Hunger und Durst gestillt hatten, reichte der Kommandant eine Büchse mit Zigarren herum, ein Angebot, von dem jedoch nur Mr.Monsoon und ich Gebrauch machten. Als der Amerikaner sein Feuerzeug anschlagen wollte, entdeckte er zu seinem Verdruß, daß er es verloren hatte. Doch der Capitaine sprang sogleich auf und reichte ihm das seine, eine elegante Arbeit aus Elfenbein und Silber.

Und so saßen wir um den runden Tisch der gelben Villa, rauchten und ließen uns den Kaffee schmecken.

Der Abbé fragte eben Li Feng, wes Bekenntnisses jener wäre, doch bevor der Chinese von Pater Franziskus und dem alten Vater Noah berichten konnte, schlug unser Wirt mit dem Löffelchen gegen seine Tasse und bat um allgemeine Aufmerksamkeit.

Der Capitaine begrüßte uns noch einmal recht herzlich in Jambuja und erzählte dann, daß er selbst erst seit kurzem in Jambuja weile, wo man ihm die schwere Aufgabe übertragen habe, einen Garnisonsbetrieb zu errichten, auf daß der Handel und der Wandel zwischen dem unteren Luhali und dem belgischen Mutterland in schöne Blüte geriete und ohne Behelligung von den Zwisten der Eingeborenen und den Raubzügen der arabischen Sklavenhändlern bliebe.

Wie wir sähen, habe er sich hier in Jambuja - und dabei streifte sein Blick kurz das Büffett - mehr oder weniger behaglich einrichten können und genösse auch manche Einrichtung der Zivilisation, was er jedoch am meisten entbehre, sei neben dem Klavierspiel seiner Töchter vorzüglich die Zeitung und das Feuilleton und deshalb freue er sich, Gäste aus der weiten Welt begrüßen zu dürfen, die ihm gewiß Nachricht über jene großartige Bewegung brächten, die der literarischen Welt unter den Namen "La Jeune Belgique" bekannt sei.

Nun, wenn mir auch die schönen Künste Europas wahrhaftig nicht unbekannt waren, so mußte ich mir doch eingestehen, daß mir der augenblickliche Stand der Dinge im "Jeune Belgique" nicht so geläufig war wie die literarische Entwicklung von Theodor Fontane oder meinethalben auch Wilhelm Raabe. Ja, um die Wahrheit zu sagen - ich hatte nie etwas von einer solchen Bewegung gehört, wenn ich mir auch durchaus vorstellen konnte, daß eine pulsierende Stadt wie Brüssel um die Jahrhundertwende jung und aufregend genug gewesen sein mußte!

Ein rascher Blick auf meine drei deutschen Reisegefährten machte mir klar, daß von dort ebenfalls nichts zu erwarten war. Freilich, hätte sie der Capitaine nach dem Neuruppiner oder dem Braunschweiger gefragt - wer weiß, ob er bessere Auskunft erhalten hätte!

Und es verdroß mich plötzlich, als ich bemerkte, daß man wieder einmal von mir, dem Ministerialrat Schüttauf, Hilfe und Rettung erwartete. So bewahrheitete sich einmal mehr das alte Wort, daß es für den Kammerdiener keine Helden geben könne, denn die gelegentliche Geistesferne der Männer um Dr.Kohl, die ich, damals unter dem Stelzenbaum, zunächst noch mit amüsierter Verwunderung aufgenommen hatte, sie war mir in zunehmendem Maße immer degoutanter geworden. Ein Glück bloß, daß ich mich mit Gerhard Stoltenberg austauschen konnte! (Wo war übrigens der Minister?)

Unser liebenswürdiger Wirt war unterdessen mit großer Begeisterung fortgefahren: "Vor allem, Messieurs, was ist aus der schweren seelischen Krisis Emile Verhaerens geworden? Ist sie überwunden, schreibt er wieder? Hat Maeterlinck, le jeune avocat, etwas zu Papier gebracht? Und was macht Eeckhoud, mon vieil ami Georges Eeckhoud? Bin ihm ja selber oft genug begegnet, in Bruxelles, in der Heimat, und seinen Roman 'Kees Doorik', den schätze ich sehr!"

Da sich Vanderkerke dabei an mich als seinen Tischnachbarn gewandt hatte, bedeutete ich ihm mit mühsam unterdrücktem Vergnügen, die anderen deutschen Herren seien oft genug in Brüssel gewesen und müßten so in allem, was mit der belgischen Stadt zu tun habe, unbedingt als Experten gelten.

Die Augen des Kommandanten von Jambuja leuchteten. Hans-Dietrich Genscher indes murmelte verlegen, daß ihm "Kees Doorik" nicht präsent sei, da der Mann für alles, was mit Brüssel zusammenhinge, eigentlich sein alter Freund Martin Bangemann sei.

"Hélas - vous, les allemands", seufzte Vanderkerke enttäuscht und erhob sich von seinem Stuhl, "Ihr seid wie die Franzosen ein viel zu großes Land und habt für unser kleines Belgien nicht viel übrig."

Er trat an das Büffett, öffnete eine Schublade, so daß Thron und Bauch Gottvaters nach vorne verschoben wurden, und entnahm dem Fach einen Band mit braunem Lederrükken. "Doch hier, Messieurs, habe ich etwas, was auch Sie begeistern wird."

Der Abbé setzte sogleich eine leidende Miene auf und fügte an, er habe dem Kommandanten - gleichsam im Gegenzug für die Unterbringung - gestatten müssen, über den Inhalt des Büffetts selbständig Verfügung zu treffen.

"Baudelaire, Messieurs!" Vanderkerke hielt das Buch triumphierend hoch."Les Fleurs du Mal!" Dann schlug er es auf und trug mit angenehmer Stimme einige Verse vor:

"La sottise, l'erreur, le péché, la lésine,
Occupent nos esprits et travaillent nos corps,
Et nous alimentons nos aimables remords,
Comme les mendiants nourrissent leur vermine."

Er schwieg für einen Augenblick ergriffen. Was wir nun zu der Magie dieser Sprache meinten?

Der Kanzler schnaufte und sah sich unsicher um.

Li Feng hatte die gefaßte Miene eines Volkes aufgesetzt, die es diesem über Jahrtausende erlaubte, jedwede kaiserliche Botschaft in der Gewißheit aufzunehmen, daß einer Dynastie auch irgendwann die nächste folgen würde.

Mr.Monsoon, der alterfahrene Scout und Clippermaat, hatte hingegen die literarische Falle mit feinem Instinkt gewittert und beizeiten sein Bowieknife zu Boden fallen lassen, so daß er jetzt genügend Anlaß fand, unter den Tisch zu kriechen und die Klinge unter den größten Mühen aus den Dielenbrettern zu ziehen. Dort traf er auf den Außenminister, der ihm dabei unbedingt helfen wollte.

Nur Dr.Blüm, der Mann der christlichen Soziallehre und gelegentliche Proselytenmacher für gewagtere Lehren, nahm den Handschuh auf - will sagen, er wollte ihn aufnehmen, doch da er gerade einen bedeutenden Bissen im Munde führte, brachte er einstweilen nichts weiter hervor als den gehobenen Finger, der seine Meldung signaliserte, so daß der Abbé Lafayette statt seiner das Wort nehmen konnte.

"Magie? Warum nicht gar! Ich nenne es angefaulte Sinnlichkeit!" rief er. "Cela veut dire rien que pécher contre et les bonnes moeurs et le surnaturel, Vanderkerke! Ungesund, unsittlich und abstoßend!" Er sprang auf, trat vor das fromme Büffett und schob heftig die Schublade wieder an ihren alten Platz. "Oh, mon capitaine - Sie sind auf Ihre Art nicht besser, wie jener bucklige Zauberer, der vor den Toren Jambujas sein Unwesen treibt."

Es hatte ganz den Anschein, als sei das erste Kapitel dieser Diskussion, die hier zwischen den beiden geführt wurde, gleich am Tage der Ankunft Vanderkerkes in Jambuja geschrieben worden.

"Also, ich les ja auch viel und gern - den Friedrich Hölderlin, den Jochen Habermas, den Peter Härtling." Dr.Blüm war endlich mit seiner Mahlzeit zu Ende gekommen. "Non, non, Monseigneur, mir persönlich hat's recht gut gefallen, des Gedicht! Und auch vom Sprachlichen! Très bien!"

"Es is aber nicht der 'Fröhliche Weinberg'!" warf der Kanzler ein.

"Naja, Herr Dr.Kohl - es is halt mehr pariserisch!"

Vanderkerke warf einen stummen Blick der Verzweiflung an die Decke. Dann trat er vor den holzgeschnitzten Schöpfer, zog mit leisem Ekel das Schubfach auf, legte die Verse Baudelaires hinein, ließ die Lade indes ein wenig offen stehen.

"Qu'est-ce qui vous mène ici, Messieurs? - Was führt Sie hier zu mir auf die Station?"

"Fahrkarten", sagte der Kanzler, "Mösjö Vanderkerke, wir brauchen sieben Fahrkarten für des Schiff nach Léopoldville."

"Pas de problème!"

Er klingelte mit dem silbernen Tischglöckchen und gab seinem Boy eine kurze Anweisung. Dieser verschwand und kehrte kurz darauf mit einem eisernen Kistchen wieder, das er vor den Kommandanten auf den Tisch stellte.

"Et voilà, Messieurs, les billets!" Er öffnete schwungvoll den Deckel und entnahm der Kiste eine Rolle Fahrkarten. "Wünschen Sie des billets d'aller et retour oder soll es nur für eine einfache Fahrt sein?"

"Um Gottes willen, nein - einfach!" rief der Außenminister hastig.

Der Capitaine hob mit höflichem Bedauern die Schultern, damit andeutend, um wieviel er es lieber gesehen hätte, wenn man stattdessen Rückfahrkarten gelöst hätte, um so - nachdem in Léopoldville alle Geschäfte erledigt - hier in Jambuja die kleine literarische Plauderei fortsetzen zu können.

"Und für Monsieur Omar? Un billet de chien - eine Hundefahrkarte?"

"Also der Aff bleibt vermutlich hier!" entschied der Kanzler streng und sah sich nach dem Verteidigungsminister um. "Ja, wo is dann überhaupt der Stoltenberg?"

Tatsächlich, der Minister war immer noch nicht wieder zurückgekehrt. Ich stand auf und trat ans Fenster.

Draußen lag Afrika. Die Sonne war längst über die Klippe getreten und leuchtete eine Welt aus, die sich gründlich von der europäischen Welt des Zimmers schied. Ein feiner Dunst schwebte über Jambuja, und Rauch stieg von den Hütten der Eingeborenen empor. Die Kinder spielten und lachten, die Frauen stampften den Mais und rieben das Korn, die Männer hockten im Schatten und rauchten und plauderten. Auf dem Exerzierplatz stand eine Hundertschaft schwarzer Soldaten und übte im rötlichen Staub das Präsentieren des Gewehrs mit hölzernen Stöcken. Ein Sergeant mit einem blauen Streifen an der kurzen Hose lief auf und ab und brüllte die Kommandos.

Von Dr.Stoltenberg und Omar war nichts zu sehen. Plötzlich überkam mich ein bestimmter Verdacht. Ich schob das Fenster hoch und lehnte mich hinaus. Das Damenfahrrad, welches vorhin an der Häuserwand gelehnt hatte, es war verschwunden - -

"Wie dem auch sei, Sie haben selbstverständlich die Möglichkeit, das Billet für Ihren Affen umzutauschen, n'est-ce pas!"

Vanderkerke riß siebeneinhalb Streifen von der Rolle und legte sie vor uns hin.

"Lassen Sie mich rechnen, Messieurs, ça fait ... ça fait exactement 7.500 Francs oder 250 Mariatheresientaler."

"7.500 Francs? Was macht denn des in Glasperlen?" frug der Kanzler nervös. "So in etwa? Und ohne den Omar?"

"Glasperlen?" Der Capitaine lachte gezwungen. "Monsieur Kohl, nein, nein, Sie scherzen - Sie wollen mir doch nicht erzählen, daß Sie beabsichtigen, mich mit Perlen zu bezahlen?"

"Ja, es steht e bissi schlecht mit unserer Barschaft!" murmelte Dr.Blüm kläglich. "Grad des eine Säckchen Perlen haben wir noch und zwei Rollen von dem Messingdraht! Und halt, des Schwarzpulver! Ei, es gibt doch immer was zum Knallen und Sprengen beim Militär!"

Der Kommandant von Jambuja schüttelte zu diesem Angebot verstimmt den Kopf und bedeutete uns, daß er - obzwar an sich ein Freund der Kunst mit all ihren herrlichen Unwägbarkeiten - doch genau abrechnen müsse und schlug den Deckel des Kistchens wieder zu.

"Liebig's Fleischextrakt! 20 Dosen! Klasse Ware! Vanderkerke - ich eß es selbst!" Der Kanzler stöhnte angesichts dieser vollkommenen Preisgabe. Dann setzte er rasch hinzu: "Des auf dem Schiff, des is doch mit Vollpension?"

"Die Uhr, die Uhr vom Schüttauf!" schrie der Außenminister. "Schüttauf, zeigen Sie dem Capitaine Ihre goldene Uhr!"

"C'est inacceptable. Non, non, on ne peut pas accepter cela!" Vanderkerke machte neuerlich eine ablehnende Geste und erhob sich ärgerlich von seinem Platz.

Nun, wenn man uns hier keine Fahrkarten geben wollte, so konnte mir das eigentlich herzlich gleichgültig sein. Mein Minister hatte ja längst andere Pläne bezüglich der Heimkehr gefaßt. Andererseits wäre es gewiß hinderlich, wenn man bei der Verfolgung derselben auf Schritt und Tritt auf drei maulende Gesellen träfe.

Nein, nein - am besten wäre es wohl, wenn der Kanzler und die Seinen gleich morgen das Schiff nach Léopoldville nähmen. Wer weiß, vielleicht würde man sich ja eines Tages in Bonn wiedersehen - früher oder später...

Plötzlich kam mir ein rettender Gedanke.

"Poe!" versetzte ich und langte nach meinem Beutel. Mochte "Laura" als Gattin auch ein Zufall sein, so konnten die beiden Töchter des Capitaines unmöglich ohne ein Faible für den großen Amerikaner zu ihren seltenen Namen gekommen sein. "The Narrative of Gordon Arthur Pym. Die New Yorker Ausgabe von 1838, Monsieur Vanderkerke!"

"Poe, Monsieur Schuttaufe? Pardon, je vous ai bien compris - ich habe Sie doch richtig verstanden - Edgar Allen Poe?"

Ich legte die beiden Bücher aus Stanleys Kiste auf den Tisch. "Und außerdem: The Raven and Other Poems. Im Verlag von Wiley und Putnam, New York 1845!"

"Teufelswerk!" rief der Abbé Lafayette. "Et en plus, Vanderkerke - Sie haben bereits mehr als genug von diesen Büchern!"

Der Capitaine aber starrte auf die beide Bände. Dann schob er uns hastig die Fahrkarten über den Tisch.

Wir erbaten uns nach diesem aufregenden Geschäft beim Kommandanten Urlaub, um unsere Angelegenheiten in Ordnung zu bringen. Das Gepäck war zu versorgen, Sangaremis Kanu sollte veräußert werden, und um eine Unterkunft hatten wir uns auch noch zu bemühen. Zwar wollte uns der Kommandant den ungestrichenen Seitenflügel seiner Villa für die Nacht zur Verfügung stellen, doch es war erstaunlicherweise Gorilla Monsoon, der mit feinem Gespür für das Schickliche ablehnte, da er sich vorstellen könne, daß Capitaine Vanderkerke das Haus für sich haben wollte, bevor seine drei Ladies einträfen.

Wir verabredeten uns zur Abendandacht in der Kirche und empfingen überdies von dem Abbé Lafayette eine Einladung für einen anschließenden Imbiß sowie für ein gehaltvolleres Gespräch in der Missionsstation. Der Kanzler nahm gerne an, und Dr.Blüm äußerte lebhaft sein Bedauern, daß man nicht zwei Tage eher eingetroffen sei, um so auch den Rosenmontag in Jambuja zu erleben.

Als wir satt und zufrieden über die Treppe ins Freie traten, umfing uns die ganze Hitze des afrikanischen Vormittags, und das helle Licht blendete so stark, daß ich die Augen schließen mußte. Auf meiner Netzhaut erschienen die bunten Farbenblöcke, die solches Tun gewöhnlich begleiten, aber neben dem Blauen und Grünen war es vorzüglich das Rote. Und als ich die Augen wieder öffnete, sah ich sogleich, warum mir diese Farbe so eindrücklich vorgespiegelt ward - es rührte von dem roten Damenfahrrad her, welches nun wieder neben dem Eingang lehnte.

Auf der letzten Stufe aber saß Dr.Stoltenberg. Er hatte seine Joppe abgelegt und sie achtlos zu Boden geworfen. Erstaunlich! Ich konnte mich nicht erinnern, ihn während unserer afrikanischen Tage auch nur ein einziges Mal ohne seinen Rock gesehen zu haben. Dies war freilich nicht das einzig ungewöhnliche an seinem Verhalten. Der Minister hatte zudem die lässige Haltung der Jugend angenommen, mit der sich diese in den Fußgängerzonen auf den öffentlichen Treppen und B-Ebenen fläzt. Doch während der junge Mensch dabei *sine ora et labora* aus regressiver Wesenshaftigkeit schöpfen darf - der Pose Gerhard Stoltenbergs eignete die mühselige Leichtigkeit alles Gewollten, und so sehr er sich auch anstrengte, gleichgültig dreinzublicken - es war doch nicht zu übersehen, daß sein Gesicht erhitzt war und sein Atem heftig ging. Vor ihm hockte Omar der Affe und kaute weitaus gefaßter an einer Nuß.

"Jesses, Stoltenberg, Sie haben was versäumt!" rief der Kanzler aus und schwenkte triumphierend die Billetts. "Der Schüttauf hat zwei Bücher vom Poe gegen sieben Fahrkarten nach Léopoldville getauscht!"

"Siebeneinhalb! Der Omar is auch noch mit von der Partie!" ergänzte Dr. Blüm. "Gell, ich habs gewußt, daß Sie des freut!"

Dr.Stoltenberg hatte seinen Kopf halb umgewandt. Seine Züge waren verzerrt und das Lachen klang ein wenig blechern. "Gratuliere, gratuliere, Herr Bundeskanzler! Dann steht ja einer Rückreise nach Bonn schlußendlich nichts mehr im Wege."

"Ach Gott, Bonn!" Der Außenminister seufzte."Denken Sie nur, lieber Kollege Stoltenberg, die Hälfte dieser schrecklichen Tour haben wir jetzt wirklich hinter uns gebracht!"

"Die Hälfte", erwiderte dieser und düsterer Spott lag in seinen Worten, "ist oft mehr als das Ganze!"

Natürlich beunruhigte mich das Verhalten des Ministers. Dr.Stoltenberg mußte etwas Unerhörtes erfahren haben, und ich ahnte wohl, was es war ...

Die Herren jedoch gaben sich gut gelaunt und schienen wenig empfänglich für alles Grillenhafte. Der Kanzler schlug mir mehrfach auf die Schulter und lobte mein Geschick, Hans-Dietrich Genscher setzte ein Miene auf, als wäre Halle die nächste Dampferstation, und Norbert Blüm äußerte den Wunsch nach einem Vollbad.

"Wart, Gorilla, Li Feng! Ich komm mit!"

Das galt unseren beiden Reisegefährten, die sich während dieses Dialoges von uns entfernt hatten. "Ich will mich auch e bissi frisch machen. Wer geht noch mit von euch unten an den Fluß?"

Man wird sich vorstellen können, daß ich ihnen nicht zum Bade folgte, sondern mich auf die Stufen neben dem Minister niederließ. Kaum waren die Herren hinter der Klippe verschwunden, als dieser seine legere Haltung aufgab und sich steil aufrichtete.

"Makupete der Bucklige!" Seine Stimme klang hoch und schrill. "Schüttauf, es ist der Mann in der Hütte! Ich habe ihn selbst bei einer ersten Erkundungsfahrt gesehen!"

Er sprang hoch und nahm die Jacke vom Boden. Darunter lagen drei silberne Büchsen - unsere sämtlichen Pulvervorräte ...

"Kommen Sie, es ist alles vorbereitet!"

Und so geschah's, daß der Minister am Aschermittwoch des Jahres 1891 die Anhöhe, auf der das afrikanische Jambuja lag, auf Bérénicens Rade hinabschoß. Omar der Affe saß auf seiner Schulter - und was den Ministerialrat betraf, so hielt dieser mit drei Dosen Schießpulver den Gepäckträger besetzt und suchte nach Balance und Ausgleich ...

Wir hatten auf dem ausgetretenen Uferpfad bald die kleine Bucht erreicht, in der die Hütte jenes Mannes lag, dessen Namen der Minister zum ersten Male in Balulu vernommen hatte.

Das große Feuer auf dem Vorplatz war verloschen und der kleine Kessel von der Kette genommen. Die Hütte erwies sich jedoch als ein grauser Bau. Sie hatte zwar das vertraute spitze Dach aller Bauten am Luhali, aber sie war von ungewöhnlicher Dekoration. Das, was ich, als wir die Hütte mit dem Kanu passierten, für Masken gehalten hatte, waren nichts anderes als abgeschlagene Köpfe, die uns aus leeren Augenhöhlen anstarrten.

Der bucklige Zauberer ließ sich vorerst nicht sehen. Statt seiner erschien ein großes schwarzes Huhn im Eingang der Hütte. Es verhielt im Schritt, legte den Kopf schief und äugte in unsere Richtung. Dann gackerte es warnend.

Nun zeigte sich auch der Herr der Hütte. Die Gesten, die er uns machte, konnten günstigstenfalls so ausgelegt werden, daß er es nicht ungerne sähe, wenn wir uns gleich wieder trollten. Ich teilte diesen Eindruck dem Minister mit, doch dieser winkte ab: Als er vorhin dagewesen, habe der Mann sogar einen Stein nach ihm geschleudert ...

Dr.Stoltenberg lehnte das Fahrrad in einiger Entfernung an einen Baum. Dann bückte er sich und wühlte mit beiden Händen eine kleine Vertiefung in den Sand.

"Rasch, Schüttauf, das Pulver!"

Ich reichte ihm verwirrt die erste Dose. Noch vermochte ich nicht zu erkennen, welchen Plan Gerhard Stoltenberg verfolgte. Dieser aber hebelte ohne jedes Zögern den Deckel von der Dose, riß das Wachspapier auf und häufelte eine geringe Menge des Pulvers in das Loch.

"Nehmen Sie, Schüttauf, Omar, das Fahrrad sowie das Pulver und treten Sie beiseite!"

Ich eilte mich, seinem Wunsche zu folgen und begab mich mit dem Affen und den Dosen hinter den nächsten Busch. Von dort beobachtete ich, wie er Gorillas Monsoons Feuerzeug aus der Tasche nahm, einen kleinen Zweig entzündete und das glimmende Ästchen in die Nähe des Pulvers legte. Dann machte er eine gebieterische Geste in Richtung der Hütte und hastete zu uns. Makupete war im Eingang stehen geblieben und folgte mit deutlicher Neugier diesem Treiben.

"Sie werden sogleich sehen, Schüttauf, wie man sich ein ordentliches Entree bei solchen Herren verschafft!"

Er hatte den Satz nicht ganz beendet, als auch schon eine mächtige Stichflamme aufschoß. Das schwarze Huhn stieß einen entsetzten Schrei aus und flatterte empor - ja, es sah für einen Augenblick sogar so aus, als wolle es sich zum Fluge entschließen, doch dann besann es sich und entfloh zu Fuß hinter die Hütte.

Diese pyrotechnische Demonstration war auch auf den buckligen Magier nicht ohne Wirkung geblieben. Er wirkte nun weitaus freundlicher und machte uns ein Zeichen, daß wir ohne Besorgnis näher treten dürften.

"Wakoi bakelenge - willkommen, ihr Männer!"

Dr.Stoltenberg kam hinter dem Busch hervor, blieb dann jedoch stehen und nahm ein welkes Bananenblatt aus seiner Rocktasche, worauf mit einer Nadel etwas eingeritzt war. Er hielt es dicht vor die Augen, überlas die Schrift zunächst und rief dann laut zurück: "Eo vidye, Makupete! Twaimuna - Danke, Herr Makupete, wir grüßen Sie!"

Ich muß wohl recht erstaunt ausgesehen haben, denn der Minister flüsterte mir zu, er habe sich - "während man anderenorts schwadroniert und Kaffee getrunken" - die Freiheit genommen, diese Konferenz mit der gebotenen Sorgfalt vorzubereiten.

Dann traten wir in die Hütte ein. Ein schummriges Halbdunkel umfing uns und eine Welt der ungewöhnlichen Gerüche. Der Grundton, auf den diese Symphonie der Düfte eingestimmt war, war wohl der starke Schimmelgeruch. Ihn durchzog jedoch ein honigsüßer Duft, der mir zunächst angenehm und vertraut war, bis ich mich erinnert fand, daß ich dergleichen immer dann gerochen, wenn mir Tod und Verwesung begegneten. Und dann roch es, je nachdem, welcher Ecke man sich annäherte, stark nach Minze, nach Lakritz und auch nach vergessenem Käse.

Dr.Stoltenberg sah sich zunächst gründlich um, ob nicht etwa ein Feuer in der Hütte brannte. Dann ging er noch einmal hinaus und holte die Büchsen mit dem Schwarzpulver. Er legte sie vor Makupete hin und bedeutete ihm mit einer kleinen Verbeugung, daß dies unser Gastgeschenk sei. Der Zauberer zeigte sich erfreut und trug die drei Büchsen sogleich fort.

"Das war die *captatio benevolentiae*, Schüttauf!" flüsterte mir der Minister zu. "Hoffen wir bloß, daß er sie nicht entzündet, bevor wir diesen Ort verlassen haben."

Dann zog er das kleine Paket aus seiner Tasche, schlug das Schnupftuch auf und hielt dem Zauberer den Fetisch hin.

Makupete nahm die Figur mit großem Erstaunen zur Hand. "Tala, tala - sieh an, sieh an", murmelte er, "so geht doch nichts auf dieser Welt verloren und alles bleibt an seinem Platz."

Er nickte dem Minister zu.

"Wafwako mwana - dank dir, mein Sohn, daß du ihn Makupete wiederbringst. Wieviele Monde ist's wohl her, daß das Püppchen mir aus dem Gürtel glitt! Im Walde war's, drunten bei Balulu, viele Tagesreisen von hier."

Er hob das Figürchen hoch wie eine Monstranz.

"I kintu kya bene - das ist fremdes Gut, weißer Mann", sagte er und lachte leise, "es wird dir wohl wenig Glück gebracht haben, denn wer an einer Liane zerrt, bringt den ganzen Busch ins Beben, ke i amo po ni - ist es nicht so?"

Dr.Stoltenberg ließ einen hohen Laut der Zustimmung hören. Dann versetzte er: "Herr Makupete, Ministerialrat Schüttauf und ich wollen wieder zurück in unsere Heimat."

Der Zauberer und Geistermeister schwieg zu diesem Wunsch, nahm aber einen großen Korb und füllte ihn mit schwarzer Erde. Dann streute er weiße Asche darüber und mischte alles gründlich durch.

"Siehe", sagte er, "wenn Makupete spricht, so spricht er in der Kraft und im Auftrag des Geistes. Diese Erde ist schwarz, denn wisse: Babelanga padi too, basaka padi bwi - die Menschen meiden das Licht und suchen das Dunkel! Wir alle sind Reisende auf dem Wege zum Tod! Die Menschen wollen die Sonne sehen, aber kaum haben sie ihr Licht erblickt, so kehren sie zurück in die Finsternis. Der Tod ist unser Begleiter - er schlägt mitten unter uns das Lager auf. Vidya uyukile - der Geist allein weiß es!"

"Ganz Ihrer Meinung, Herr Makupete", der Minister räusperte sich gedämpft, "in meinem Wahlkreis, drunten in Rendsburg-Eckernförde, gibt es den Spruch: Wat mutt, dat mutt! Wir aber müssen zurück nach Bonn!"

Makupete der Bucklige gebot ihm zu schweigen und fuhr in seinem Vortrag fort:

"Die Sonne ist die rote Feuerscheibe, die der große Geist jeden Tag in den Himmel schleudert. Es steigt die Sonne, sie beschreibt ihren Kreis, sie fällt nieder und erlischt in den großen Wassern, die rundum den großen Wald umgeben. Wichtiger als das Licht des Tages, weißer Mann, ist aber das Licht der Nacht. Dreizehnmal wechselt der Mond sein Gesicht, dreizehnmal wächst er an wie eine reife Frucht und dreizehnmal schrumpft er wie die Köpfe von Kasongo, Bukekwas und Petelo, den drei Feinden Makupetes, welche du draußen an der Hütte siehst. Ehemals war das Licht des Mondes viel heller als das der Sonne, aber eines Tages, in früherer Zeit, warf die Sonne dem Mond eine Faust voll Schlamm in sein Gesicht und hat dadurch sein Licht verdunkelt."

Der Zauberer wies auf den Korb mit der durchmischten Erde.

"So nimm also diesen Korb mit, sorge, daß nicht ein Krumen davon verloren geht. Streue heut nacht die heilige Erde zu einem Kreise aus, welcher die Größe eines Mannes besitzt, und lege dann die drei Dinge, die du aus deiner Heimat behalten hast, mitten hinein. Doch sprich, während dies geschieht, kein einziges Wort, damit die Geister nicht gestört werden. Dann warte, bis das Licht des Mondes auf jene Stelle fällt. So dies geschehen, zögere nicht und begib dich mit deinem Gefährten in das heilige Rund und, kupabu - es ist alles getan, die Dinge werden euch an den Ort führen, von dem sie entstammen. Ich, Makupete, muntu wa muvima uno - der Mann mit einem Herzen, ich habe wahr gesprochen! Und nun geht, weiße Männer, geht!"

"A bana - Kinder, nun hört, was ich euch heute erzählen werde!

Ihr kennt alle den Teufel! Huh! Oft schon habe ich euch von ihm erzählt. Er hat einen großen Buckel und wohnt irgendwo draußen am Fluß! Einsam steht seine Hütte am Ufer und alle Menschen fürchten ihn. Er schlägt den ganzen Tag auf seiner ditumba, und ein schwarzes Huhn ist sein kamanzi - sein Gehilfe!

Der bucklige Teufel, dieser alte nkunabantu, er beneidete die ersten Menschen schon lange um ihr großes Glück. Eines Tages nahm er die Gestalt einer Schlange an und ging in das Paradies. Er sprach zu Eva: 'Wakomapao - guten Tag! Schön habt ihr es hier! Ich wundere mich bloß, warum euch der Große Weiße Geist verboten hat, von den Bäumen des Gartens zu essen!' Eva sagte: 'Da irrst du dich, Schlange! Wir dürfen von allen Früchten des Gartens essen. Nur von dem Baume mit den lubazibazi-Blättern dürfen wir nicht essen, sonst müssen wir sterben.' Die Schlange sprach: 'Glaube mir, Eva, muntu wa mucima uno - ich bin ein Wesen mit einem Herzen und sage immer die Wahrheit: Ihr werdet gewiß nicht sterben. Sobald ihr davon eßt, werdet ihr sein wie der Große Weiße Geist.'

Eva nahm gleich ein lubazibazi-Blatt vom Baum und steckte es in ihren Mund. Sie gab auch ihrem Manne davon. Dieser rief: 'Umuleke, a lolo - laß davon ab, liebe Frau!'

Eva aber lachte ihn aus, und so aß auch dieser lumuntu - dieser Dummkopf von dem verbotenem Blatt. Und was soll ich euch sagen? Sogleich kam der Große Weiße Geist und warf sie aus dem Paradiese.

Deshalb merkt euch, meine Kinder:

Die Sünde, die dir Lust verspricht,
ist süßes Gift - o trau' ihr nicht!
Amen und dreimal kupabu, kupabu, kupabu!"

Die Aschermittwochsandacht ging ihrem Ende zu. Mächtig klang der Schlußchoral aus, und ich dachte bei mir, was der Abbé wohl dazu sagen würde, wenn er erführe, daß in seinem Sprengel zwei überzeugte Anhänger des buckligen Teufels ständen.

Die Trommeln hatten die Nachricht den Fluß hinaufgebracht, daß das Dampfschiff unterwegs nach Jambuja war. Wenn wir das diffizile Experiment riskieren wollten, so mußte es wohl in dieser Nacht geschehen. Ich atmete tief ein. Ob es denn auch gelingen würde - -?

Neben mir stand der Minister und sang mit unbewegter Miene alle Strophen des Liedes "Jesu meine Zuversicht!".

Nun, wenn die Dinge derart günstig standen --

Wir hatten uns für unser Vorhaben eben jene Stelle am Ufer ausgesucht, welche unmittelbar unter der steilen Rinne lag, die Jambuja mit dem Flusse verband. Dies war insofern von Vorteil, als wir den schweren Korb mit der zaubrischen Erde nicht noch weiter zu schleppen hatten, sondern uns mit der Last hinabgleiten lassen konnten.

Die Nacht war kühl und wolkenverhangen. Das nahe Wasser rauschte, ab und an schrie ein Vogel, und im Gebüsch der Uferböschung raschelten die kleinen und die großen Jäger der Nacht. Ich sah mit einiger Skepsis zum Himmel. Und wenn sich der Mond heute nicht mehr sehen ließe?

Oh, was für ein denkwürdiger Tag lag hinter uns! Ich dachte an den liebenswürdigen

Capitaine - den gebildeten Ästheten, den Verehrer Baudelaires, den Leser Poes, welcher schließlich nach Jambuja gekommen war, um dort mit einem Menschen wie diesem holzgeschnitzten Abbé zusammenzutreffen!

Und Lafayette selbst! Was mochte den dicken Herrn bloß bewogen haben, sein Pfarrhaus ausgerechnet hier am Luhali aufzuschlagen? War es des exotischen Essens wegen, daß er sein schwärzliches Büffett von Brabant an den Kongo hatte schaffen lassen? Oder war es, weil man in Belgien sein lautes Organ nicht mehr hören wollte? Uh - was für eine überaus törichte Predigt dies doch heute abend gewesen war!

Wir alle hatten uns nach der Andacht in seiner Missionsstation versammelt, wo der Abbé einige ausgesuchte afrikanische Leckerbissen reichte - geröstete Heuschrecken, zartes Antilopenfleisch und wohlriechende Pasten und Muse! Auch ein Salat war dabei, und während ich Li Feng am Ärmel gefaßt hielt und ihm scherzhaft bedeutete, dieser sei gewiß aus den besagten lubazibazi-Blättern gewonnen, konnte ich zu meiner Verwunderung auch schon hören, wie Lafayette diese meine Annahme bestätigte, indem er Norbert Blüm dröhnend darauf hinwies, daß das Kraut berauschend sei und deshalb nur in Maßen genossen werden dürfe ...

Dies mußte den Rüsselsheimer naturgemäß anstacheln, und bald war die große Schale leer und die Stimmung äußerst ausgelassen. Nun, dem Minister und mir konnte dies nur recht sein, wir verabschiedeten uns nach kürzester Frist und eilten zu dem Ort, wo wir den Korb mit der Erde versteckt hatten.

Seitdem war eine gute Stunde vergangen.

Der Wind war zwar stärker geworden, aber es wollte ihm noch immer nicht gelingen, die Wolkendecke aufzureißen. Ich überlegte eben, daß es eigentlich gar nicht notwendig war, in dieser Nacht den Ritus zu vollziehen, denn die Zaubererde wäre leicht auf das Schiff geschafft und sicher auch in Léopoldville noch funktionabel. Ja, ich begann mich mit diesem Gedanken anzufreunden, und solch eine Dampferfahrt, ohnehin ein komfortableres Reisen als in Sangaremis Kanu, dünkte mir als gelungener Abschluß unserer afrikanischen Reise, und wer konnte schon wissen, ob man jemals wieder in diese Gegend käme...

Doch plötzlich riß der Himmel auf und für einen Augenblick fiel das fahle Licht des Mondes auf uns, die beiden Schüler Makupetes.

"Schüttauf, jetzt gilt's!"

Der Minister hieß mich zu Boden legen. Dann breitete er nach meinem Maß das weiße Gemisch von Erde und Asche auf dem Boden aus, und es traten mir die Verse Mephistos in Erinnerung, da er die Lemuren antrieb, Faustens Grablegung vorzubereiten ...

> "Hier gilt kein künstlerisch Bemühen;
> Verfahret nur nach eignen Maßen:
> Der Längste lege längelang sich hin,
> Ihr andern lüftet ringsumher den Rasen."

Nachdem der Kreis gebildet ward, gab der Minister des Kanzlers Hosenstoff, den Papierfetzen aus der Regierungserklärung und die Haarlocke in das Zentrum, deckte alles sorglich mit Erde zu und hob den Blick zum Himmel.

Vor den Mond war nun eine schmale Wolke getreten. Sie hatte den Umriß der alten Bundesrepublik, nur trieb sie längs dahin. Es konnte also nicht mehr lange dauern. Der Minister nickte mir ernst zu.

Wir nahmen Omar zwischen uns und gaben einander die Hand. Omars Pfote war warm und feucht. Und dann traten wir in den Kreis. Mein Herz schlug heftig, und mir fiel plötzlich der krause Traum ein, in dem ich Gerhard Stoltenberg als Kanzler gesehen hatte. Ich stellte mir vor, wie es sein würde, wenn er Bundeskanzler wäre und ich sein Minister ...

Plötzlich ertönte in der Ferne lauter Gesang.

"Heimat, deine Sterne!
Der Himmel strahlt wie ein Diamant!
Liegst du auch in noch so weiter Ferne
in Gedanken bin ich im Vaterland!"

Wir wandten uns entsetzt um. Oben, auf der Klippe, erschien jetzt eine gedrungene Gestalt. Es war Norbert Blüm.

"Da, guckt - der Schüttauf, der Stoltenberg und auch der Omar!" kicherte er. "Ei, die haben des lubazibazi-Zeugs net vertragen!"

Nach und nach traten auch die anderen Gefährten an den Rand der Klippe.

Norbert Blüm stand dort oben recht wackelig auf seinen Beinen. Er schwankte hin und her. Und dann purzelte er die Rinne hinunter. Der Kanzler, der neben ihm stand, wollte ihn lachend festhalten, verlor aber ebenfalls das Gleichgewicht und griff ins Leere - nein, nicht ins Leere, er riß die anderen mit und - -

- - und dann kam der Mond hervor und ausgerechnet ich, der ich das Karussellfahren nie vertragen habe, drehte, drehte, drehte mich rasendschnell, bis ich hintüberfiel und gelähmt unter all den Hosen und Kleiderbügeln lag und in einen Himmel starrte, welcher sein grelles Licht von der Seite bezog.

Wieder und wieder stieß er mit seinem Zeigefinger gegen das dicke Glas.

BISMILLAH - BETTLAKEN!

Hosen und Kleiderbügel? Doch, doch, es stimmte - ich lag unter lauter Hosen und Kleiderbügeln begraben.

War's denn ein Wunder, daß ich sofort die Augen wieder schloß! Hosen und Kleiderbügel - ja, fehlte noch.

Gleichwohl - was blieb, war der Geruch nach Herrenkonfektion. Je länger ich die abgestandene, warme Luft einsog, desto deutlicher ward mir das Gemisch aus ungetragenem Textil, Wäscheappretur und Kunststoff, wie man es eben nur in jenen Läden findet, die voller Hosen, voller Kleiderbügel sind.

Ich ruderte heftig mit den Armen, um mich aus dem Gewirr der Stoffe zu befreien, was mir freilich erst nach großen Mühen gelingen sollte. Dann setzte ich mich auf. Ich ließ meine Hand prüfend über den Boden gleiten. Er fühlte sich ganz wie ein Teppich mit harten Borsten an. Nun, vielleicht war es doch ratsam, die Augen zu öffnen ...

Tatsächlich, ein Laden. Ein großer Laden voller Hosen und Kleiderbügel. Und alles ziemlich dunkel. Das Licht, das nur an manchen Stellen über die Decke fiel, es kam irgendwo von vorne her.

Per aspera ad astra. Was zögerte ich noch? Zum Lichte also - dort mußte ich hin...

Der Weg indes war lang und voller Tücken. Zunächst hatte ich ein rechteckiges Gestell zu passieren, an dem in langer Reihe Mäntel hingen. Die Lodenstoffe waren schwer und hart und fuhren mir kratzend übers Gesicht, die scharfen Kanten des stählernen Rahmens schnitten in Hände und Knie, ich aber biß die Zähne zusammen und kroch auf allen vieren weiter und weiter, bis es immer heller und greller wurde und ich ein niedriges Podest erreichte.

Dort waren allerlei Stoffe ausgelegt, Hosenbeine mit Stecknadeln ausgespannt, Jacken kunstvoll drapiert, Hemden und Pullover sorgsam aufgeschichtet. Ich achtete des schönen Arrangements nicht, sondern schob alles beiseite, um auf meinen Weg ans Licht weiterzukommen, und kroch und kroch, bis meine Stirn etwas Hartes, Kühles berührte - ich war gegen die Schaufensterscheibe gestoßen.

In dem spiegelnden Glas erschien das Bild eines alten Kerls, der völlig abgerissen und schlecht rasiert war. Nicht gerade eine Bekanntschaft, die man suchte. Ich wollte mich eben verdrossen abwenden, als ich rechts einen weiteren Mann entdeckte. Dieser jedoch war jung und schlank und saß in gerader Haltung auf einem verchromten Stuhl, dabei hatte er den einen Arm mit abgewinkeltem Ellenbogen auf das Knie gestützt, den anderen aber in die Hüfte gestemmt - eine Pose, der etwas ungemein Herrisches eignete. Das bläuliche Glosen des Neonlichts fiel auf sein hartes Gesicht mit der geraden Nase und dem brutalen Kinn.

Doch wie erschrak ich, als ich den Mann plötzlich erkannte - denn kein Zweifel, es war Reinhard Heydrich! Der Reichsführer hatte den schmalen Schädel hoch erhoben, hielt die Lippen eng zusammengepreßt und sah ohne jede Regung geradeaus. Auch der Alte war jetzt zurückgefahren und starrte die blonde Bestie entsetzt an.

Als ich jedoch nach und nach das Schneiderhafte in Heydrichs Anzug gewahrte, merkte ich, daß der ekle Rassenkopf bloß einer lächerlichen Schaufensterpuppe gehörte. Ich verwünschte die Bagage herzlich, der es einfiel, ausgerechnet nach solchen Vorbildern ihre Gesichter zu formen, und stieß dann, wütend über mich und meine Kopflosigkeit, die Puppe von ihrem Stuhl und setzte mich selbst auf den verchromten Sitz. Und da der schäbige Alte all meinen Bewegungen gefolgt war, so dauerte es gar nicht lange, bis ich des weiteren erkannte, daß dieser graue Schlemihl da in der Scheibe niemand anderes als ich selber war.

Plötzlich hörte ich ein dumpfes Pochen an der Scheibe. Es kam ebenfalls von rechts. Sollten die Puppen etwa doch lebendig sein?

Ich drehte mich langsam zur Seite. Es war jedoch weder der umgefallene Heydrich, der da klopfte, noch die zweite Schaufensterpuppe, ein ähnlich kalter Herr in schwarzem Zwirne, sondern es war ein riesenhafter Bär. Hochaufgerichtet stand er an der Scheibe und stieß mit seinem Zeigefinger wieder und wieder gegen das dicke Glas.

Er war genauso ungewöhnlich gekleidet wie ich. Das heißt, seinem speckigen Jackett fehlten sogar noch die beiden Ärmel, stattdessen waren zwei ausgefranste Hemdenärmel eingelassen. Das Haar hing ihm wirr ins Gesicht, er war sehr schlecht rasiert, doch sah er stark und gefährlich aus.

Und dann knurrte er: "Bismillâh - Bettlaken!"

Abermals pochte er gegen das Glas. Ich preßte das Gesicht gegen die Scheibe, legte die Hände vor die Augen und sah nach draußen, um Aufschluß zu erhalten, was ihn dort wohl so erregen mochte. Aber es war nichts zu sehen außer einer schmalen Gasse. Es mußte mitten in der Nacht sein, alles war dunkel und menschenleer. Halt, da war etwas! Aus dem zweiten Stock des gegenüberliegenden Hauses hing ein weißes Laken, auf dem in flammendroter Schrift "Nein!" geschrieben stand.

War dies alles auch rätselhaft, so schien mir eines doch gewiß - es mußte für diesen ganzen Unfug einen Grund geben. Und wenn ich diesen auch nicht erkennen konnte, so wußte ich doch, daß alles zusammenhängt und nichts ohne Ursache ist auf dieser Welt. Oh, wenn ich mich erst wieder auf meinen Namen besinnen würde können, dann müßte es bloß eine Frage der Zeit sein, auch für den kruden Rest noch die Erklärung zu finden.

Jawohl, sogar mein eigener Name war mir nicht mehr erinnerlich - damals, als ich in jenem Hosenladen wieder zu mir kam, und wer weiß, wie lange ich noch so herumgetaumelt wäre, wenn es nicht die Spieluhr in meiner Jackentasche gegeben hätte ...

> Rule Britannia! Britannia rule the waves!
> Britons never shall be slaved!

Und während die Räder und Walzen noch liefen, fiel mir alles wieder ein:

In Afrika war ich gewesen! Vor gar nicht langer Zeit. Um ganz genau zu sein, eben noch. Der Ort hieß Jambuja, oben wohnte in einer gelben Villa der kluge Kommandant Vanderkerke, im Kirchlein nebenan predigte der Abbé Lafayette (obwohl es ja eigentlich genau anders herum sein mußte, n'est-ce pas?), unten aber rauschten die Wasser des

Luhali, dort hatte Dr.Stoltenberg den Kreis mit heller Zaubererde ausgebreitet, die wir von Makupete dem Buckligen bekommen hatten. Und dann waren eine Menge Herren in unseren Kreis gefallen - - und was die Uhr in meiner Tasche betraf, so gehörte diese Kilonga Longa, dem Manjema und Sklavenjäger, der mich einst in Besitz gehabt hatte - mich, den Ministerialrat Rudolf, nein: Robert Schüttauf!

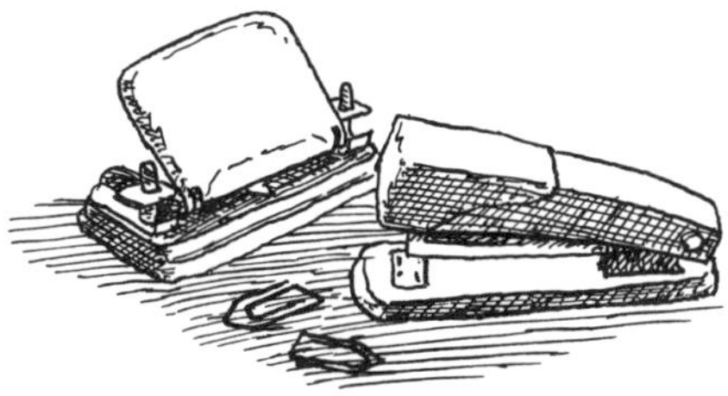

Kaum war das Spielwerk abgelaufen, als sich hinten im Laden ein weiteres Geräusch vernehmen ließ. Es klang ganz so, als risse dort jemand etwas auf - einmal, zweimal, dreimal ...

Ich ließ den Bären - Kohl! Kohl! Es war Helmut Kohl! - im Schaufenster stehen und schlich in den rückwärtigen Winkel des Hosenladens. Vorsichtig spähte ich um die Ekke.

Dort hockten auf einem gläsern eingefaßten Tisch, wie sie unsere Warenhäuser für Sonderangebote in Gebrauch halten, zwischen Hunderten von Oberhemden Dr.Blüm und Li Feng. (Richtig, auch sie waren in Afrika dabeigewesen! Wer noch, wer noch - - ?)

Der Chinese hob ein in Zellophanpapier verpacktes Hemd auf und jammerte leise: "Sehr ungunstig - alle nur gefullt mit Stanleys Strumpfen!"

"Sie is aber an sich hochmodern, die Ware!" rief Dr.Blüm und wies auf die Dessins. Dann nahm er ihm das Hemd weg, riß die Verpackung auf und hielt sich das Bekleidungsstück an den Hals.

"Paßt prima!" versetzte er. "Haargenau meine Kragenweite!"

Nun, so wie es aussah, hatten die beiden noch nicht recht zu sich finden können. Ich wollte gerade auf sie zutreten, als ich fühlte, wie sich eine Hand auf meine Schulter legte. Ich fuhr herum. Es war Dr.Stoltenberg. Der Minister schien in großer Sorge: "Schuttauf! Ausgezeichnet, daß ich Sie sehe. Denken Sie nur - Omar ist verschwunden!" Omar? Wer um alles in der Welt war Omar?

Doch da ertönte ein lautes Keckern, und der Gesuchte sprang mit einem kühnen Satz von einem Regal auf die Schulter des Ministers. Natürlich, Omar war der Affe des Ministers. Ein Glück, daß es mir wieder eingefallen war. Auch Dr.Stoltenberg war sichtlich erleichtert. Er strich dem aufgeregten Tiere beruhigend über den Kopf und wandte sich dann wieder an mich.

"Hören Sie, Schüttauf, das Unternehmen Makupete ist geglückt! Jawohl, sein Mittel war von probater Natur - wir sind wieder in Deutschland! Da, der Beweis!"

Er zeigte auf eine Tür mit einem goldenen Schild. Dort stand in Großbuchstaben:

EINTRITT VERBOTEN!

Nun, das paßte von der Sprache her ganz entschieden zu jenem "Nein!" auf dem Bettlaken. Noch bevor ich diese Kongruenz dem Minister mitteilen konnte, war dieser dicht an mich herangetreten: "Allem Anschein nach sind uns jedoch Blüm und Herr Feng gefolgt! Naja, sei's drum!"

Er wies mit einer vielsagenden Handbewegung nach den beiden Männern auf dem Wühltisch. "Lubazibazi! Da sehen Sie, wie gefährlich diese Droge ist!"

Ich bedeutete dem Minister, daß *unter lubazibazi* wohl auch der Kanzler sein müsse, da er vorne an der Schaufensterscheibe stehe und immer wieder nach einem Bettlaken weise, welches - eingestandenermaßen - durch seine Beschriftung recht irritant sei!

Dr.Stoltenberg sah mich entsetzt an. "Was sagen Sie da - Kohl hier? Düvel ook, Schüttauf, wat'n Swinkram!"

Es sah für einen Augenblick danach aus, als geriete der Minister in die Gefahr, seine Fassung zu verlieren, und doch rechne ich es ihm an, daß er für diesen raren Fall das Idiom der Küste wählte - vermutlich, um mich nicht zu genieren. Er ballte die Faust und schlug sie mehrfach auf die flache Hand. Dann tat er ärgerlich einige Schritte nach der Schaufensterscheibe. Dabei geriet der Vorhang eines kleinen Kabinetts in Bewegung, und mir war, als hätte er für einen Augenblick einen menschlichen Fuß freigegeben. Ich schlug vorsichtig den Stoff beiseite. Der Minister beugte sich vor und - -

"Herr Monsuhn und Kollege Genscher!"

Tatsächlich, da lagen die beiden auf dem Boden der Umkleidekabine und starrten uns verstört an. Ich rechnete rasch nach: Wir waren unser acht gewesen: Kohl, Genscher, Blüm, Mr.Monsoon, Li Feng, der Minister nebst Omar und ich. Endlich! Jetzt hatte ich wieder alle Namen beisammen!

Dr.Stoltenberg zog den Vorhang wieder zu und bemerkte resigniert: "Een Drupp helpt den annern up, toletzt is't'n Platzregen!"

Damit aber schien der plattdeutsche Mundvorrat ausgeschöpft, er setzte seine übliche Miene auf, und alsbald kam er mir gefaßter denn je vor.

"Haben Sie sich schon darüber Gewißheit verschaffen können, wo genau wir uns in Deutschland befinden, Schüttauf?"

Ich mußte verneinen und konnte lediglich meiner Verwunderung darüber Ausdruck geben, daß wir uns - anstatt im gewünschten Bundeskanzleramt - ganz offensichtlich in einem Fachgeschäft für Herrenbekleidung befanden.

Der Minister sah sich gründlich um, ließ den Blick über die Regale und Kleiderstangen gleiten, betrachtete eingehend die Kasse und die lange Ladentheke. "Großartig!" Er nickte grimmig. "Ich frage mich bloß, was für ein Laden das hier ist."

Ein großer Schatten legte sich über uns. Es war der Kanzler, der hinter uns getreten war. Er mußte die letzten Worte wohl gehört haben ...

"Des hier? Des is der Hosenkönig in Bonn!"

Ich unterzog den Mann, den ich vorhin noch in meiner Betäubung für einen Bären gehalten hatte, einer raschen Musterung. Helmut Kohl hatte unsere neuerliche Zeit- und Ortsverschiebung anscheinend ohne nennenswerte Blessur überstanden, und auch der Einfluß des lubazibazi-Krautes schien ganz hinter sein sonstiges Wesen zurückgetreten zu sein. Der Kanzler mißverstand indes meinen prüfenden Blick.

"Den Laden kenn ich nämlich, Schüttauf", fügte er erläuternd an und wies auf sein Beinkleid mit fehlendem Umschlag, "da is nämlich die Hose her!"

Dr.Stoltenberg starrte auf die Hose des Kanzlers. Dann blies er die Backen auf und ließ die Luft mit einem starken Zischen entweichen.

Aber auch mir hatte sich der Zusammenhang sofort enthüllt! Es konnte gar nicht anders sein - Makupetes magische Mittel hatten sich nicht an dem Fetzchen aus der Regierungserklärung orientiert, sondern an des Kanzlers Hosenstoff! Freilich auch nicht an seiner Locke, die wir bekanntlich als dritte Ingredienz in den Zauberkreis gelegt hatten. Ob dieser Auswahl ein werthierarchisches Prinzip innewohnte oder ob's bloß der reine Zufall war - wer wollte es verläßlich sagen? Und darüber hinaus war auch unser Plan, ohne Helmut Kohl nach Bonn zurückzukehren, ebenfalls gescheitert. Nun, einerlei, mir war eh nie recht wohl dabei gewesen! Was Kanzleramt, was Hosenkönig - Hauptsache, man war wieder in Bonn und im richtigen Jahrhundert.

Ähnlich empfand wohl auch der Kanzler.

"Keine Ahnung, wie wir des jetzt alles geschafft haben, meine Herren - aber eins ist gewiß - Afrika sind wir los!"

Und es hatte weiterhin den Anschein, als wünsche er, nachdem er unseren jüngsten Standort derart präzise bestimmt hatte, augenblicklich in sein Amt zurückzukehren.

Plötzlich fielen mir wieder alle jene Probleme ein, welche sich zwangsweise aus einer Rückkehr auf die politische Bühne ergeben mußten. Wie würden es die Männer aufnehmen, die inzwischen unsere Plätze eingenommen hatten? Rückte man beiseite, gab man Raum, arbeitete man zu - oder würde man uns durch Obstruktion und Antipathie spüren lassen, wie übel man es nahm, daß wir - überschlägig! - einen Monat ohne jede Nachricht weggeblieben waren?

Wie dem auch sei, das wären alles Sträuße, die man in der Koalition auszufechten hätte. Was aber war mit der Opposition? Ob wir den bohrenden Fragen eines Hans-Jochen Vogel so leicht entkommen konnten wie denen des Emin Pascha oder des Herrn von Wissmann?

Ganz zu schweigen von der lästigen Presse! SPIEGEL, STERN, BUNTE - der deutsche Blätterwald würde stärker rauschen als die Bäume am Luhali während des ärgsten Gewitters, und ich sah mein ruhiges Domizil in der Agrippinenstraße von den unangenehmsten Windhunden belagert und meine eigene Person in die Schlagzeilen eines rücksichtslosen Sensationsjournalismus gerückt:

ROBERT SCHÜTTAUF -
ALLES ÜBER DEN MANN, DER MIT HELMUT KOHL AM KONGO WAR!

Anhaltender Schwindel umfing mich, das Herz schlug mir bis zum Halse und in den Ohren sauste und brauste es, und wahrhaftig, ich wünschte mich für den Moment nirgendwo sehnlicher hin als in Sangaremis Kanu!

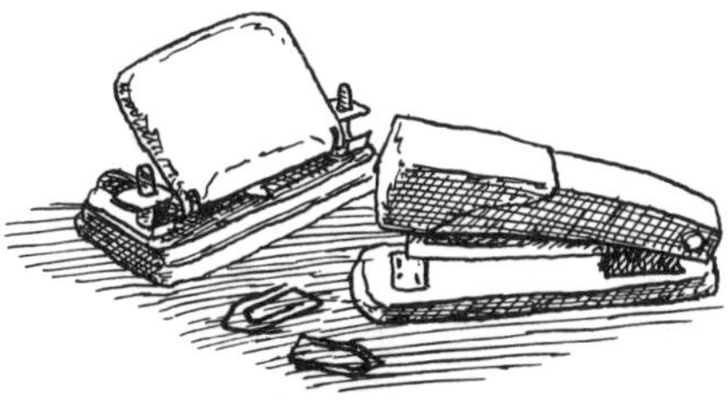

"Trommeln Sie die anderen Herrn zusammen und dann los!"

Der Ton des Kanzlers duldete keinen Widerspruch, und so blieb uns nichts anderes übrig, als seinem Wunsche nachzukommen.

Zunächst veranlaßten wir Dr.Blüm und den chinesischen Herrn, von ihrem Wühltisch zu steigen. Der Rüsselsheimer war sehr verstört, als wir ihm die neue Lage auseinandersetzten. Nachdem er sich ein wenig gesammelt hatte, begann er verlegen, die ausgepackten Hemden wieder in die Zellophantüten zurückzustecken. Li Feng nahm die Nachricht gelassener auf - in Sonderheit, als er erfuhr, daß auch Gorilla Monsoon die Reise ins 20. Jahrhundert gemacht hatte.

Als wir in die Umkleidekabine traten und die beiden anderen holen wollten, riß Hans-Dietrich Genscher zuerst die Augen so fürchterlich auf, daß ich ernstlich für seine Gesundheit besorgt wurde. Doch begann er, nachdem er die notwendige Aufklärung empfangen hatte, in einer Art und Weise zu strahlen, wie ich es unter afrikanischem Himmel nie an ihm gesehen hatte.

"Kurs halten", rief er ein ums andere Mal triumphierend aus, "Kurs halten auf allen Feldern! Sehen Sie, Gorilla, das lohnt sich am Ende doch!"

Mr.Monsoon fluchte indes leise vor sich hin. "Verteufelte Geschichte das, Mr.Schüttauf. Sehe Euch noch unten am Ufer stehen zusammen mit Mr.Stoltenberg und Omar, und schon kommt Mr.Bloom ins Wanken und reißt uns alle mit. Habe ihm hundertmal gesagt, er soll die Finger von diesem verdammten Salat lassen."

Er sah sich verwirrt um. "By the way, Sir - irgendwelche Eingeborene in der Nähe? Und habt Ihr meine Flinte gesehen?" Ich seufzte und dachte mir, daß es wohl noch eine Weile dauern würde, bis sich Mr.Monsoon an alle Gebräuche unseres Landes gewöhnt hätte.

Währenddessen war der Kanzler nicht untätig geblieben. Er hatte einen batteriebetriebenen Rasierapparat in der Hand, den er unter der Ladentheke gefunden hatte. Wem mochte er wohl gehören? Einem zerstreuten Kunden, der mit dem Apparat in der Hand durch die Gassen gegangen war und, einem jähen Impulse nachgebend, in das Fachgeschäft getreten war und ihn in seiner Begeisterung für das Sortiment an Übergrößen vergessen hatte? Oder einem Verkäufer, der auch in den späten Stunden des *langen Donnerstags* noch akkurat auszusehen wünschte?

-- Langer Donnerstag! Wer konnte wissen, so schoß mir plötzlich durch den Kopf, ob es diese liberale Einrichtung überhaupt noch gab? Daß wir in Deutschland, daß wir in Bonn waren - einverstanden. Aber in welcher Zeit? Natürlich, hier sah alles modern und zeitgemäß genug aus, vielleicht aber hatte es Makupetes Zauberkreis nicht so genau genommen und uns um einhundertein, einhundertzwei (einhundertdrei?) Jahre nach vorne verrückt! Das freilich würde Rückkehr und Eingliederung beträchtlich erschweren...

Ich bewunderte die Ruhe Dr.Kohls. Er war vor einen Spiegel getreten und fuhr mit dem Rasierapparat über seine Bartstoppeln. Hinter ihm stand Hans-Dietrich Genscher und warf begehrliche Blicke nach dem Gerät - doch in dem Maße, wie das Summen leiser und schwächer wurde, wurde auch sein unrasiertes Gesicht immer düsterer. Schließlich verstummte der Apparat ganz, und der Kanzler warf ihn, nachdem er sich über die glatten Wangen gefahren war, mit einem zufriedenen Laut zwischen die Hemden des Wühltischs.

Er schob den Außenminister beiseite, ging auf den nächsten Ständer zu, nahm einige Anzüge von der Stange und hielt sich ein rostfarbenes Jackett vor den mächtigen Leib.

"Sieht gut aus, is modisch und paßt", brummte er, "des nehm ich, Hans-Dietrich."

Dann forderte er auch uns auf, in den Regalen nach etwas Passendem Ausschau zu halten, um so die Kleiderordnung insgesamt wieder herzustellen.

"Stehlen?" frug Dr.Blüm schüchtern."Im Hosenkönig, Herr Dr.Kohl?"

Er werde, herrschte ihn der Kanzler an, den so entstandenen Schaden im Geschäft bei Gelegenheit aus dem Reptilienfonds wieder gutmachen. Ansonsten sei darauf zu achten, daß wir alle alten Kleidungsstücke mitnähmen, um keine Spuren zu hinterlassen.

"Da, er will's doch net bezahlen!" flüsterte mir Dr.Blüm zu.

Ich hob bedauernd die Schultern und trat an einen runden Ständer. Ich suchte nach einem Wintermantel, denn das Glas der Schaufensterscheibe war kalt und angelaufen gewesen. Es mußte jetzt wohl Ende Februar, Anfang März sein. Da konnte es nicht schaden, wenn man sich warm anzog. So wählte ich noch einen Schal aus. Nachdem ich auch einen Anzug in meiner Größe gefunden hatte, trat ich an die Umkleidekabinen. Dort herrschte bereits ein reges Treiben, so daß wir alsbald in neuen Gewändern um den Kanzler standen.

Jeder hatte sein geschnürtes Bündel unterm Arm. Bis auf die verwilderten Gesichter und das zerrissene Schuhwerk konnte man fast wieder als ministrabel gelten.

Unsere beide Reisegefährten freilich wirkten trotz ihrer modernen Kleidung recht unzeitgemäß. Lag es daran, daß jede Zeit ihre eigenen, unverwechselbaren Gesichter hatte? Aber - war dem überhaupt so? Ich dachte an das Ebenbild des stellvertretenden Reichsprotektors von Böhmen und Mähren, das ich im Schaufenster gefunden. War das nicht die Wiederkehr des Immergleichen? Nun, wenn die Geburt des Menschen aus der Tragödie *darauf* hinauslief ...

Gleichviel - Gorilla Monsoon trug einen locker fallenden Wildlederblouson und hellgrüne Cordhosen und schien damit so wenig glücklich wie Li Feng, der sich von seiner gewohnten Kleidung überhaupt nicht hatte trennen wollen, bis ihn Dr.Blüm zu einem blauen Dufflecoat überreden konnte, dessen Kapuze wenigstens den Zopf des chinesischen Herrn verbarg.

Der Kanzler hielt nun eine kurze Ansprache.

Genauso wie er uns seinerzeit - unter Assistenz von Mr.Monsoon und Li Feng - von Balulu nach Jambuja geführt habe, so wolle er uns nun, auf dem letzten Teil unserer Reise, zurück ins Kanzleramt führen - diesmal freilich in alleiniger Verantwortung. Er trat vor einen Stadtplan, welcher hinter der Kasse hing.

Er gedächte - "Alle mal hersehen!" - über die Bonngasse, die Friedrichstraße, die Wenzelgasse, den Marktplatz, das Stockentor und den Hofgarten die Adenauerallee zu gewinnen und von dort in gerade Linie nach dem Bundeskanzleramt vorzustoßen.

Es sei nun genau 5 Uhr 45 - er wies nach einer Wanduhr, die niemand außer ihm bislang bemerkt hatte - und nach seiner Rechnung werde man in knapp 4o Minuten dieses Ziel erreicht haben. Er bitte darum, die Gesichter nach Möglichkeit bedeckt zu halten - Stichwort "Zeitungsausträger und Bäckerbuben" - und Omar müsse unbedingt unter den Mantel genommen werden. Ob es außerdem noch Fragen gäbe?

"Ja, Helmut", sagte der Außenminister und rüttelte an der Tür. "Wie kommen wir bloß aus dem Laden heraus?"

Der Kanzler sah den Mann aus Halle einen Augenblick lang schweigend an. Mißfallen stand in seinen Zügen und auch ein wenig Verachtung.

Dann ergriff er die Ladenkasse, hob sie hoch empor und schleuderte sie mit einem mächtigen Wurf gegen die Schaufensterscheibe. Das Glas zerbrach splitternd, eisige Nachtluft wehte zu uns herein.

"Nach dir, Hans-Dietrich!"

Der Außenminister aber zögerte und wollte nicht durch das Loch in der Scheibe. Erst als Dr.Blüm eine besonders scharfe Spitze mit einem Pullover umwickelt hatte, wagte er den Schritt nach draußen, und dann eilten auch wir, ihm zu folgen.

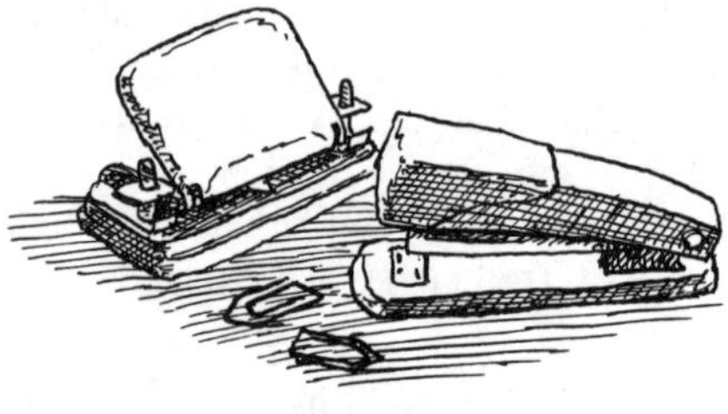

Der Kanzler setzte sich an die Spitze unseres Trupps, wir schlugen die Krägen hoch und dann rannten wir durch die Fußgängerzone.

Wie eng und schmal hier alles im Vergleich zu Belgisch Kongo wirkte! War Bonn schon immer so höllisch blaß und auch so häßlich gewesen? Keine einzige dieser Fassaden wollte mit der anderen recht zusammenpassen, die Dächer waren mal flach, mal steil, da hatte man Mansarden und Gauben in sie hineingebrochen, dort würgte ein nach dem Lineal gerichtetes Dach ein schiefes, liebenswürdiges Haus - nur rund und spitz, wie wir die Hütte und das Dach am Luhali gefunden, war keines dieser rheinischen Häuser hier. So zeugten sie durch den Verlust des Stils wohl auch von dem an Maß und Mitte.

Und dann diese Bettlaken! Überall hingen diese Tücher aus den Fenstern, und auf allen war das "Nein" zu lesen! Ja, waren denn die Bonner - ausgerechnet die Bonner! - verrückt geworden?

Möllemann! Ein schauerlicher Verdacht stieg in mir auf. Sie waren *in tyrannos*, diese Bettlaken! Möllemann hatte sich gewiß zum Kanzler ausgerufen, und nun stand Bonn, das tapfere Bonn, gegen ihn auf.

Auch der Kanzler, der vorneweg trabte, nahm die befremdliche Dekoration des Regierungssitzes mit steigendem Unmut zur Kenntnis. Es sei höchste Zeit, rief er dem Außenminister zu, daß man an die Macht zurückkäme ...

Plötzlich hielt der Kanzler in seinem Lauf inne und verschwand in einen Hauseingang. Hans-Dietrich Genscher, der sich dicht hinter ihm gehalten hatte, war verwirrt und zögerte noch, ob er seinem Beispiel folgen solle, doch da hatte der Kanzler ihn schon am Ärmel gegriffen und von der Straße gezerrt, so daß auch wir es für nützlich hielten, wenn wir unsere Plätze hinter der mächtigen Figur Dr.Kohls einnahmen.

Wo aber war die Gefahr? Drüben, auf der anderen Straßenseite, stand bloß ein roter Kasten. Ehe wir noch diesbezügliche Fragen stellen konnten, hatte der Kanzler bereits auf diesen gezeigt und dann warnend den Finger gehoben. Wir lauschten verhalten in die Nacht, und nun vernahmen wir es auch - es näherte sich ein Auto.

Wie lange hatten wir keinen Automotor mehr gehört! Dr.Stoltenberg strich beruhigend über seinen Mantel, unter dem er Omar verbarg, und Dr.Blüm verfuhr ähnlich mit Mr.Monsoon und Li Feng, indem er beider Hände ergriff, herzlich drückte und flüsterte: "Keine Angst - es is bloß ein Kraftfahrzeug!"

Das Auto war ein kleiner Lieferwagen. Es hielt mit laufendem Motor vor dem Zeitungskasten, ein Mann mit einer Mütze stieg aus und holte einen Stapel Zeitungen aus dem Laderaum. Dann ließ er ihn in den roten Kasten fallen, stieg wieder ein und war alsbald mit seinem Gefährt verschwunden.

"Als ob ich des geahnt hätte!" murmelte der Kanzler. Dann wies er mich an, ihm rasch ein Exemplar zu besorgen, da ich am wenigsten Gefahr laufen müsse, von etwaigen Passanten erkannt zu werden.

Ich trat aus der Einfahrt und hatte kaum ein paar Schritte getan, als ich auch schon die Schlagzeile lesen konnte.

"Heute Krieg!" stand da in riesigen Lettern. Der Rest war leider nicht mehr zu lesen, weil er sich auf der eingefalteten Seite befand.

"Krieg", rief ich hinüber, "sie schreiben, es sei heute Krieg!"

"Der wievielte?" kam es ungeduldig zurück.

Ich war ein wenig ratlos. Wer konnte schon verläßlich sagen, wieviele Kriege es seit unserem Aufbruch von Bonn gegeben hatte - die allgemeine Unverträglichkeit des Menschen war in der Zwischenzeit gewiß nicht geringer geworden. Ich versuchte die Klappe zu öffnen, stellte jedoch fest, daß man zunächst ein Geldstück einzuwerfen hatte, über das ich naturgemäß nicht verfügte.

"Der wievielte heute is!" brüllte der Kanzler und steckte den Kopf ungehalten aus dem Eingang. "Des Datum will ich von Ihnen wissen, Schüttauf, und sonst nichts!"

Ich gab meinem Bedauern über dieses Mißverständnis Ausdruck und beugte mich über das Kleingedruckte in der oberen Ecke des Blattes. Dann setzte mein Herzschlag für einen Augenblick aus.

"Der 17. Januar ... der 17. Januar 1991, Herr Bundeskanzler!"

"Des heißt - wir sind nur eine Nacht weggewesen!" Dr.Kohls Kopf erschien wieder und seine Augen leuchteten.

"Der Golfkrieg, Omar!" rief Dr.Stoltenberg empört von hinten. "So hat der Muselmann sich nicht besonnen!"

Der Außenminister aber jubelte: "Helmut! Gerettet! Wir sind gerettet! Bestimmt hat keiner was gemerkt!"

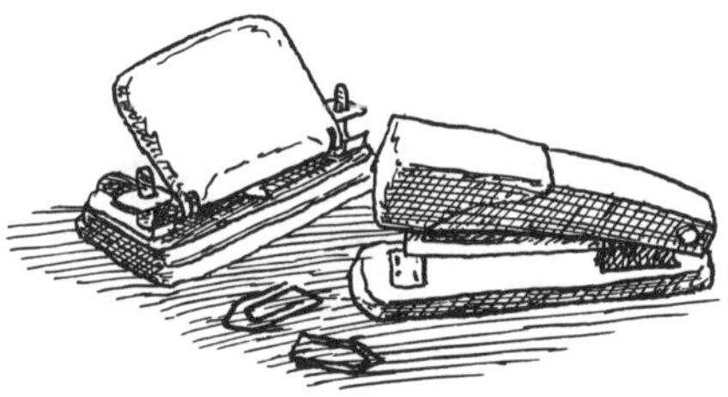

Der Rest ist schnell erzählt ...

Am Haupteingang nahm sich der Kanzler den Posten vor, fragte den völlig Verwirrten barsch, ob er, der Helmut Kohl, ihm ein Begriff sei, und als dieser ängstlich nickte, fuhr er ihn an, daß das Tor augenblicklich zu öffnen sei und daß wir alle - einschließlich der beiden fremden Herren und des Affens - passieren dürften.

Der Wachsoldat, ein schmaler junger Mensch mit einem schwäbischen Akzent, errötete bis unter die Haarwurzeln und öffnete hastig die Schranke.

Wenige Minuten später waren wir alle im Kanzlerbungalow.

Während der Kanzler telefonisch einen Herrn Seeger weckte und bei diesem einen größeren Imbiß bestellte, hatte Dr.Stoltenberg schon einen Plan entworfen, in welcher Reihenfolge man unter die Dusche zu treten hatte, um den Staub Afrikas von Haupt und Gliedern abzuwaschen.

Und so saßen wir nach einer guten Stunde alle beisammen, waren in Handtücher und Bademäntel gehüllt, das Haar zwar noch naß, aber doch gewaschen, und genossen nun die weiteren Segnungen der Kultur in Form eines ordentlichen Frühstücks, welches der Chauffeur des Kanzlers, eben jener Herr Seeger, vorhin gebracht hatte. Dr.Blüm räsonierte zwar, wieviel lieber er den schönen Bart stehen gelassen hätte, erhielt jedoch vom Außenminister den Verweis, daß so womöglich alles noch aufkäme!

Gorilla Monsoon und Li Feng waren recht schweigsam, und ich konnte die beiden gut verstehen. Wie mußten wir damals schlucken, als wir uns um einhundert Jahre zurückversetzt gefunden hatten! Am meisten schien den beiden Kopfzerbrechen zu bereiten, daß jene wirre Geschichte, die wir ihnen in unserer ersten Nacht erzählt hatten, augenscheinlich völlig wahr gewesen war. Vor allem aber kamen sie mit der Person des Bundeskanzlers nicht zurecht, und ich hörte Li Feng leise sagen, wie erstaunlich es doch sei, daß ausgerechnet der ehrenwerte Herr Kohl hier das Sagen habe.

Ja, der Kanzler regierte wieder.

Eben schob er das Tablett beiseite und nahm seinen Terminkalender vor. "Um neun Uhr Wahl und Abgabe der Regierungserklärung. Jetzt ist es kurz nach sieben. Des schaffen wir leicht, meine Herren!"

Plötzlich fiel ihm etwas ein. Er sprang auf, griff nach seinem Kleiderbündel, holte die ärmellose Jacke hervor und durchwühlte nervös deren Taschen. Endlich schien er gefunden zu haben, was er suchte. Er entnahm der Brusttasche ein Konvolut zerknitterter Blätter und hielt sie triumphierend hoch.

"Da, die Regierungserklärung!"

Es war nicht einfach, die Blätter voneinander zu lösen, so waren sie zusammengeklebt. Wie oft mochten sie naß geworden sein während unserer afrikanischen Tage! Wir alle halfen ihm bei dieser schwierigen Arbeit, und Blatt um Blatt wurde auf dem Schreibtisch ausgelegt, glattgestrichen und sorgsam gelocht.

"Da - da fehlt was, meine Herren. Und ausgerechnet am Schluß!"

Der Kanzler hob die letzte Seite hoch, an der ein Eckchen weggerissen war.

Dr.Blüm schlug betreten die Augen nieder. Es war der Fetzen, den er damals, als wir vor Balulu lagen - vermutlich ohne Billigung Dr.Kohls - an Omars Halsband festgemacht und mit der Anmerkung versehen hatte, daß alles "in Butter" sei. Zum Glück wußte außer dem Minister und mir niemand, daß dies auch das Papierchen war, das die zweite Ingredienz abgegeben hatte und wohl noch immer in Makupetes zaubrischer Erde steckte, drunten am Luhali ...

Der Kanzler führte das Blatt vor die Augen und trug den Text vor: "Der Satz davor heißt: 'Dies wird zu Recht von uns erwartet und dieser Erwartung müssen wir gerecht werden'. Und dann kommt: 'Es darf für uns keine Flucht aus der Verantwortung geben.' Was paßt dann da jetzt bloß dazwischen, meine Herren?"

Mit einigem Schrecken bemerkte ich, daß Dr.Blüm nun Anstalten traf, von der Geschichte des Zettels und seinem weiteren Verbleib zu berichten, woran mir freilich wenig gelegen sein konnte, denn wenn er auch von Makupete nichts wußte, so war das kleine Aktenstück doch immerhin bei uns gelandet. Daher suchte ich mich zu erinnern und antwortete nach kurzem Überlegen: "Es gibt für uns Deutsche keine Nische in der Welt!"

"Richtig!" Der Kanzler warf mir einen bewundernden Blick zu. "Des paßt genau hinein, Schüttauf. Und zwar in die Lücke und vom Sinn auch!"

Er trug den fehlenden Satz sorgfältig ein. Dann überlas er den ganz Abschnitt noch einmal. Er heftete alle Blätter zufrieden zusammen und wollte sie eben weglegen, als er mit einem Male innehielt. .

"Ach, apropos - *Flucht aus der Verantwortung,* Gerd Stoltenberg", sagte er sinnend, "jetzt eine Frage noch! Was haben Sie eigentlich da unten in dem komischen Kreis am Ufer gemacht?"

Er sah den Minister prüfend an. "Und außerdem - ich hab mich sowieso schon die ganze Zeit gewundert, warum Sie und der Schüttauf so früh weg sind vom Abbé und vom lubazibazi..."

"Ei, er hat's doch net vertragen, der Stoltenberg!" suchte Dr. Blüm nervös zu vermitteln.

"Ach was, Blödsinn, Blüm!" Der Kanzler schüttelte unwillig den Kopf. Dann fuhr er fort und seine Worte kamen langsam und mit Bedacht: "Gerd Stoltenberg, Sie hatten doch auch die ganze Zeit über den Fetisch."

Der Minister sagte nichts und sah starr geradeaus. Omar saß auf seinen Knien und knabberte an einer Büroklammer.

"Genau Helmut!" der Außenminister war mit einem Male wie elektrisiert. "Ich erinnere mich - in seiner Tasche hatte Kilonga Longa die Figur gefunden!"

Mir trat der Schweiß auf die Stirne. Was sollte jetzt die Fragerei? Warum konnten es die beiden nicht dabei belassen! Man war zurück in Bonn, die Reise hatte nur eine einzige Nacht gedauert, bestimmt hatte niemand etwas gemerkt und was die Sache mit den Bettlaken betraf - nun, so würde auch sie sich gewiß noch aufklären lassen!

"Natürlich, natürlich, ich weiß - er ging nicht mehr, der Fetisch!" Der Kanzler lachte höhnisch auf. "Sagten Sie jedenfalls die ganze Zeit. Es kommt mir allerdings ganz so vor, als wär Ihnen doch noch was eingefallen. Vielleicht... vielleicht aus Ihrem Kosmos-Heft?"

"Verrat, Helmut, Verrat!" schrie der Freidemokrat. "Kollege Stoltenberg hat nicht auf uns gewartet!"

"Ruhig, Hans-Dietrich!" Dr.Kohl brachte ihn mit einer Handbewegung zum Schweigen. Er nahm den Locher vom Schreibtisch auf und betrachtete ihn lange. Dann stand er plötzlich auf und trat vor den Stuhl des Verteidigungsministers.

"Und wenn der Blüm jetzt nicht die Klippe runtergefallen wäre und wir alle andern auch, dann... dann wären Sie also jetzt hier in Bonn? Um's zu präzisieren, Stoltenberg: Sie und der Schüttauf - und zwar Sie beide ganz allein?"

Ich erbleichte, als ich ihn meinen Namen derart nennen hörte. Der Minister jedoch richtete sich in seinem Sessel auf. Und dann nahm der Bedrängte Zuflucht zu einer der bewährtesten Sentenzen unserer afrikanischen Reise:

"Sowie Omar der Affe!"

Allein, diesmal half es nicht. Nicht einmal Dr.Blüm lachte.

Nicht, daß man mich entlassen hätte müssen - nein, ich war dem zuvorgekommen und suchte selber um die Versetzung in den vorzeitigen Ruhestand nach.

Die Rache des Kanzlers für jenen kleinen Streich, den wir ihm in der besagten Nacht drunten am Luhali spielen wollten, sie mußte sich so allein auf jenen Mann richten, der ihn damals, unterm Stelzenbaum, nicht im Regen hatte liegen lassen, und wie man nun im einzelnen mit Gerhard Stoltenberg verfahren ist, sei hier nicht wiederholt - -

"Es liebt die Welt, das Strahlende zu schwärzen
Und das Erhabne in den Staub zu ziehen"

- - und der, der dazu Neigung spürt, mag's den Gazetten entnehmen.

Der Minister selbst hat zu allem nur seine übliche Miene aufgesetzt - nur neulich, bei einem unserer langen Gänge am Ufer des Rheins, teilte er mir mit, er könne sich, wenn er an diese Vorfälle denke, in zunehmendem Maße des Gefühls nicht erwehren, mit dem der Götz von Berlichingen am Fenster von Möckmühl gestanden ...

Ansonsten sind jetzt lauter junge Gesichter in Bonn und bald wohl auch in Berlin zu sehen - und mir fällt immer schwerer zu unterscheiden, wer denn nun Schröder, wer Krause heißt und welcher Partei sie letzten Endes zugehörig sein mögen.

Auch der Oberregierungsrat ist amtsmüde geworden. Der verläßliche Selbach, der Altersgrenze ohnehin um anderthalb Jahre näher als ich, hat ebenfalls den Dienst quittiert und hilft mir nun, meine Aufzeichnungen zu ordnen. Und letztendlich ist es ihm zu danken, daß diese Blätter den Weg in die Öffentlichkeit gefunden haben - war er es doch, der, als ich, zunächst noch zögernd, einige Akkorde von Balulu und Luhali anschlug - mich auf das Lebhafteste ermunterte, ihm auch noch den Rest unseres afrikanischen Irrens zu erzählen...

Li Feng und Gorilla Monsoon, die beiden Freunde, sind in die Staaten zurückgekehrt. Die Briefe, die wir von unserem alten Clippermaat empfangen, sie sind wenig ermutigend. Der automobile Verkehr, das Fernsehen, die laute Musik - kurzum: der Gegenwartsamerikaner, er findet den Beifall Mr.Monsoons nicht. Was einst Idee am Freien Westen gewesen, so schrieb er kürzlich, hat nicht einmal ein Jahrhundert lang gehalten. Und so trägt er sich mit dem Gedanken, dem Rate Dr.Stoltenbergs zu folgen und zusammen mit dem chinesischen Herrn in unseren Ostgebieten zu siedeln.

Und Helmut Kohl? Er hat seine Regierungserklärung an jenem Tage, da der Krieg am Golf ausbrach, noch rechtzeitig abgeben können, doch blieb sie blaß und wenig deutlich und war alsbald über den Ereignissen, die damals die Welt erschütterten, vergessen. Freilich, die Rede war ja nur ein Entwurf gewesen - die notwendige Überarbeitung durch Dr.Stoltenberg war aus den Gründen, von denen diese Blätter handeln, nicht mehr möglich!

So zog sich der Kanzler gleich nach unserer Rückkehr für geraume Zeit vom politischen Tagesgeschäft zurück. Zunächst war's wohl der anhaltende Schnupfen, den er, wie wir alle, aus dem Belgischen Kongo mitgebracht hatte und der sich einfach nicht kurieren lassen wollte. Dann soll - so will es jedenfalls der verläßliche Selbach erfahren haben - jene eigentümliche Melancholie das Gemüt des Pfälzers verdunkelt haben, wie man sie oft genug bei Menschen findet, deren Lebensverhältnisse sich von einem Tag auf den andern geändert haben.

Erst am Ende des Golfkrieges ließ er sich hin und wieder in der Öffentlichkeit sehen, verwirrte indes diese (wie seine engere Umgebung) durch einen ständigen Wechsel zwischen äußerst zögerlichem Verhalten und recht forcierter Entscheidung; ja, es trat das Afrikanische in ihm immer deutlicher zu Tage - mal zeigte er sich "matt und malade" wie am Luhali, mal ging er die jungen Burschen in Halle so heftig an, wie er's bei den Flußpferden gelernt hatte.

Neulich habe ich ihn noch im Fernsehen gesehen, als er sich in London mit den Staatsmännern der Welt photographiern ließ, und mir schien's, als blicke er sich jetzt häufiger um, als er es früher getan. Und was die *blühenden Landschaften* angeht, so hat er sich wohl in acht genommen, das verhängnisvolle Wort noch einmal auszusprechen...

Bloß der Hallenser hat es wohl verstanden, sich aus allem herauszuhalten und geht nach wie vor seinen Geschäften auf der ganzen Welt nach. Jedesmal, wenn ich ihn aus einem Flugzeug steigen sehe, erinnere ich mich, wie eilig er damals, unterm Stelzenbaume, das Gebüsch aufsuchte - und wie lange es brauchte, bis wir ihn wieder hervorgeholt hatten.

Dr.Blüm - die gute Seele - lädt Dr.Stoltenberg und mich noch ab und an in sein Haus in der Bonner Weberstraße. Dann plaudern wir über unsere Abenteuer im großen Wald, und wenn es denn schon spät ist und sich Frau Marita zurückgezogen hat, wird auch das Thema "Mbuyi" angeschnitten und zum Schluß nimmt Norbert Blüm die Gitarre zur Hand und singt leise das alte Lied:

"Wie oft sind wir geschritten
auf steilem Negerpfad
wohl durch der Steppen Mitten
wenn früh der Morgen naht
wie lauschten wir dem Sange,
dem altvertrauten Klange
der Jäger und Askari.
Heia, heia Safari!"

Was übrigens die Frage nach der Herkunft des Fetischs anbetrifft, so war es Eduard Akkermann - jawohl: der unentbehrliche Dr.Carbonara! - welchen der Kanzler in seinem großen Zorn auf diesen Fall ansetzte.

Kein Jäger jagt nach Wildes Fund so eifrig wie des Jägers Hund! Und also hatte Dr.Akkermann auch nur zu bald herausgefunden, daß vor einigen Jahren Hans Daniels, der Oberbürgermeister der Stadt Bonn, dem Kanzler die Figur als originelles Geschenk in die Schrankwand gelegt hatte, um damit gut Wetter für seine Stadt zu machen, die irgendwelche Gebäudlichkeiten auf Bundesgrundstücken zu errichten beabsichtigte. Dr.Daniels, ein bislang stets jugendlich wirkender Fünfziger und umsichtiger Kommunalpolitiker, dem jede Arglist, jede Heimtücke wesensfremd war, wollte das unglückselige Ding seinerseits von einem afrikanischen Botschaftsrat in Zahlung genommen haben. Der dunkle Ehrenmann konnte nämlich die Miete für sein Haus, das in kommunalem Besitz gewesen, nicht mehr bezahlen und stand vor Kündigung und Räumungsklage ...

Wie der Kanzler nach dieser Enthüllung mit dem kleinen Bonn und seinem alsbald graugewordenen Stadtoberhaupt umgesprungen ist - nun, es ist zu bekannt, ich brauche hier über den Ausgang des Hauptstadtstreites nicht mehr zu handeln.

Dr.Stoltenberg hält jedesmal, wenn wir an diese Stelle in der Geschichte gekommen sind, an und legt die Hand auf meine Schulter. Dann fährt er bitter fort: "Und dreimal dürfen Sie raten, lieber Schüttauf, aus welchem Lande Schwarzafrikas dieser Botschaftsrat wohl gekommen ist!"

Und dann schweigen wir für eine Weile und schauen den Rhein hinauf, nach Süden, wo der Lange Eugen steht. Zwischen uns aber hockt auf dem Geländer der Reisegefährte aus afrikanischen Tagen und sieht schwermütig in die Fluten des deutschen Stromes - und wahrhaftig, ich wüßte keine Kreatur, für die des großen Nietzsches Wort vom Tiere, *welches festgebunden bleibt am Pflocke des Augenblicks,* weniger zuträfe als für Omar den Affen ...

EDITORISCHE NOTIZ

Wir sind auf unserer Reise in die entlegensten Gebiete des afrikanischen Kontinents vorgestoßen und haben mit Babunda, Bakukua, Balulu, Batundu, Bubua, Bukumiri, Bumbwa und Bwamburi Ortschaften berührt, denen die deutsche Sprache ungewohnt und neu gewesen.

Wir schlossen des weiteren Bekanntschaft mit vielen anderen fremden Menschen, worunter ich vorzüglich Mr.Jeremiah Monsoon, den Mann aus San Francisco, Li Feng, den chinesischen Herrn, Kilonga Longa, den Manjema-Araber, Ben Theo Hassan, den bekannten Agenten von der Insel Sansibar, Capitain Vanderkerke und Abbé Lafayette aus Jambuja sowie Makupete den Buckligen, den erfahrenen Fetischeur, zähle. Auch Hermann von Wissmann und Dr.Eduard Schnitzer gehören dazu.

Wenn ich mich bei der Wiedergabe der fremdsprachlichen Dialoge davon leiten ließ, die erstaunliche Zweisprachigkeit und das sprachliche Miteinander, welche uns während der gesamten Reise begegnen sollten, in genau der Form, in der wir sie erfuhren, mitzuteilen, so mußte dieser *Gewinn an Authentizität* doch mit dem Verlust an leichterer Lesbarkeit erkauft werden.

Was endlich die sprachlichen Eigentümlichkeiten meiner deutschen Reisegefährten betrifft, so habe ich sie so getreu als eben möglich wiederzugeben gesucht - wobei ich für mögliche Unrichtigkeiten um Nachsicht bitte, bin ich doch von Hause aus nicht Sprachwissenschaftler, sondern Verwaltungsjurist.

Für die Durchsicht des Manuskriptes und manchen verläßlichen Rat bin ich Herrn Rudolf Selbach, Oberregierungsrat a.D., sehr verbunden.

R.Schüttauf

ANMERKUNGEN

Oberregierungsrat Selbach hat vorgeschlagen, meine Aufzeichnungen um einige Anmerkungen zu vermehren, da es ihm wünschenswert schien, daß auch der Leser, dem die Verhältnisse in Bonn wie in Afrika nicht so geläufig sind, dieses Buch mit gleichem Nutzen lesen könne wie der, der sich an Rhein und Luhali gleichermaßen gut auskennt.

Ich greife diese Idee gerne auf, weil so zudem die Möglichkeit besteht, von interessanten Studien, die *a posteriori* notwendig geworden waren und die mir naturgemäß vor Ort nicht zur Verfügung stehen konnten, Mitteilung zu machen.

S.5 *ob denn die Regierung überhaupt noch im Amt sei* - Eine häufig gestellte Frage! So erkundigte sich etwa WDR-Chefredakteur Fritz Pleitgen in einem Fernseh-Interview noch am 24. April 1991 danach, ob denn der Kanzler womöglich "während des Golfkrieges abgetaucht" gewesen sei - darauf der vielleicht etwas zu brüske Vorwurf von Herrn Dr.Kohl: "Ein echtes WDR-Panorama!"

Weitaus geständiger - wenn auch listiger und sphinxhafter - der Außenminister Hans-Dietrich Genscher in einem Interview mit dem Bonner "General-Anzeiger" vom 1. März 1991: "Die angebliche deutsche Sprachlosigkeit hat es nie gegeben - es sei denn zwischen 2 Uhr nachts und 9 Uhr morgens."

S.5 *Wort des großen Goethe* - und zwar zu Johann Peter Eckermann am Sonntag, dem 20. Dezember 1829.

S.8 *Dr.Carbonara* - so pflegt der Kanzler seinen Ministerialdirigenten Dr.Eduard Ackermann zu bezeichnen - wegen dessen Vorliebe für das Nudelgericht!

S.8 *Hanz, Mertes, Müller* - junge, begabte Menschen aus dem Umkreis von Helmut Kohl. Der Initiator der Menschenkette "Ja zu Bonn!", Herr Stephan Eisel, gehört wohl auch noch dazu.

S.8 *Vanitas vanitatum, et omnia vanitas!* - (lat.) Es ist alles eitel!

S.9 *blühende Landschaften* - Während des Wahlkampfs im November und Dezember 1990 griff der Kanzler in seiner Standardrede gerne auf die folgende Formulierung zurück: "Ich sage Ihnen, meine lieben Mitbürger, voraus, daß die neuen Bundesländer in drei, vier Jahren, oder vielleicht in fünf Jahren, aber bestimmt nicht später, blühende deutsche Landschaften sein werden."

S.10 *Vorwärts zum Hamburger Parteitag!* - Im Herbst 1974 löste Genscher den früheren Außenminister und jetzigen elder statesman Walter Scheel im Amte des Parteivorsitzenden der FDP ab.

S.11 *Am Ende der Werktage steht der Feiertag!* - So Dr.Kohl auch am 10. April 1991 dem Fernsehen zur Deutschlandfrage!

S.14 *bekannte Verse Dantes* - vgl. Dante, Die Göttliche Komödie. Vers 10ff.

S.17 *es gibt doch für den Bundeskanzler augenblicklich gar keinen Anlaß* - Helmut Kohl gebraucht diese Wendung oft und gerne in unterschiedlichem Zusammenhang ("Es gibt doch für den Bundeskanzler augenblicklich gar keinen Anlaß, jetzt unbedingt Chemnitz zu besuchen!"), aber meines Wissens nach ist die Verbindung mit einem Baum unserer afrikanischen Reise vorbehalten geblieben.

S.19 *Fuimus Troes* - (lat.) vgl. Vergil, Aenis II, 325. Wir sind Troer gewesen!

S.19 *Ultra posse nemo obligatur* - (lat.) Über sein Können hinaus ist niemand verpflichtet.

S.20 *Der Standort Ostdeutschland* - vgl. auch das Interview des Bonner "General-Anzeiger" mit dem Außenministers vom 1. März 1991. Dort hat Hans-Dietrich Genscher diese Forderung noch einmal wortwörtlich wiederholt.

S.20 *Scylla und Charybdis* - (griech.) vgl. Homers Odyssee, XII.85-110. An dieser Stelle werden die Gefahren des Felsens Scylla und des Strudels Charybdis großartig geschildert.

S.21 *Dimidium facti qui coepit, habet* - (lat.) vgl. Horaz, Episteln I,2,40. Wer nur begann, der hat schon halb vollendet; umgangssprachlich auch: Frisch gewagt ist halb gewonnen!

S.21 *Eines schickt sich nicht für alle* - Schlußstrophe aus dem 1789 im 8. Band von Goethes Schriften erschienenen Gedicht "Beherzigung"

S.21 *Hardthöhe* - Amtssitz des Verteidigungsministerium in Bonn

S.22 *Wir wollen den großen Europäischen Binnenmarkt ...* - Zitate aus der Regierungserklärung Helmut Kohls vom 17. Januar 1991.

S.23 *Also wandelt niemand* - vgl. Goethe, Die Wahlverwandtschaften. Wenn Ottilie in ihren Briefen schreibt "Es wandelt niemand ungestraft unter Palmen", so meint sie freilich mit den Palmen eine Region der Ideale.

S.23 *Das Glück war niemals mit den Hohenstaufen* - ruft König Enzio in Ernst Raupachs (1784 - 1852) historischen Dramenzyklus "Die Hohenstaufen".

S.25 *praeliminarium* - (lat.) Vorspiel

S.25 *Solipsismus* - Interessanterweise lehnt sich die Definition des Ministers - cum grano salis bzw. unter Abzug des Dialektalen - an das "Philosophische Wörterbuch" von Schmidt/Schischkoff an, das seinerzeit im Alfred Kröner-Verlag erschien und in Studentenkreisen weite Verbreitung erfuhr. Ich habe Dr.Blüm daraufhin angesprochen und von ihm die Antwort erhalten, daß er bereits für das sogenannte Philosophikum - eine damals in Köln übliche Zwischenprüfung - den "ganzen Schischkoff mehr oder weniger auswendig" gelernt habe und im übrigen "prima damit gefahren" sei.

S.26 *Fuimus Troes* - vgl. Anm. zu S.19

S.27 *Minima non curat praetor!* - (lat.) Um Kleinigkeiten kümmert sich der Prätor nicht! (Prätor - der höchste Justizbeamte im alten Rom.)

S.27 *Es geht jetzt schlicht und einfach darum, die Telefonverbindung herzustellen* - Schon einmal, und zwar in einem Fernsehinterview am 11. Januar 1990, hatte Helmut Kohl dies als die vordringlichste Aufgabe bestimmt - freilich für das Beitrittsgebiet!

S.28 *Es gibt vier Dinge* - Ein schönes Wort des Kalifen Omar (634 - 644)! Die Geschichtsbücher teilen uns mit, daß er wegen einer geringfügigen persönlichen Forderung durch den Dolch eines Sklaven aus seinem Lebenswerk gerissen worden sei.

S.28 *Kosmos-Bändchen* - eine prächtige Buchreihe der Franckh'schen Verlagshandlung Stuttgart, auf die der junge Gerd Stoltenberg abonniert gewesen ist. Der Minister hat unlängst in einer Mußestunde aufnotiert, welche Werkchen er aus dieser Sammlung heute noch in Besitz und gelegentlichem Gebrauch hat und mir liebenswürdigerweise diese Aufstellung überlassen:

Fritz Koelsch, Würger im Pflanzenreich
Lothar F.Zotz, Erlebte Vorgeschichte
Dr.G.Stehli, Pflanzen auf Insektenfang
Dr.G.Venzmer, Dein Kopf - Dein Charakter
Prof.A.Schickenberg, Fetischwesen und Zauberei
R.Henseling, Blick durchs Fernrohr
Emil Sanders, Hypnose und Suggestion
Wilhelm Bölsche, Sieg des Lebens
Dr.K.v.Bülow, Wie unsere Heimat wohnlich wurde
Dr.G.Venzmer, Giftige Tiere
Dr.F.Floericke, Plagegeister
Dr.F.Floericke, Fremde Kriechtiere und Lurche
Dr.W.M.Meyer, Erdbeben und Vulkane
Gerd Francé, Streifzüge im Wassertropfen
Hajo Lange, Mineral- und Pflanzengifte
U.Teichmann, Fortpflanzung und Zeugung
Dr.Oskar Nagel, Romantik der Chemie

S.29 *Icksmal, Helmut, icksmal* - Seine erste große Afrikareise hat der Außenminister 1975, also im Jahr nach seiner Amtsübernahme, unternommen. 1978 folgte die zweite Rundreise - und die Begegnung mit acht afrikanischen Außenministern. Umso verwunderlicher der geringe Ertrag dieser ganzen Reisen!

S.32 *Wie Mephistopheles dreimal* - vgl. Goethe, Faust I, Studierzimmer.

S.32 *Aruwimi... Luhali* - Auf den Landkarten der heutigen Zeit findet sich dieser bedeutende Nebenfluß des Kongostromes als "Aruwimi". Indes hatten die Einheimischen für den Fluß an der Stelle, wo wir auf diesen stießen, den Namen "Luhali" in Gebrauch.

S.35 *Wie oft sind wir geschritten* - Das Lied der bündischen Jugend entstand um 1920 - also nach der deutschen Kolonialzeit! Es soll seinerzeit in Rüsselsheim bei der Pfadfindergruppe St.Georg, der auch Norbert Blüm angehörte, äußerst beliebt gewesen sein. Der Minister selbst hat es während unserer afrikanischen Tage häufig gesungen und mir im übrigen über seine Pfadfinderzeit das Folgende mitgeteilt:

"Ich muß zugeben, Schüttauf, bei den Zackigen galten wir als schlampig! Es gab eben zackige Pfadfinderstämme und schlampige. Das heißt nicht, daß bei uns nichts los gewesen wäre. Manche Eltern - wahrscheinlich die meisten - meinten, wir wären zu hart und ihren Söhnen würde zuviel zugemutet. Und tatsächlich: Auf dem Weg unserer Stammesgeschichte blieben eine Menge Fußkranke zurück. Das mag unbarmherzig klingen, ist aber nicht so gemeint. Sehen Sie - unsere Pfade waren rauh, aber herzlich. Dabei kam es nicht immer darauf an, ob das Halstuch gerade hing und jeder die Lebensgeschichte Baden-Powells mit all ihren militärischen Verästelungen auswendig aufsagen konnte. Aber wie hätten wir es anders schaffen sollen, ohne einen Rest von Unerbittlichkeit?"

S.36 *pater familias* - (lat.) der Familienvorstand

S.37 *Kurs halten auf allen Feldern* - die erklärte Lieblingswendung Hans-Dietrich Genschers!

S.37 *Noch keinen sah ich fröhlich enden* - Zeilen aus dem berühmten Gedicht "Der Ring des Polykrates" von Friedrich Schiller.

S.42 *Passen Sie auf, Schüttauf. Jetzt stoßen sich gleich die Dinge im Raum* - so auch der Kanzler am 28. Februar 1991 im ZDF. Was er eigentlich meinte, ist den nachfolgenden Zeilen zu entnehmen. Das Zitat selbst ist aus: Schiller, Wallensteins Tod (2,2).

S.43 *rastlos schaffend am sausenden Webstuhl der Zeit* - vgl. Goethe, Faust I, Erdgeist-Szene

S.44 *Multa tulit fecitque puer, sudavit et alsit* - (lat.) vgl. Horaz, Episteln II, 413. Viel hat, in Hitze und Frost, schon als Kind er getan und gelitten.

S.44 *Die natürlichste Sache der Welt* - Eine oft und gern gebrauchte Wendung Helmut Kohls - wenn ihr auch im strengen Sinne ein bedenklicher Agrammatismus innewohnt - natürlich läßt sich kaum sinnvoll steigern.

S.45 *die ihm auf seinem langen politischen Weg einmal hinderlich* - Hätte ich damals schon ahnen können, daß bald auch Dr.Stoltenberg und sein Ministerialrat Schüttauf davon einiges zu singen und zu sagen wüßten? Und was das Schicksal von Hans Daniels angeht, des Oberbürgermeisters von Bonn, so wird man wohl die Geschichte der Hauptstadtfrage nach der Veröffentlichung dieser Blätter gänzlich neu bewerten müssen.

S.46 *der starke Doppelband* - Leider ist das Weihnachtsgeschenk in den Berliner Bombennächten verbrannt. Dr.Stoltenberg besitzt die beiden Bände jedoch noch, und ihnen entnehme ich diese bibliographischen Angaben:

Henry Morton Stanley, Im dunkelsten Afrika.
Aufsuchung, Rettung und Rückzug Emin Pascha's,
Gouverneurs der Aequatorialprovinz.
Leipzig 1908. Sechste Auflage.

S.48 *der Mahdi* - Mohammed Ahmed ibn Seyyid Abdullah (1843 - 1885) bezeichnete sich als der Mahdi (arab.: der auf den rechten Weg Geführte). Der Sohn eines Bootsbauers aus Dongola trat 1881 im Sudan nach arabischer Tradition als ein vom Propheten selbst angekündigter Nachkomme Mohammeds auf, indem er die weitverbreitete Empörung gegen den unter Fremdherrschaft stehenden Sudan schürte und den "Heiligen Krieg" gegen Ägypten ausrief. Die Anhänger des Mahdis besiegten 1883 in einer ersten großen Schlacht ein 10.000 Mann starkes Heer des englischen Offiziers Hicks Pascha.

Der Mahdi selbst starb an einer Krankheit am 22. Juni 1885 in Omdurman bei Khartum, das er zu seiner Hauptstadt gemacht hatte. Seinem Nachfolger Abdullah gelang zwar 1885 der Sieg über Gordon Pascha (siehe nächste Anmerkung), doch scheiterten seine Invasionspläne in Ägypten. Erst 1898 gelang es General H.H.Kitchener, die Mahdisten bei Omdurman zu schlagen und das britisch-ägyptische Kondominium über den Sudan zu errichten.

S.48 *Gordon Pascha* - Charles George Gordon (1833 - 1885), englischer Offizier und Kolonialpolitiker. Von 1874 bis 1879 Gouverneur der ägyptischen Äquatorialprovinz. Fiel, als die Truppen des Mahdi Khartum eroberten, am 26. Januar 1885.

S.51 *Wissmann* - Hermann von Wissmann (1853 - 1905), deutscher Kolonialoffizier und Afrikareisender. Vgl. auch Anm. zu S.131!

S.53 *Huosiolampi* - Leider ist es mir bis heute noch nicht gelungen, in Erfahrung zu bringen, wo dieser Ort in Finnland nun genau liegt. Gegen meinen Verdacht, daß dieser Ort eine Mystifikation ist, spricht indes die hübsche Schilderung, die Norbert Blüm über seine Ferien in Huosiolampi für den biographischen Band "Norbert Blüm" der beiden Journalisten Filmer und Schwan verfaßt hat.

S.54 *Ambidextrie* - Beidhändigkeit

S.55 *Caprivi* - Leo Graf von Caprivi (1831 - 1899) übernahm am 20. März 1890 als Nachfolger Bismarcks das Amt des Reichskanzlers, welches er bis zum 28.Oktober 1894 versah.

S.56 *ad Calendas graecas* - (lat.) an den griechischen Calenden, an einem Tag, den es im griechischen Kalender gar nicht gab - also am St.Nimmerleinstage.

S.59 *Kilonga Longa* - neben Tippu Tip und Ugarrowwa der bedeutendste Sklavenjäger und Elfenbeinhändler dieser Gegend. Stanley ist ihm auf seiner Reise zum Entsatze des Emin Paschas begegnet und gibt seinen richtigen Namen mit Uledi an. Er traf ihn, als er sein Lager am 18. Oktober 1887 in Ipoto erreichte, zunächst nicht an, da sich der Manjema-Häuptling zu diesem Zeitpunkt in Kinnena befand und nicht vor drei Monaten zurück erwartet wurde. Die restlichen Angaben Gorilla Monsoons fanden sich indes bei Stanleys Reisebeschreibung sämtlich bestätigt - bis hin zur verschenkten Taschenuhr!

S.60 *Kasala, Suakin, Dongola* - einige Hauptorte des Sklavenhandels in Afrika. Die "Gartenlaube" (Jahrgang 1890, Halbheft 6, S.188-192) bringt einen interessanten Artikel über Sklaverei und Sklavenhandel in Afrika aus der berufenen Feder von Dr.Emil Jung. Ich zitiere daraus: "Wir wissen durch Wolf und Wissmann, daß, wiewohl die Sklaverei in Westafrika von Rechts wegen abgeschafft ist, dieselbe thatsächlich noch immer besteht und daß der als Arbeiter gekaufte Sklave bei seinem Herrn in der Regel ausharrt. Sklaven zu dem billigen Preis von 50 bis 60 Mark fürs Stück zu erhalten, ist nicht schwer, denn die Negerstämme im Inneren Afrikas halten überall Sklaven, die einige derselben gut, andere aber sehr schlecht behandeln.

(...) Nicht die einheimische Sklaverei ist es, welche so unaussprechliche Greuel über Afrika gebracht hat, vielmehr war es Europa, insonderheit England, welches dem in kleinem Maßstabe längst bestehenden Handel einen mächtigen Schwung gab. England war es aber auch wieder, welches die ersten Schritte zur Abschaffung dieses Schandflecks christlicher Gesittung gethan, ungeheure Summen hergegeben, um den bisher Geknechteten ihre Freiheit zu erkaufen, und bis heute eine Flottille unterhalten hat, um das schändliche Gewerbe auszurotten.

(...) Dem Sklavenhandel aber, welcher den Weg zur Küste nimmt, um von dort aus seine unglücklichen Opfer übers Meer nach dem mohammedanischen Asien und dem Norden Afrikas fortzuführen, können und müssen wir unbedingt ein Ende machen. Noch hat der Sultan von Sansibar das Recht, Neger von der afrikanischen Küste in seine Besitzungen auf den Inseln und an der Küste zu schaffen, und diese Vergünstigung öffnet dem Sklavenhandel Thür und Thor. Sie muß ihm genommen werden."

S.62 *Sibaijât, sibaijât* - Sehr hilfreich bei der Rekonstruktion der vielfach nur recht undeutlich vorgebrachten arabischen Sätze war mir folgendes Werk: Dr.M.Hartmann, Arabischer Sprachführer. Leipzig 1887. Der Verfasser war Kanzler-Dragoman bei dem Kaiserlich Deutschen Konsulat zu Beirut.

S.62 *Da, Schüttauf - ich bin Kolping-Bruder* - Adolf Kolping (1813 - 1865), der Gesellenvater aus Kerpen. Er gründete 1846 in Elberfeld den ersten katholischen Gesellenverein, aus dem sich die Deutsche Kolpingsfamile entwickelte. Auch Heiner Geißler ist Kolping-Bruder und soll von Zeit zu Zeit dem Arbeitsminister noch den alten Kolping-Gruß zurufen: "Kolping treu, treu Kolping!"

Ausgesprochen pazifistische Tendenzen der Kolping-Brüder, auf die Dr.Blüm Bezug nahm, waren mir bis zu jener Stunde unter dem Affenbrotbaum freilich neu ..

S.64 *Es gibt für uns Deutsche keine Nische* - Bekanntes Wort aus der Regierungserklärung des Bundeskanzlers vom 17. Januar 1991

S.69 *Die grauen Nebel* - Gern gesungenes Lied der Pfadfinderschaft St.Georg, Rüsselsheim

S.72 *Düppeler Schanzen* - Dort, bei Düppel am Ostseestrand, focht man 1864 im Deutsch-Dänischen Kriege mit dem Ergebnis, daß Schleswig, Holstein und Lauenburg an Preußen und Österreich abgetreten ward.

S.73 *Laßt viele Blumen bluhen* - Merkwürdigerweise in der chinesischen Kulturrevolution wieder aufgenommenes Wort!

S.75 *Quid novi ex Africa* - (lat.) Was gibt es Neues aus Afrika?

S.79 *Afrika-Konferenz in Berlin* - Auch "Kongo-Konferenz" genannt. Sie fand in den Jahren 1884/85 in Berlin statt. Dort teilte Europa Afrika unter sich auf. Dem belgischen König Léopold II. vermittelte Bismarck die Bildung eines neutralen Kongostaates mit Handelsfreiheit für alle Nationen. Die großen Gewinner dieser Konferenz aber waren England und Frankreich. Nachdem sich Bismarck zu Beginn der Konferenz noch sehr zögerlich verhalten hatte - weil der kommerzielle Gewinn dieser kolonialen Unternehmungen allerorten angezweifelt ward - so verfügte das Reich nach der Berliner Konferenz mit Deutsch-Ostfafrika, Deutsch-Südwest, Togo und Kamerun doch über insgesamt vier koloniale Gebiete von größerer Bedeutung.

S.81 *ad usum Delphini* - (lat.) zum Gebrauch für den Dauphin, den Kronprinzen - im übertragenen Sinne also ein Buch, in das auch ein unreifer Knabe seine Nase stecken mag, ohne Schaden an Leib und Seele zu nehmen.

S.82 *geht lieber nach Wamanga* - Ich persönlich habe dieses sagenhafte "Wamanga" so wenig wie "Huosiolampi" auf einer Karte finden können. Wamanga soll jedoch südwestlich von Balulu liegen. (Und Huosiolampi vermutlich nördlich!)

S.83 *sein Capua gefunden* - In der Stadt Capua bezog Hannibal nach der Schlacht bei Cannae (216 v.u.Z.) Quartier; doch die Stadt, die nach Cicero "die Heimat des Übermutes und der Schwelgerei" war, verdarb das Heer des großen Karthagers durch Ausschweifungen aller Art.

S.83 *Doch wer bei schöner Schnittrin steht* - Liedzeile aus dem berühmten Frankenlied ("Wohlauf, die Luft geht frisch und frei") des liebenswürdigen Viktor von Scheffel:

Einsiedelmann ist nicht zu Haus,
dieweil es Zeit zu mähen;
ich seh ihn an der Halde draus
bei einer Schnittrin stehen.
Verfahrner Schüler Stoßgebet
heißt: Herr, gib uns zu trinken.
Doch wer bei schöner Schnittrin steht,
dem mag man lange winken.

S.84 *In den Ozean treibt mit tausend Masten der Jüngling* - Das schöne Distichon "Erwartung und Erfüllung" ist aus Friedrich Schillers "Musenalmanach für das Jahr 1787".

S.85 *Ariadnes graues Garn* - Ariadne, die Tochter des kretischen König Minos. Sie half dem Helden Theseus den Weg durch das Labyrinth zu finden, indem sie ihm das berühmte Garnknäuel gab, welches jener ausrollte.

S.87 *Caelum non animum mutant* - (lat.) vgl. Horaz, Episteln I,11,27. Den Himmel, aber nicht die Seele wechselt, wer über das Meer geht.

S.87 *Nachkommen Hams* - Ham war Noahs zweiter Sohn. Er sah den Vater betrunken und nackt im Zelte liegen, worauf dieser, nachdem er anderentags wieder nüchtern geworden, statt des Weines des Hams Sohn Kanaan verfluchte und diesen mit allen seinen Nachkommen zu Knechten von Sem und Jephet bestimmte. Ham war der Stammvater der Hamiten, die sich von Marokko bis Äthiopien ausbreiteten.

S.88 *von usurpatorischer Neigung* - Usurpator: jemand, der widerrechtlich die Staatsgewalt an sich bringen will

S.88 *Deveroux, Macdonald* - Figuren aus Schillers "Wallenstein".

S.88 *Semper aliquid haeret* - (lat.) Irgendetwas bleibt immer hängen.

S.92 *Promotion über die Pfalz und nichts als die Pfalz* - Das Bonmot Dr.Stoltenbergs bezieht sich - vielleicht nicht zu Unrecht - auf die ein wenig eng gefaßte Themenstellung der Doktorarbeit des Kanzlers (Helmut Kohl, Die politische Entwicklung in der Pfalz und das Wiedererstehen der Parteien nach 1945. Heidelberg 1958).

Risum teneatis, amici? Nun - zu früh gelächelt! Helmut Kohls Nachfolger im Amte als Ministerpräsident von Rheinland-Pfalz, der jugendliche Rudolf Scharping, hat es wahrhaftig verstanden, seiner Magisterarbeit einen noch engeren geographischen Rahmen zu geben und in noch kürzere zeitliche Distanz zum Gegenstand seiner Untersuchung zu treten: Probleme eines regionalen Wahlkampfes am Beispiel des Bundestagswahlkampfes 1969 der SPD im Wahlkreis Bad Kreuznach, Bonn 1971.

Zum Vergleich hingegen die Promotionsschrift meines Ministers: Gerhard Stoltenberg, Der deutsche Reichstag 1871 - 1873. Ein Beitrag zur Geschichte des deutschen Parlamentarismus und der politischen Parteien. Kiel 1954

Und da Dr.Blüm mich herzlich gebeten hat, auch seine Arbeit mitzuteilen, so sei sie hier ebenfalls eingerückt: Norbert Blüm, Willenslehre und Soziallehre bei

Ferdinand Tönnies. Ein Beitrag zum Verständnis von 'Gemeinschaft und Gesellschaft'. Bonn 1967.

S.93 *Siehe da den Behemoth* - Aus dem Buche Hiob, 40.Kapitel, Vers 15ff. Eine tüchtige Gedächtnisleistung Dr.Blüms, auch wenn er einige Verse ausgelassen hat!

S.93 *Pater Basilius Streithofen* - Katholischer Ordensmann und Philosoph, einflußreicher politischer Berater der Christdemokraten.

S.93 *Out of the frying-pan* - (engl.) Zu Deutsch etwa: Vom Regen in die Traufe, Omar!

S.95 *vom Stamme der Aad* - großwüchsiges Riesenvolk, welches sich nicht bekehren lassen wollte.

S.95 *Rule Britannia* - Altes britisches Lied

S.96 *Gang nach dem Eisenhammer* - Gedicht von Friedrich Schiller.

S.96 *Frii es de Feskfang* - Natürlich kennt der Friese Stoltenberg seinen "Pidder Lüng", Detlev von Liliencrons berühmtes Gedicht, aus dem auch das später zitierte Refrainwort "Lewwer duad üs Slaav!" stammt.

S.96 *Anciennität* - hier: Reihenfolge nach dem Rang

S.97 *disons le mot* - (franz.) Sprechen wir es ruhig aus!

S.98 *Stephen Grover Cleveland* - (1837 - 1908) war zweimal amerikanischer Präsident und zwar von 1885 bis 1889 sowie von 1893 bis 1897.

S.98 *Monroe-Doktrin* - James Monroe (1758 - 1831), amerikanischer Präsident. Er wandte sich im Dezember 1823 gegen jede weitere europäische Kolonisierung in Amerika, andererseits erklärte er die grundsätzliche Neutralität der USA in allen europäischen Kriegen. Kein Wunder, daß dies einen Mann wie den Außenminister zu fesseln wußte, der ja bekanntlich selber "Kurs hielt auf allen Feldern"...

S.99 *Chinese Exclusion Law* - Ich habe diesen Komplex mit Hilfe einer reizenden Dame von der amerikanischen Botschaft in Bonn nachgeprüft und konnte in den Sitzungsprotokollen (6. Mai 1882) des amerikanischen Kongresses folgende Passagen finden, die Gorilla Monsoons Darstellung der chinesischen Frage voll und ganz bestätigen:

"Chapter 126 - An act to excute certain treaty stipulations relating to Chinese.

Until the expiration of ten years next after the passage of this act, the coming of Chinese laborers to the United States be, and the same is hereby, suspended; and during such suspension it shall not be lawful for any Chinese laborer to come, or, having so come after expiration of said ninety days to remain within the United States."

Als 1892 das Gesetz erneut vorgelegt wurde, entschied man sich freilich weiterhin restriktiv. Ich zitiere aus der "Havard Encyclopedia of American Ethnic Groups, Cambridge/Mass. and London 1980":

"The Chinese did not accept the discriminatory exclusion lawspassively. Chinatown leaders frequently petitoned for more equitable treatment. Diplomats such as Wu Tingfang (1842 - 1922) and Liang Cheng (1864 - 1917), and prominent Chinese Americans (...) protested in numerous speeches and writings the draconian enforcement of the immmigrations laws."

S.100 *Benjamin Harrison* - (1833 - 1901) amerikanischer Präsident von 1889 bis 1893.

S.100 *Andrew Carnegie* - amerikanischer Multimillionär und Stahlmagnat

S.102 *Matthäi am letzten* - ein Lutherwort, der Bedeutung nach wohl: Dem Ende oder dem Verderben nahe sein.

S.104 *genius loci* - (lat.) der Geist dieses Ortes

S.106 *Rossitter Vogelwarte* - Rossitten, Fischerdorf auf der Kurischen Nehrung

S.106 *Berliner Wintergarten* - Die Schaustellung der Eingeborenen auf deutschen Varietébühnen war seinerzeit keinesfalls unumstritten. Regierungsdirektor Cornelius, ein früherer Kollege aus dem Finanzministerium, hat mir die Zeitschrift "Der Artist" zugänglich gemacht. In der No.883/1901 dieses hochinteressanten Blattes, welches sich vorzüglich den sozialen Fragen des reisenden Volkes widmet, schreibt beispielsweise der Contreadmiral Strauch:

"Die Schaustellung von Angehörigen exotischer Völkerschaften in Deutschland, besonders in Berlin, sind nicht neueren Datums und hängen auch nicht mit der Erwerbung von Colonieen seitens des Deutschen Reiches zusammen. Bis zum Jahre 1878 fanden solche Schaustellungen nur vereinzelt statt; mit diesem Jahre wurden sie nicht allein häufiger, sondern sie nahmen eine gewisse Regelmäßigkeit an und sind heute ein ständiges Programm unter den 'Vergnügungen' der grösseren Städte Deutschlands und vornehmlich Berlins. (...)

Die ersten Schaustellungen, welche in neuerer Zeit die allgemeine Aufmerksamkeit erregten, waren die sogenannten 'Nubier-Karawanen', welche in den Jahren 1878 und 1879 (in Berlin im Zoologischen Garten) vorgeführt wurden. Unter den damaligen Verhältnissen hat die Untersuchung von Angehörigen dieser Karawanen, zumal sich im Jahre 1879 auch Dinkas darunter befanden, einen gewissen wissenschaftlichen Werth gehabt. Dieser stand aber in gar keinem Verhältnis zu den Nachtheilen, welche diese beiden Karawanen mit sich gebracht haben. Bei dieser Schaustellung haben sich im Zoologischen Garten Szenen abgespielt, deren sich Augenzeugen heute noch mit Entrüstung erinnern müssen. Die Vorfälle, zu welchem das Publicum bei dieser Gelegenheit Veranlassung gab, hatten schließlich ein Einschreiten der Polizei zur Folge."

Man wird sich also denken können, was uns im Berliner Wintergarten erwartet hätte ...

S.108 *Tirpitz* - Alfred von Tirpitz (1849 - 1930), Großadmiral und Staatssekretär im Reichsmarineamt. Begründer des deutschen Flottenwesens.

S.108 *Sozialistengesetz* - Nach Attentaten auf Kaiser Wilhelm I. legte der Reichskanzler Bismarck diese den Sozialdemokraten zur Last. So kam es 1878 zum Verbot der Parteipresse und der Parteiorganisation. Das Sozialistengesetz ward jedoch 1890 wieder aufgehoben.

S.109 *als wär's ein Sohn vom Johnny Klein* - Der Kanzler muß sich wohl gegenüber dem Bundestagsvizepräsidenten recht heftig geäußert haben, denn kaum waren wir von unserer Reise zurück, ließ sich Hans Klein auch schon den Kinnbart abnehmen, welchen er seit Menschengedenken getragen hatte! Sehr verwirrend auch: Klein ist des Arabischen mächtig ...

S.111 *Der Gerd Stoltenberg ist nicht mehr der Gerd Stoltenberg von vor 20 Jahren!* - Der Minister selbst hat es als wenig hilfreich empfunden, daß der Kanzler ausgerechnet diesen Vorwurf am 24. April 1991 in dem bereits mehrfach erwähnten

Interview des WDR wiederholen mußte - auch wenn er einleitend vorausschickte: "Gerd Stoltenberg macht einen hervorragenden Job!"

S.111 *in Berlin ohne Erfolg öffentlich gesungen* - Gewagte Anspielung des Ministers auf den berühmten Auftritt des Bundeskanzlers vor dem Rathaus Schöneberg am 8.November 1989, als er gemeinsam mit W.Momper und W.Brandt das Deutschland-Lied sang.

S.112 *Facies non omnibus una, nec diversa tamen* - (lat.) vgl. Ovid, Metamorphosen II,13f. Nicht alle sind gleich von Antlitz, und doch auch nicht verschieden.

S.115 *das Sybaritische* - nach der altitalienischen Stadt Sybaris, deren Einwohnerschaft als Schlemmer und Schwelger verrufen waren.

S.117 *einfältige Fernsehserie* - "Hurra Deutschland" (WDR).

S.117 *Der eine fragt* - Vierzeiler von Theodor Storm (1817 - 1888)

S.119 *keinen Franzen leiden* - vgl. Goethe, Faust I, Auerbachs Keller:
Ein echter deutscher Mann mag keinen Franzen leiden,
Doch ihre Weine trinkt er gern

S.120 *jesuitische Kasuistik* - Jener Teil der christlichen Morallehre, der sich nicht nach dem Grundsatz ("Du sollst kein falsches Zeugnis geben wider deinen Nächsten!"), sondern nach dem Einzelfall ausrichtet - und insofern untersucht, was unter ganz gewißen Voraussetzungen am günstigsten sein kann ...

S.120 *ich bekomm im Jahr* - Dieser überraschenden Wendung bediente sich Helmut Kohl übrigens später noch einmal und zwar in einem Fernseh-Interview am 10.April 1991!

S.121 *Schador* - der Gesichtsschleier der mohammedanischen Frau.

S.123 *conditio sine qua non* - (lat.) eine unverzichtbare Bedingung

S.123 *madonna lactans* - (lat.) die stillende Madonna

S.123 *die Rheinische, die Alpen- beziehungsweise die Schicksals-Symphonie* - Längere Musikstücke von Schumann, Strauß und Beethoven.

S.123 *eine Parallelfrage, die gleichzeitig läuft* - diese erstaunliche Formulierung verwandte der Kanzler bereits am 11.Januar 1990 in einem Interview mit dem ZDF! (So jedenfalls Oberregierungsrat Selbach.)

S.125 *Quousque tandem, Genscher* - gelehrte Analogiebildung Dr.Stoltenbergs zu dem berühmten Satz "Quousque tandem, Catilina?" (Wie lange noch, Catilina, willst du unsere Geduld mißbrauchen?) des Cicero.

S.126 *Oben-ohne-Parteitag* - Während des Kieler CDU-Parteitages, den Heiner Geißler, der damalige Generalsekretär der CDU, organisiert hatte, trat im Abendprogramm eine Truppe nackter französischer Tänzerinnen auf - der Sturm der Entrüstung war allgemein, anhaltend und - folgenlos.

S.127 *à la turque* - (franz.) nach türkischen Vorbild

S.128 *homo ludens Blüm* - (lat.) der spielende Mensch Blüm

S.128 *Kastor ... Pollux* - Die beiden berühmten Söhne der schönen Leda wurden, wie manch anderes mythische Brüderpaar, auch "die Dioskuren" genannt. Ob Dr.Blüm mit dem blauschwarzen Knaben ebenfalls ein solches legendäres Gespann abgeben hätte können, mag dahingestellt sein.

S.131 *Hermann von Wissmann* - Ich denke, es wird an dieser Stelle doch hilfreich sein, ein kurzes Lebensbild des Mannes zu geben, der mir in der Nacht zum 21. Januar 1891 am Luhali begegnete:

Hermann von Wissmann wurde am 4. September 1853 in Frankfurt an der Oder als Sohn eines preußischen Regierungsrates geboren. Der stürmische Junge wollte von früh auf Offizier werden, trat in das Kadettenkorps in Berlin ein, wurde Fähnrich und schon 1874 Offizier im Mecklenburger Füsilierregiment No.90. In Rostock, wo er als junger Leutnant Dienst tat, lernte er an *Friemanns* Stammtisch Paul Pogge, den Nestor der deutschen Afrikaforschung, kennen. Mächtig regte sich in dem jungen Mann der Wunsch, aus sich selbst heraus etwas Großes zu leisten. Er eignete sich Kenntnisse in Geologie, Botanik, Zoologie und Medizin an, besuchte in seiner freien Zeit die Seemannsschule und die Universität, und fand sich schließlich gegen Ende des Jahres 1880 in der Lage, Urlaub von seinem Regiment zu nehmen und mit Pogge die erste Afrikareise zu anzutreten.

Sie führte Wissmann von der portugiesischen Provinz Angola in das Lundagebiet nach Nyangwe. Von dort aus zog er ohne Pogge, der, schwer erkrankt, alsbald starb, weiter nach Osten durch das Gebiet der Manjemas hinauf zum Tanganjika-See bis an die Küste des Indischen Ozeans.

Nach dieser Durchquerung des Kontinents trat Wissmann in die Dienste des belgischen Königs, ja - des belgischen, denn seine großartigen Leistungen stie-ßen in Berlin auf wenig Begeisterung. Man teilte ihm von Allerhöchster Seite sogar mit, daß man im Augenblick "keine Arbeit für ihn" hätte. Erst im Jahre 1888 wurde Wissmann vom Reich verpflichtet, dieVorhut der Emin-Pascha-Entsatz-Expedition zu führen, eine Unternehmung, die freilich nicht gelingen wollte, weil der Ausbruch des großen Araberaufstandes in Deutsch-Ostafrika Wissmanns Anwesenheit in der Kolonie erforderlich machte.

Es war der große Bismarck selbst, der Wissmann nach Friedrichsruh kommen ließ und ihm sagte: "Sie haben in Afrika nie eine Dummheit gemacht, Sie besitzen Tapferkeit und Takt, haben Afrika zweimal durchquert, ich lasse Sie vom 1. Januar 1889 ab zum Auswärtigen Amt kommandieren und Sie schlagen den Aufstand in Deutsch-Ostafrika nieder. Handeln Sie nach Ihrem eigenen besten Ermessen, Instruktionen gebe ich Ihnen nicht mit."

Es steht zu vermuten, daß er auch hier Ben Theo Hassan zum ersten Male kennen lernte. Wissmann hängte den Araber Bushiri, schlug die anderen Rebellen und bekämpfte den Sklavenhandel, wo er nur konnte. Wissmann erfüllte seine Aufgabe so glänzend, daß im Reichstag von dem kleinen Zentrumsführer Windthorst das Wort geprägt ward: "Dem Wissmann bewilligen wir alles." Nach seiner Rückkehr nach Deutschland ernannte man ihm zum Gouverneur von Deutsch-Ostafrika, doch geriet der Afrikaner mit der Papiermühle in der Berliner Wilhelmstraße in Konflikt - der Assessorismus, der Bureaukratismus und manch andere "Ismusse" traten ihm, wie Eugen Wolf, sein langjährigen Freund und Reisegefährte, in seinem Nachruf mitteilt, in den Weg, so daß er im Mai 1896 für immer von Afrika schied.

Den Mann, den am Äquator keine Kugel treffen konnte, der mit Tippu Tip und Kilonga Longa umzugehen wußte, der Ben Theo Hassan wegen eines Wechselbetruges durch das ganze Kongobecken verfolgte, der Mann, der mich in der erwähnten Nacht aus meinem Schlafe riß, diesen Mann also sollte am 15. Juni 1905 auf der Jagd in der Steiermark die eigene Kugel der gespannten Express-

Doppelbüchse treffen, als er auf dem Ansitz einschlief und durch ein Aufschrekken aus dem Schlafe den Abzug berührte.

Ich konnte diesen Abriß übrigens nach dem Vorwort von Eugen Wolf zu Wissmans Werk "Meine zweite Durchquerung Aequatorial-Afrikas" zusammenstellen, dessen zweite Auflage 1907 erfolgte.

S.132 *Jäger und Askari* - vergleiche auch Dr.Blüms Lied!

S.133 *Hasenfüßigkeit* - Diese ist umso erstaunlicher, als Hans-Dietrich Genscher während seiner Zeit als Bundesinnenminister nach Aussagen vieler Zeitzeugen nahezu "verliebt in den BGS" gewesen sein soll!

S.134 *Nah umarmen sich die Heere* - Eine Strophe aus Friedrich von Schillers großartigem Gedicht "Die Schlacht".

S.135 *der wahnsinnige Florentiner* - Dante! Wieso? Ich höre Einspruch! So urteile man selbst (Die Hölle, Achtundzwanzigster Gesang), wie er Mohammeds Ende sieht:

Kein Faß, dem Deckel oder Dauben weichen,
Klafft so vonsammen, als hier einer ging
Mit Rissen, die von Kinn bis After reichen,
Daß Knie-umschlenkernd das Gedärm ihm hing
Samt dem Gekrös, darin zum Kot sich scheidet
Die Nahrung, die der Magensack empfing.
Und als der Anblick tief ins Herz mir schneidet,
Reißt er die Brust sich auf und schreit: "Fürwahr!
Sie haben kunstgerecht mich ausgeweidet;
Zerhackt ist Muhamed so ganz und gar!
Ali geht weinend vor mir her, zersplissen
Das Angesicht von Kinn bis Scheitelhaar."

S.136 *Medea und Jason* - Medea - die Tochter des König Aiëtes, die zweite Hauptfigur der Argonautensage. Nur durch ihre Liebe vermag Jason, der Held der Argo, die ungeheuren Schwierigkeiten zu überwinden, welche sich bei der Erwerbung des goldenen Fliesses entgegenstellen.

S.136 *Video meliora proboque, deteriora sequor* - (lat.) vgl. Ovid, Metamorphosen VII, 20f. Dort sagt Medea zu Jason: Ich sehe und billige das Bessere, folge aber dem Schlechteren.

S.137 *früheren Gouverneurs der ägyptischen Äquatorialprovinz* - Es wird für die Beurteilung der Persönlichkeit dieses Mannes von Nutzen sein, wenn ich einen knappen Abriß seines Lebens gebe, wobei ich mich auf den Nachruf von Paul Reichard stütze ("Gartenlaube", Jahrgang 1893, Nr.41, S.730ff.)

Emin Paschas wirklicher Name war Eduard Schnitzer. Er wurde am 28. März 1840 in Oppeln in der preußischen Provinz Schlesien geboren. Die Familie siedelte dann bald in die Stadt Neiße über.

Ein unwiderstehlicher Drang in die Ferne erfüllte von früh auf den jungen Eduard. Als Mediziner ging er zunächst nach Triest, gelangte dann nach Konstantinopel, von wo aus er in Hakli Ismail Paschas Gefolge den arabischen Feldzug mitmachte. Nach dem Tode Ismails heiratete er dessen Witwe, eine Griechin.

Nach kurzem Aufenthalt in der Heimat verließ er 1874 wieder Deutschland und wandte sich nach Alexandria, wo er der Militärarzt von Gordon Pascha, dem damaligen Gouverneur des Sudans, wurde. 1878 wurde Schnitzer zum "Mudir", das heißt zum Gouverneur der ägyptischen Äquatorialprovinz unter dem Titel eines Bei erhoben. Seine Aufgabe bestand darin, in völliger Selbständigkeit dieses entlegene Gebiet zu verwalten, was ihm durch die mangelnde Unterstützung seitens der ägyptischen Regierung und durch das Heer faulenzender Beamter auch in Friedenszeiten außerordentlich schwer werden sollte. Als sich dann im Jahre 1880 aber der Mahdi erhob und es bald verstanden hatte, die unerhörtesten Erfolge im nördlichen Sudan an seine Fahnen zu heften, wurde die Lage des Emin Pascha im südlichen Sudan dramatisch. Längst konnte die ägyptische Regierung der Aufständischen nicht mehr Herr werden. Schließlich sah sich der Emin durch den triumphalen Sieg der Mahdisten über Gordon Pascha am 26. Januar 1895 zu Khartum gänzlich vom ägyptischen Mutterlande abgeschnitten.

Er teilte diesen Umstand in verschiedenen Briefen an afrikanische Missionare und europäische Freunde mit, so daß sich in der alten Welt die Meinung bildete, dem Emin Pascha müsse ein Expeditionskorps gesandt werden, um ihn aus den Händen der Mahdisten zu befreien. Aus Deutschland wurden Carl Peters (1856 - 1918) und Hermann von Wissmann ausgeschickt, doch sie erreichten die entlegene Provinz des Emins nicht - zudem wurden die Früchte dieser Expedition, die das deutsche Einflußgebiet bis nach Zentralafrika und zum oberen Nil ausweiten sollte, im Interesse des deutsch-englischen Verhältnisses durch den Helgoland-Vertrag von 1890 zunichte gemacht.

In England ward der verwegene Stanley beauftragt, und so reiste dieser im Januar 1887 nach Kairo, wo er den Auftrag erhielt, alle ägyptischen Offiziere, Beamten und Mannschaften von der Äquatorialprovinz an den Nil zu bringen.

Gorilla Monsoon hat in seiner Erzählung unter dem Stelzenbaume die Ereignisse am Albert-Njansa durchaus richtig wiedergegeben: Es hatte in der Tat den Anschein, daß sich Emin Pascha überhaupt nicht von dem Engländer retten lassen wollte.

So schreibt Paul Reichard:
"Das heruntergekommene Aussehen der Stanleyschen Leute, die ganze Art, wie sich Stanley selbst einführte, war schuld an dem kurz nach seinem Erscheinen ausbrechenden Aufruhr unter den Sudanesen der Aequatorialprovinz. Stanley hat bekanntlich Emin 'gerettet', das heißt mit Gewalt aus Wadelai weggeschleppt. Am 10. April 1889 brach die denkwürdige Expedition Stanleys und Emins vom Albertsee auf. Das Verhältniß zwischen den beiden Männern war derart, daß sie bis zur Küste keinen Verkehr miteinander pflegten ."

So steht es in der "Gartenlaube" von 1893! Vor Tische las man's freilich anders: Drei Jahre zuvor feiert das nämliche Blatt in enthusiastischer Weise den mutigen Engländer als den Befreier Dr.Schnitzers! So verworren waren damals die Verhältnisse!

Ich habe übrigens in Dr.Stoltenbergs Stanley-Ausgabe die entsprechenden Stellen nachschlagen dürfen und dabei gefunden, daß sich dieser über das unentschlossene Wesen des Emins herzlich beklagt.

Wie dem auch sei - am 4. Dezember 1889 erreichten Emin Pascha und Stanley die Ostküste bei Bagamojo und setzten nach Sansibar über, wo es zu einem ungewöhnlichen Zwischenfall kommen sollte. Kurz nach der Ankunft auf der Heimatinsel Ben Theo Hassans stürzte der Emin nämlich von einem Balkon und zog sich lebensgefährliche Verletzungen zu.

Nachdem seine Gesundheit wiederhergestellt war, stellte er sich im April 1890 zum ersten Male in deutsche Dienste, zog, begleitet von dem Zoologen Stuhlmann und dem Lieutenant Langheld nach Tabora, hißte daselbst die Reichsflagge und unternahm von dort aus verschiedene Vorstöße in das Kongogebiet.

Wir selbst trafen ihn im Januar 1891 am Luhali an, von wo aus er mit Wissmann weiter östlich gezogen sein muß.

Die schicksalshafte Begegnung mit dem Araber Said bin Salim kostete ihm schließlich das Leben, und so verlosch sein Lebenslicht im Oktober oder November 1892 während der Wirren des großen Araberaufstandes gegen den Kongostaat.

Emin Pascha hinterließ ein Töchterchen namens Ferida, eine Frucht seiner zweiten Ehe mit der schönen Abessinierin Safaran. Das Kind ward im Jahre 1890 von Bagamojo aus nach Neiße gebracht, wo es Aufnahme bei Fräulein Melanie Schnitzer, der Schwester Emin Paschas, fand. Die "Gartenlaube" (Jahrgang 1893, Heft 340, S.688) bringt ein Bild des Kindes. Was wohl aus der 1884 Geborenen geworden sein mag?

S.139 *contre coeur* - (franz.) hier etwa: ganz gegen seine innere Überzeugung. Der Kanzler konnte Omar nie leiden. Eigentlich erstaunlich bei einem Manne, der lange Jahre selbst einen Schäferhund namens Igo besessen hat.

S.139 *Ich sage noch zu Omar...* - Man wird sich erinnern: Es war dies eine der Forderungen Genschers bei jenem Gespräch, welches man am Abend unseres Aufbruchs führte.

S.140 *Den Bösen sind sie los...* - Goethe, Faust I, Hexenküche.

S.147 *Don Carlos' Wort* - vgl. Friedrich Schiller, Don Carlos (I,1): O wer weiß, was in der Zeiten Hintergrunde schlummert?

S.148 *Pygmäe* - (griech.) der Fäustling

S.150 *PEACE* - Bei Stanley habe ich gefunden, daß noch folgende Dampfer neben der PEACE auf dem Kongo verkehrten: EN AVANT, HENRY REED und STANLEY

S.152 *Lietzensee* - Berliner Villenort

S.153 *and the walls came tumbling down* - Liedzeile aus dem Negro-Spiritual "Josua fit the battle of Jerico"

S.155 *sans grade, sans titre?* - ohne akademischen Grad, ohne Titel?

S.156 *Bérénice und Eléonora* - "Berenice" (1835) und "Eleonora" (1842) - zwei recht düstere Erzählungen von Edgar Allen Poe.

S.157 La Jeune Belgique - literarische Bewegung, die in Brüssel um das Jahr 1880 entstand. Ihre Hauptvertreter waren die von dem Kommandanten erwähnten Dichter Emile Verhaeren (1855-1916), Maurice Materlinck (1862-1949) und Georges Eeckhoud 1854-1927).

S.157 *Theodor Fontane* (1819-1898) und *Wilhelm Raabe* (1831-1910), deutsche Schriftsteller

S.158 *für den Kammerdiener keine Helden* - vgl. Hegel, System der Wissenschaft, 1.Teil, Phänomenologie des Geistes, S.616: "Es gibt keine Helden für den Kammerdiener."

S.158 *La sottise, l'erreur* - aus Baudelairs Les Fleurs du Mal. Charles Baudelaire

(1821-1867), hochberühmter Dichter und Übersetzer von Edgar Allan Poe. Ich versuche eine Übersetzung der Strophe:
Die Dummheit, der Irrtum, die Sünde, der Geist beherrschen unseren Geist und unseren Körper, und wir ernähren unsere liebenswürdigen Gewissensbisse wie die Bettler ihr Ungeziefer.

S.159 *Cela veut dire rien* - das heißt nichts anderes als gegen die guten Sitten und das Übernatürliche zu sündigen!

S.159 *Fröhliche Weinberg* - Schauspiel von Carl Zuckmayer, dem 1896 zu Nackenheim Geborenen.

S.161 *Poe - Edgar Allen Poe* (1809-1849), bedeutender amerikanischer Schriftsteller. Baudelaire übertrug ihn ins Französische.

S.162 *sine ora et labora* - (lat.) hier: ohne größere Anstrengung

S.164 *captatio benevolentiae* - (lat.) sich des Wohlwollens versichern

S.166 *lubazibazi* - Blätter, die am Kongo gern gekaut werden und eine berauschende Wirkung haben

S.167 *Faustens Grablegung* - vgl. Goethe, Faust II, Grablegung

S.169 *Per aspera ad astra* - (lat.) Über rauhe Pfade zu den Sternen

S.170 *Reinhard Heydrich* - (1904-1942) nationalsozialistischer Politiker, Chef der Sicherheitspolizei, stellvertretender Reichsprotektor in Böhmen und Mähren. (Man möge einmal das Bild des schrecklichen Mannes zur Hand nehmen und unsere Schaufenster daraufhin prüfen, ob ich übertrieben habe ...)

S.170 *Bismillâh - Bettlaken* - Natürlich wird jedem Leser sofort klar sein, daß es sich hierbei um die bekannten Protestmanifestationen gegen den Golfkrieg handelte. Wir konnten, kaum aus Belgisch Kongo zurückgekehrt und insofern wenig orientiert, davon freilich nichts wissen. Interessant übrigens, daß der Kanzler sich eines Wortes bediente, das uns Ben Theo Hassan als letzten Gruß zugerufen hatte!

S.175 *Er will's doch net bezahlen* - Dr.Blüm sollte recht behalten!

S.176 *in tyrannos* (lat.) - den Tyrannen gewidmet

S.178 *Dies wird zu Recht von uns erwartet* - Zitate aus dem Schlußteil der Regierungserklärung vom 17. Januar 1991.

S.180 *Es liebt die Welt* - vgl. Friedrich Schillers Gedicht "Das Mädchen von Orleans":

Es liebt die Welt, das Strahlende zu schwärzen
Und das Erhabne in den Staub zu ziehn;
Doch fürchte nicht! Es gibt noch schöne Herzen,
Die für das Hohe, Herrliche entglühn.
Den lauten Markt mag Momus unterhalten;
Ein edler Sinn liebt edlere Gestalten.

S.181 *Kein Jäger jagt* - vgl. Hans Boeglin, Die Sonnenuhr. Bekenntnis und Weisung. München 1965

S.184 *sprachliche Eigentümlichkeiten meiner deutschen Reisegefährten* - Der dialektale Quotient muß beim Rheinhessen Blüm und beim Pfälzer Kohl naturgemäß stärker sein als beim Norddeutschen Stoltenberg, der Hallenser Genscher sprach indes recht leise, so daß ich in manchem auf Vermutungen angewiesen gewesen bin.

PRINTED IN BELGIUM BY proost INTERNATIONAL BOOK PRODUCTION

Nach Bonn
Bukumi
Bwamburi
Bumbwa
JAMBUJA
Aruwimi
Aschermittwoch 1891
Lubilaschi
Äquator